U0856711

A LIBRARY OF DOCTORAL DISSERTATIONS IN SOCIAL SCIENCES IN CHINA

符号与角色：

学前融合教育背景下幼儿同伴交往研究

Symbol and Role:

Research on Children's Peer Communication under the Background of Preschool Inclusive Education

王琳琳 著

导师 邓 猛

中国社会科学出版社

图书在版编目（CIP）数据

符号与角色：学前融合教育背景下幼儿同伴交往研究／王琳琳著．
—北京：中国社会科学出版社，2022.3
（中国社会科学博士论文文库）
ISBN 978－7－5203－9749－0

Ⅰ.①符…　Ⅱ.①王…　Ⅲ.①心理交往—能力培养—教学研究—学前教育　Ⅳ.①G613

中国版本图书馆 CIP 数据核字(2022)第 027880 号

出 版 人　赵剑英
责任编辑　李金涛
责任校对　臧志晗
责任印制　李寡寡

出　　版　中国社会科学出版社
社　　址　北京鼓楼西大街甲 158 号
邮　　编　100720
网　　址　http://www.csspw.cn
发 行 部　010－84083685
门 市 部　010－84029450
经　　销　新华书店及其他书店

印　　刷　北京明恒达印务有限公司
装　　订　廊坊市广阳区广增装订厂
版　　次　2022 年 3 月第 1 版
印　　次　2022 年 3 月第 1 次印刷

开　　本　710×1000　1/16
印　　张　18
插　　页　2
字　　数　300 千字
定　　价　98.00 元

总　序

在胡绳同志倡导和主持下，中国社会科学院组成编委会，从全国每年毕业并通过答辩的社会科学博士论文中遴选优秀者纳入《中国社会科学博士论文文库》，由中国社会科学出版社正式出版，这项工作已持续了12年。这12年所出版的论文，代表了这一时期中国社会科学各学科博士学位论文水平，较好地实现了本文库编辑出版的初衷。

编辑出版博士文库，既是培养社会科学各学科学术带头人的有效举措，又是一种重要的文化积累，很有意义。在到中国社会科学院之前，我就曾饶有兴趣地看过文库中的部分论文，到社科院以后，也一直关注和支持文库的出版。新旧世纪之交，原编委会主任胡绳同志仙逝，社科院希望我主持文库编委会的工作，我同意了。社会科学博士都是青年社会科学研究人员，青年是国家的未来，青年社科学者是我们社会科学的未来，我们有责任支持他们更快地成长。

每一个时代总有属于它们自己的问题，“问题就是时代的声音”（马克思语）。坚持理论联系实际，注意研究带全局性的战略问题，是我们党的优良传统。我希望包括博士在内的青年社会科学工作者继承和发扬这一优良传统，密切关注、深入研究21世纪初中国面临的重大时代问题。离开了时代性，脱离了社会潮流，社会科学研究的价值就要受到影响。我是鼓励青年人成名成家的，这是党的需要，国家的需要，人民的需要。但问题在于，什么是名呢？名，就是他的价值得到了社会的承认。如果没有得到社会、人民的承认，他的价值又表现在哪里呢？所以说，价值就在于对社会重大问题的回答和解决。一旦回答了时代性的重大问题，就必然会对社会产生巨大而深刻的影响，你也因此而实现了你的价值。在这方面年轻的博士有很大的优势：精力旺盛，思想敏捷，勤于学习，勇于创新。但青年学者要多向老一辈学者学习，博士尤其要很好地向导师学习，在导师的指导下，发挥自己的优势，研究重大问题，就有可能出好的成果，实现自己的价值。过去12年入选文库的论文，也说明了这一点。

什么是当前时代的重大问题呢？纵观当今世界，无外乎两种社会制度，一种是资本主义制度，一种是社会主义制度。所有的世界观问题、政治问题、理论问题都离不开对这两大制度的基本看法。对于社会主义，马克思主义者和资本主义世界的学者都有很多的研究和论述；对于资本主义，马克思主义者和资本主义世界的学者也有过很多研究和论述。面对这些众说纷纭的思潮和学说，我们应该如何认识？从基本倾向看，资本主义国家的学者、政治家论证的是资本主义的合理性和长期存在的“必然性”；中国的马克思主义者，中国的社会科学工作者，当然要向世界、向社会讲清楚，中国坚持走自己的路一定能实现现代化，中华民族一定能通过社会主义来实现全面的振兴。中国的问题只能由中国人用自己的理论来解决，让外国人来解决中国的问题，是行不通的。也许有的同志会说，马克思主义也是外来的。但是，要知道，马克思主义只是在中国化了以后才解决中国的问题的。如果没有马克思主义的普遍原理与中国革命和建设的实际相结合而形成的毛泽东思想、邓小平理论，马克思主义同样不能解决中国的问题。教条主义是不行的，东教条不行，西教条也不行，什么教条都不行。把学问、理论当教条，本身就是反科学的。

在21世纪，人类所面对的最重大的问题仍然是两大制度问题：这两大制度的前途、命运如何？资本主义会如何变化？社会主义怎么发展？中国特色的社会主义怎么发展？中国学者无论是研究资本主义，还是研究社会主义，最终总是要落脚到解决中国的现实与未来问题。我看中国的未来就是如何保持长期的稳定和发展。只要能长期稳定，就能长期发展；只要能长期发展，中国的社会主义现代化就能实现。

什么是21世纪的重大理论问题？我看还是马克思主义的发展问

题。我们的理论是为中国的发展服务的，绝不是相反。解决中国问题的关键，取决于我们能否更好地坚持和发展马克思主义，特别是发展马克思主义。不能发展马克思主义也就不能坚持马克思主义。一切不发展的、僵化的东西都是坚持不住的，也不可能坚持住。坚持马克思主义，就是要随着实践，随着社会、经济各方面的发展，不断地发展马克思主义。马克思主义没有穷尽真理，也没有包揽一切答案。它所提供给我们的，更多的是认识世界、改造世界的世界观、方法论、价值观，是立场，是方法。我们必须学会运用科学的世界观来认识社会的发展，在实践中不断地丰富和发展马克思主义，只有发展马克思主义才能真正坚持马克思主义。我们年轻的社会科学博士们要以坚持和发展马克思主义为己任，在这方面多出精品力作。我们将优先出版这种成果。

李铁映

2001 年 8 月 8 日于北戴河

序　言

我为学生王琳琳博士撰写的专著即将付梓成书而感到由衷的高兴与欣慰！

在大千世界各种纷繁复杂的缘分聚散之中，师徒缘分不算奇妙，却相辅相成！学术语言往往称之为教学相长，俗语则称之为良师益友。在现代教育体制之中，博士生导师与博士之间的缘分更为深厚。对于导师而言，得天下英才而教育之，学术传承，皆系于此，乃人生乐事也！对于学生而言，找到合适的导师，是顺利毕业获得学位的基本保证，更是未来职业发展的基础。学生渴望找到好的导师，殊不知导师找到优秀学生的心愿更加迫切。

在特殊教育这个迄今为止还甚为弱小的专业领域里，博士生导师与博士生屈指可数，每个人都付出了艰辛的努力，每个人都承载着厚重的期望。特殊教育与人道主义紧密相连，与慈悲与善良一脉相承，信奉自由与公平，崇尚奉献与尊严，尊重生命与权利，践行理想与价值。特殊教育唯独与金钱至上冲突，与精致利己无缘，与傲慢偏见相悖。选择这样一个职业，何其难也！像我本人，是在无知的情况下“上了贼船”，然后逐渐形成专业归属感。像王琳琳博士等新的一代特教人，则是基于自我的抉择，尤其难能可贵。

王琳琳博士是我主动招收并寄托以厚望的博士之一，她的学习与研究过程也充分展现了新一代年轻特教人的执着与奉献。王琳琳博士一直专注于学前融合教育的研究，其成果基于实证与实践所得。特殊教育的精髓就是田野考察与实证研究，不提倡纸上谈兵与隔空取证的做法。该著作是王琳琳博士在融合幼儿园潜心研究一年的成果。

同伴关系对于儿童发展来说至关重要，对于学前融合教育来说更是成功的关键。幼儿是不知道残疾以及相关联的歧视为何意的，偏见与歧视来自成人社会。融合亦非只给残障儿童带来好处的做法，更是为所有儿童带来收益的教育改革。无论是绘本还是沙盘，抑或是戏剧以及奥尔夫音乐，都能给所有儿童带来快乐与分享，激发他们的创造力与想象力。

融合应当从娃娃开始！融合为幼儿园带来创新与改革，也为残障儿童的人生奠定坚实的基础。但是，目前学前融合教育不仅实践较少，其研究也处于初始阶段。该专著从符号互动论的理论视野出发，综合运用场域理论、角色理论等社会学的视角，对融合幼儿园同伴交往的真实过程进行细致的刻画，生动地揭示普特幼儿之间交往方式与特征，探寻其背后的符号与角色奥秘，构建融合幼儿园同伴交往的理论模型。

幼儿的世界总是充满着想象与神奇，唯俯下身子做教育的人能够看到孩子的真实世界，唯永葆童心者能感受到孩子眼中的五彩缤纷，唯持公平正义观者能践行融合教育蕴含的生命光彩！是为序，并与王琳琳博士及其他特殊教育工作者共勉！

2021 年 5 月 27 日

摘　　要

普通幼儿与特殊幼儿的同伴交往质量一直是衡量学前融合教育质量的关键指标之一。本书选取两所融合幼儿园为研究场域，采用质性研究方法，从场域理论、符号互动理论以及角色理论的视角出发，深入探索普通幼儿与特殊幼儿同伴交往的本质特征。

本研究发现，第一，普通幼儿在态度上愿意接纳特殊幼儿，但在与特殊幼儿的日常交往中却出现消极的姿势动作、表情与语言等符号，形成了普通幼儿在交往中积极的观念意愿与消极的交往行为之间的矛盾特征。第二，在没有教师的要求和引导下，普通幼儿与特殊幼儿之间呈现同伴交往的“小圈子”特征，并形成了独特的“圈子”文化，特殊幼儿总是被排斥在普通幼儿同伴交往的社交圈之外。第三，在特殊幼儿眼中，普通幼儿总是以“小老师”的姿态“监督”特殊幼儿，导致特殊幼儿拒绝与普通幼儿互动，并表现出消极的情绪体验。以上内容说明普通幼儿与特殊幼儿的同伴交往已具备了符号化象征，体现符号化思维和行为中不同角色的社会秩序与等级，同时也显示了传统残疾文化和价值观对幼儿同伴交往的深刻影响。最后，特殊幼儿同伴拒绝的形成过程经历了“不稳定的分层—初步的分化—形成固定的同伴圈子”的过程。在这期间，特殊幼儿的同伴交往受到五个因素的影响，分别是幼儿园对幼儿同伴交往问题不重视、普通幼儿对特殊幼儿存在错误的认知、特殊幼儿缺乏交往技巧、教师缺少对幼儿同伴交往的指导、特殊幼儿家长错误的陪读行为。绘本、教育戏剧、沙盘和奥尔夫音乐是促进普通幼儿与特殊幼儿同伴交往的有效干预方式。

关键词：学前融合教育；特殊幼儿；普通幼儿；同伴交往

Abstract

The quality of peer communication between ordinary children and children with special needs has always been one of the key measurements concerning the quality of preschool inclusive education. In this book, qualitative research is performed to deeply explore the essential characteristics of interaction between ordinary children and children with special needs in two inclusive kindergartens from the perspective of field theory, symbolic interaction theory and role theory.

The results of this study showthat ordinary children are willing to accept children with special needs, but they have negative postures, expressions, language and other symbols in daily communication, which are the contradictory characteristics between their positive conceptual intentions and negative communicative behaviors in practice. Second, without the requirements and guidance of teachers, both groups of children showing the characteristic of "small circle" of peer communication, and forming a unique "circle" culture, and children with special needs are always excluded from the social circle of ordinary children's peer communication. Third, in the eyes of special children, ordinary children always "supervise" special children with the attitude of "pupil teachers", and children with special needs refuse to interact with ordinary children and have negative feelings. The facts above indicate the communication between ordinary children and children with special needs has been symbolized, reflecting the social order and hierarchy characteristics of different roles in symbolic thinking and behaviors, and the profound impact of traditional disability culture and values on children's peer communication is also shown. Finally, the formation of peer rejection of children with special needs goes through the process of "unstable stratification, to preliminary differentiation and then to the formation of a fixed peer circle". During this period, peer communication of children with special needs is affected by five factors, respectively, such as lack of kindergartens' attention on the problem of peer communication, wrong cognition of ordinary children about children with special needs, lack of social skills of children with special needs, lack of teachers' guidance on children's peer communication, and wrong accompany behavior of parents of special children. Picture books, drama in education, sandplay and Orff music are effective interventions to promote the communication between ordinary children and children with special needs.

Key Words: Preschool inclusive education; Children with special needs; Ordinary children; Peer communication

目　　录

Contents

前　言

特殊幼儿进入普通幼儿园接受高质量的学前融合教育，已成为学前教育领域发展的必然趋势。特殊幼儿进入融合教育环境中，会存在融合的六种水平，即物理空间的融合、不再使用歧视性标签的名称融合、管理的融合、平等参与学校与社会活动的社会性融合、使用同一课程并取得学业成功的课程融合以及心理融合。其中，特殊幼儿被普通幼儿所建立起的有意义的社会关系网络接纳并产生积极、持续性互动，是特殊幼儿实现平等参与学校与社会活动的社会性融合的关键前提。因此，在学前融合教育环境中，特殊幼儿的同伴交往质量历来被研究者们重视，并被视为衡量学前融合教育质量的重要指标。如果在融合环境中特殊幼儿无法融入同伴的交往圈，那么幼儿园对于特殊幼儿来说，极有可能仍是一个让其倍感孤独的环境，并会影响特殊幼儿在融合幼儿园中的整体学习体验。

并非所有的特殊幼儿进入融合幼儿园中都可以被普通同伴接纳，也并非所有的普通幼儿都能够理解特殊幼儿身心发展的特殊性。在融合幼儿园中，虽然特殊幼儿与普通幼儿实现了在物理空间上一起游戏和学习的初步融合，但当特殊幼儿处于缺乏教师指导的自由活动环境中时，他们仍然更倾向于独自玩耍。当特殊幼儿试图进入同伴所组建的交往圈时也面临被普通幼儿同伴拒绝的风险，甚至引发同伴冲突，这对普通幼儿和特殊幼儿都会造成心理的伤害。与同龄普通幼儿的同伴交往活动相比，特殊幼儿无论在交往频率、交往持续性、交往质量以及理解同伴交往文化等方面，均存在较大的差距。

我国学前融合教育正处于发展的初级阶段，在获得社会支持以及幼儿园融合文化建构方面，还没有形成系统而完善的体系。学前融合教育领域的研究也呈现出重理论与现状分析，轻教学与实践干预探索；国外实践经验与理论介绍多，本土化探索与生成少；外部影响因素探索多，教学与课程建构少；游说与动员式的论述多，深入的反思与批判少的状况。这距离高质量的学前融合教育实践，仍相差甚远。然而，社会中却有大量的特殊幼儿有学前融合教育的需求。同伴交往作为特殊幼儿入园之后立即就会面临的一项“难题”，他们与普通幼儿的同伴交往遵循怎样的社交规范和规律？特殊幼儿在什么样的情况下会被拒绝或被接纳？在幼儿园的日常教学中可以采取哪些有效的干预方式提升普通幼儿与特殊幼儿的交往质量？这些问题都是现阶段学前融合教育背景下急需解决的问题。

本书是笔者深入融合幼儿园进行特殊幼儿同伴交往田野考察的研究成果之一，是率先从社会学视角揭示学前融合教育背景下普通幼儿与特殊幼儿同伴交往规律的研究成果。同时，本书从社会学视角进行同伴交往考察，符合幼儿的同伴交往现实，相比单纯的现象性考察，本书具有更深入的理论特色。除此之外，笔者在研究期间，收集了丰富的案例、图片与视频等，通过情景与案例的详细讲解，让特殊幼儿的交往规律呈现在读者面前，这是一部适合幼儿园教师、高校研究者、幼儿家长、社会工作者等群体阅读和思考的学术专著。在内容呈现上，本书的内容体系建构更加具有系统性，呈现了幼儿同伴交往的具体表现、本质特征、作用模型与解决策略的一体化内容。

本书共有六章内容，遵循了问题聚焦式的“发现问题—分析问题—解决问题”的研究思路设计。

第一章，首先明晰幼儿的社会身份。从幼儿的身心特点发展规律来看，幼儿虽然在身心发展上具有局限性，但是他们具有社会性的一切特征：他们组成了一组社会行动者的群体，且他们作为公民有需求，也享有权利。社会中的每一个个体，从其呱呱坠地的那一刻起就已经处于周围的社会环境网络中了。因此，对于处于发展中的幼儿来说，特定的社会环境与复杂的社会关系网络，为幼儿提供了身心发展的基础条件，也为重新看待幼儿的社会性身份提供了重要支撑。这一部分内容作为整本书的基础性前提，为后续章节对特殊幼儿同伴交往的社会学分析提供理论依据。

第二章，聚焦学前融合教育场域中的同伴交往特点，揭示普通幼儿与特殊幼儿之间的“交往秘密”。从社会学视角，采用田野考察的研究范式，通过幼儿交往的真实情景和案例生动地展示特殊幼儿与普通幼儿的交往特点，分析普通幼儿与特殊幼儿在交往中的符号与角色特征。笔者发现，无论普通幼儿还是特殊幼儿，均是天然的“交往社会学家、心理学家”。这一现实，为本书继续探究同伴拒绝的形成提供了关键的支撑。

第三章，笔者深度剖析特殊幼儿备受同伴拒绝的形成过程，展示特殊幼儿在班集体中的社交地位与交往状况。在此基础上，探寻特殊幼儿同伴交往备受拒绝的原因及影响因素。为后续章节探讨如何提升普通幼儿与特殊幼儿的同伴交往质量，提升普通幼儿对特殊幼儿的同伴接纳度提供数据基础。

第四章，笔者从场域理论、符号互动理论以及角色理论的视角出发，继续凝练和勾勒普通幼儿与特殊幼儿同伴交往的本质特征。进一步解读普通幼儿与特殊幼儿同伴交往的符号化象征与权利，探究符号化思维和行为中不同角色的社会秩序与等级，总结同伴交往的理论模型。

第五章，聚焦普通幼儿与特殊幼儿同伴交往的质量提升，探寻如何消除幼儿同伴交往中消极的交往符号与角色。作为干预策略提出的一个前序章节，厘清了幼儿的同伴交往发展阶段，建构了幼儿同伴交往活动的关键因素模型，探究出这些关键要素是如何在幼儿的同伴交往活动中发挥作用的。为后续章节提出具体的干预策略，并验证干预策略的有效性提供前提。

第六章，笔者根据相关实证研究，列出提升普通幼儿与特殊幼儿同伴交往水平的干预方式。分析绘本、教育戏剧、沙盘游戏、奥尔夫音乐在提升普通幼儿与特殊幼儿同伴交往质量中的积极意义。同时，提供不同干预方式在融合幼儿园中的实施方法与指导原则，为未来学前融合教育环境中解决同伴交往问题提供有效实践方式。

研究终已成书，但对于特殊幼儿同伴交往问题的研讨仍应该成为研究者未来关注的重要方向。希望本书对学前融合教育环境中幼儿同伴交往规律的揭示，可以引发更多的研究者对学前融合教育领域予以关注，可以启发更多的教育者重视幼儿的同伴交往问题。也希望本书能为更多的融合幼儿园解决特殊幼儿同伴交往问题提供更多的反思。

感谢我的博士导师，华东师范大学特殊教育系邓猛教授，在本研究开展的过程中给予我的多方指导与鼓励，让我才能在繁杂的数据和多元的理论中找到研究前进的方向。

感谢成都市东部新区教育处袁靖宇老师与我深入到融合幼儿园的第一线，给予我研究帮助和生活中的关怀。感谢陕西师范大学马滢老师和西北师范大学韩文娟老师不厌其烦地与我讨论理论框架的建构以及研究结果的凝练，为本研究的顺利进行提供极大的支持。感谢云南师范大学硕士研究生魏秋雨、梅越、陆文深以及邓春燕同学在本书成稿过程中做的所有的校对工作。感谢云南师范大学学术精品文库项目的资助，为本书的顺利完成提供了有效保障。

感谢山东省青岛市幸福之家融合幼儿园和临沂市城西幼儿园对本研究开展的大力支持。在本研究实施的过程中，园长们的辛苦办园之路，教师们对学前融合教育的热情光芒以及陪读家长们对生活的坚强与乐观直到今天仍然在激励着我不断向前。同时，要感谢本研究所有的参与者，正是他们的无私奉献，才让本研究获得了那么多鲜活的案例和数据。

最后要特别感谢中国社会科学出版社和本书的责任编辑李金涛先生。李老师在本书成文、修改等每一个环节，都给了我最大的鼓励与支持，其严谨细致的治学态度与精益求精的工作作风，更将成为我未来工作中的榜样。

学前融合教育环境中幼儿同伴交往问题仍需要不断地学习和探索，由于笔者编写水平有限，难免存在诸多疏漏与不当之处，恳请各位专家与学者予以批评指正。

第一章

幼儿的社会身份阐释

当一个新生命降生时，它自身就具有一种神秘的本能，会告诉自己该怎样活动，形成什么样的特性以及怎样适应环境……只有儿童才能揭示人类发展的奥秘。儿童的发展看起来是自发的，其实却是遵循一种特定的规律发展的。①

——［意］玛利亚·蒙台梭利

第一节　社会空间中的幼儿

18 世纪以前，幼儿被当成一件脆弱而没有自理能力的“东西”。② 正是这样“以成人为中心”的观念，让幼儿总是被边缘化。要么被视为财产、奴隶，要么被视为小不点儿、殉葬品或传宗接代的工具等。甚至将幼儿贴上“罪恶论”标签，认为需要用戒尺、棍棒的惩罚从“地狱”中救赎幼儿的灵魂。③ 总之，在成人的视角中，成人把自己视为幼儿的造物主，以自己为衡量标准来判断幼儿行为的正确与否、善与恶，并将幼儿看作依附于成人而存在的个体。

18 世纪以后，人们开始关注人的价值、天性与自由。卢梭（Rousseau）在《爱弥儿》中写道，“出自造物主的东西都是好的，而到了人的手里就全部变坏了”④，为现代幼儿观的建立奠定了强大的理论基础，重

---

① ［意］玛利亚·蒙台梭利：《童年的秘密》，蒙台梭利丛书编委会编译，中国妇女出版社 2006 年版，第 12 页。

② 郑素华：《儿童文化引论》，社会科学文献出版社 2015 年版，第 5 页。

③ 姚伟：《儿童观及其时代性转变》，东北师范大学出版社 2007 年版，第 65 页。

④ ［法］让－雅克·卢梭：《爱弥儿》，彭正梅译，上海人民出版社 2007 年版，第 21 页。

构了幼儿观的认识起点，并肯定了幼儿生命成长的内在价值。人们开始以一种成长的视角重新看待这一弱小的生命，并赋予他们以一种推动人类发展的重要角色。蒙台梭利（Montessori）在《童年的秘密》一书中展示了对成人“压抑”幼儿发展的“控告”：“要想不再像以前那样错误地对待儿童，把儿童从内心的冲突与危险的思想中解救出来，首先应该进行一场彻底的变革！”①

一 发现幼儿

（一）被“压迫”的幼儿

“幼”字始见于商代甲骨文，古字形从幺，从力。“幺”正是弱、小之意，而“力”本是对一种用于耕作农具的引申，意为力量。“幺”与“力”的结合，生动地显示出力量的弱小。“儿，孺子也。从儿，象小儿头囟门未合。”② “幼”与“儿”的结合，让弱小、脆弱的内涵更加具有了信服力。在当今的词语使用中，“幼儿”一词仍然具有不成熟、弱小且没有长大的小孩的深刻烙印。

在社会生活中，成人如何看待幼儿，就形成了最基本的幼儿观。在早期，当注重幼儿生命发展内在价值的理性之光还未成为大众及学界关注的主题时，成人把儿童当成完成工作的对象或工具，家长把孩子视为自己的私有物品。如果以当前社会中“以人为本”的价值观来进行衡量，这一观点无疑是对儿童主体性的极大忽视甚至伤害。

周作人在20世纪早期就曾提出“儿童的主体性失落”观点，其在《儿童研究导言》一文中写道：“世俗不察，对于儿童多有误解，以为小儿者大人具体而微者，凡大人所能知能行者，小儿当无不能之，但其量差耳。”③ 在这样的描述中，不难看到，人们将幼小的孩子看作“小大人”，与成人相比，是具有力量差异的个体。这样的描述是极为符合中世纪结束以前幼儿生活与生存的真实状态，他们会在断奶后就被当成“小大人”对待，并需要参与成人所有的生产生活。

但是从另一个层面上来看，这一差异也彻底为幼儿的“脆弱说”提

① ［意］玛利亚·蒙台梭利：《童年的秘密》，蒙台梭利丛书编委会编译，中国妇女出版社2006年版，第7页。

② （汉）许慎：《说文解字》，中国戏剧出版社2008年版，第1126页。

③ 周作人：《儿童文学小论 中国新文学的源流》，河北教育出版社2001年版，第57页。

供了现实的依据。幼儿的力量之不所及，就需要成人不断地指导，甚至直接替代他们去做所有的事情。而一旦幼儿偏离了成人的指导，必然就是错误的，需要马上进行纠正。

这正是成人长久以来把自己所持有的幼儿观渗透进入幼儿日常生活的真实写照。与其说是成人对脆弱的幼儿付出了极大关爱与照顾，不如说是在无意间对幼儿的贬低与管控，是极度压制幼儿个性发展的表现。[①] 因此，在日常生活中，幼儿的行为似乎永远在成人的指导与控制之下。直到今天我们仍然能看到这样的成人与幼儿的相处关系。

例如，在一项对"幼儿和身体"的研究中，研究者就幼儿的生病问题展开了有趣的探讨，研究中写道："成人对幼儿报告说生病或不舒服的回应常常是：'去坐 20 分钟看看会不会好一些。'成人之所以这样说，是因为，在成人对幼儿的理解中，成人认为，时间可以说明这是否是幼儿模糊感觉的瞬间表现，通过时间可以证明是否'真的生病'。"[②] 实际上，站在成人的视角，这样的一种行为方式是极为普遍的。成人站在自己的视角用时间的流逝去"考察"生病的"真实性"，只有当幼儿生病这一件事通过了时间的考验，确实出现了问题，才能被当作真正的生病了。因为，在成人的世界中，他们会认为，"生病"这一具有专业意义的概念对于年少无知的幼儿来说，是一个复杂的知识概念。在这样的一个问题解决行为模式中，幼儿只能被动地等待。

在《发现孩子》一书中，蒙台梭利对"受到压制的儿童"与成人之间的矛盾冲突关系进行了批判：

> 儿童从出生那一刻开始，就受到成人的压制。而可怕的是，人们居然对此毫无察觉。即便在我们这样具有所谓先进文明的开化社会中，也由于复杂的社会礼教、成人对儿童行为的强制约束、成人刻意限制孩子的自我发展，致使儿童与成人的对立关系更趋恶化……成人认为自己所做的每一件事都会比小孩子好，所以就把成人的行为模式强加到孩子的身上，要求孩子接受成人的控制，强迫孩子屈服并放弃

① ［意］玛利亚·蒙台梭利：《童年的秘密》，金晶、孔伟译，中国发展出版社 2006 年版，第 7 页。

② ［英］艾莉森·詹姆斯、克里斯·简克斯、艾伦·普劳特：《童年论》，何方译，上海社会科学院出版社 2014 年版，第 72 页。

自己的意志和创造。①

（二）“复演”中的幼儿

受进化论和复演说的影响，研究者们开始关注个体的心理发展规律。心理学家斯坦利·霍尔（Stanley Hall）把查尔斯·罗伯特·达尔文（Charles Robert Darwin）关于“进化”的生物学观点引入心理学领域，并扩展为心理学的复演说（theory of psychological recapitulation）。该理论认为：“个体的发展只不过是人类种族进化的复演过程。具体地说，个体在出生以前即胎儿期复演了动物进化的过程；4 岁前的婴幼儿期复演了动物到人的进化阶段；4—8 岁的儿童期复演了人类从蒙昧向文明过渡的农耕时代；12—25 岁的青少年期则是复演了人类的浪漫主义时代。”② 在该理论中，霍尔强调要把个体的心理发展看作是一系列或多或少复演种系进化的历史体系，个体的生物因素通过遗传可以决定性地控制和引导个体的发展与成长。个体成熟以后，其行为将不可避免地随着遗传物质记载的方式而改变，而且这种发展与成长的模式在不同的文化背景中都是一致的。

从该学说的种系进化史角度来看，胎儿在母亲胎内的发展复演了动物进化的过程。所有的哺乳动物最早出现的器官就是胚囊，它会发育成为心脏，为身体内的其他器官的发育提供“养料”。细胞能够在人体中完成各种转化，有的变成神经，有的变成骨骼。蒙台梭利将这样的孕育过程称之为“上帝的奇迹”。“它是被精心藏了起来，大自然用一种神奇的物质将胚胎包裹好，只有大自然才能在恰当的时机将各种胚胎打开，将一个个生命带到世上。”③ 人类出生后个体的心理发展，则不断复演着人类进化的过程。将人的进化学说与幼儿的成长相联系，是对于幼儿观认知提升的一个重大飞跃。诸多心理学家也把儿童的身心发展规律进行了充分研究，发现孩子的心理发展过程包含各具特色的发展阶段。这种阶段性变化，被描述为“成长是一连串的出生”。幼儿的发展性也得到了重新梳理，例如，

① ［意］玛利亚·蒙台梭利：《发现孩子》，蒙台梭利丛书编委会编译，中国妇女出版社 2017 年，第 3 页。

② ［美］斯坦利·霍尔：《青春期：青少年的教育、养成和健康》，凌春秀译，人民邮电出版社 2015 年版，第 31 页。

③ ［意］玛利亚·蒙台梭利：《童年的秘密》，金晶、孔伟译，中国发展出版社 2006 年版，第 7 页。

蒙台梭利认为幼儿具有“有吸收性心智的本质”：

> 幼儿虽然在心智上跟成人很不相同，但他们可以凭借自己的天赋创造出很高的成就——不仅掌握了语言，更发展了说话的器官，还创造出各种各样的身体动作和表达智慧的方式。[①]

在复演说的影响下，人们的幼儿观发生了极大变化，人们清晰认识到，幼儿既受个体内在遗传的无意识影响，也受外部的文化熏陶，既有幼儿原生态的生物本能的自然流露，也有后天的社会文化的自觉渗入。因此，幼儿是一个集内在文化与外在文化、自然文化与社会文化于一体的多种文化融合体。[②] 对幼儿的重新认知，为后期研究者反思幼儿的生命特性，发展生命内在价值，保证幼儿生命存在的完整性和协调性等论点等提供了重要依据，也为学前教育要遵照幼儿生命发展规律的实施原则提供了依据。

（三）获得“权利”的幼儿

蒙台梭利认为，当幼儿的每一个行为都会有人代替他去做时，其实是对孩子的不尊重，对于年幼的孩子来说，他们应该享有更多的行为、文化和精神上的自由。[③] 早期人们对于幼儿的认知停留在他们的日常行为举止、身心能力发展等这些可以通过外表观测的维度中。外表的不成熟也在不断强化着幼儿弱小、需要保护的个体形象。但当随着对幼儿生命发展的演进性和规律性的认识加深，探寻幼儿的权利成为人们从生命价值和本体需求的视角对幼儿观的重新界定。

关于幼儿生命成长与发展权利的共识性内容，表现在《儿童权利公约》的条款中。《儿童权利公约》是儿童权利保护的宪章，其以儿童独立的权利主体地位为中心，以儿童的最大利益为出发点，对儿童权利保护的基本原则做了系统的规定。其中，儿童最大利益原则是纲领性的原则。该

---

① ［意］玛利亚·蒙台梭利：《发现孩子》，蒙台梭利丛书编委会编译，中国妇女出版社2017年版，第19页。

② 陈林、杨晓萍：《重塑儿童生命特性：内涵、价值与路径——基于柏格森生命哲学》，《重庆第二师范学院学报》2020年第3期。

③ ［意］玛利亚·蒙台梭利：《发现孩子》，蒙台梭利丛书编委会编译，中国妇女出版社2017年版，第58页。

条原则明确指出，有关儿童发展问题应以儿童为本位，从其根本利益、长远利益出发分析问题、解决问题。最大利益的标准是，能够使儿童在健康和正常的状态下，增加发展身体、心智、道德、精神和社会方面的机会和便利。“最大利益”涵盖了儿童作为人在健全的人类环境中依据其能力的全面发展。除此之外，早期人们将幼儿“物质附属品化”的观念也在该公约中得到修正：

> 《儿童权利公约》第6条规定：缔约国确认每个儿童均有固有的生命权，缔约国应最大限度地确保儿童的存活与发展。即每一个儿童都享有生存发展的权利。任何危害儿童身心健康的行为都是违犯公约的，是损害儿童尊严的，应当采取一切措施，包括立法、行政等促进儿童的健康成长。不可否认，儿童在生理、心理上都是弱小和不成熟的，因此当然需要成年人来保护。但是，保护不能替代儿童行使自己的权利，保护更不能抹杀对儿童权利的应有尊重。①

对幼儿生存权、发展权以及参与权等权利的追寻，是对幼儿脆弱形象的深刻改变，让人们从生命权利视角重新探索幼儿群体。正如蒙台梭利在幼儿个性的观点中所提：“幼儿就像一个‘未解之谜’，我们知道他们拥有丰富潜能，但却对他们未来的发展一无所知，他们只有遵照自己的意愿才能实现‘实质化’。”②

（四）文化“发展”中的幼儿

人不仅以其文化性存在着，而且人本身就是文化的产物，人不仅产生于文化而且也创造着文化。德国著名哲学人类学家兰德曼（Landman）认为：“人是文化的生产者，也是文化的创造物。人的整个生命历程都深深地刻上了文化的印迹。”③ 德国人类学家卡西尔（Cassirer）也认为，人区别于动物之根本在于文化，人是文化的产物，人具有符号化的想象力与智

---

① 徐小飞：《联合国〈儿童权利公约〉关于儿童权利保护的基本原则》，《人民法院报》2016年第11期。

② ［意］玛利亚·蒙台梭利：《童年的秘密》，蒙台梭利丛书编委会编译，中国妇女出版社2006年版，第31页。

③ ［德］米切尔·兰德曼：《哲学人类学》，闫嘉译，贵州人民出版社2006年版，第10页。

慧，人是“符号人”，也是“文化人”[①]。因此，从个体生命价值存在的意义来说，人的本质乃文化性。

对于幼儿来说，他们从出生开始就遇到既成的、不容选择的具体文化环境。然而，蒙台梭利认为，人们为了自己能更加便捷地从环境中索取和更加舒适、安稳地生活，需要对这个环境边适应边去调整。[②] 因此，当幼儿进入生活领域之后，幼儿感受到的就是一个文化再创造的环境。受此影响，幼儿也会在自己的发展和成长中逐渐积淀、适应、继承和创新人类的文化因子，也会受文化熏陶影响而“文化”化。从某种意义上来说，幼儿本就是文化的产物，离开文化，也就缺少了理解幼儿生命本真的重要支点。文化让幼儿的存在有了更重要的意义，而幼儿的存在也是对文化的传承与坚守。这个过程既包括文化对个体的同化，也包括个体对文化的适应。在经历文化习得与文化适应的过程中，儿童逐渐由自然人发展成为社会人，从动物人发展到文化人。因而，儿童具有文化存在性。[③] 儿童本身就是一种文化的象征、一种文化的载体、一种文化的表达。

在文化的生存中，儿童也会逐渐成为一个开放的、具有更大发展空间的人，并且在他们自己的社会生活环境中，发挥积极的建构性作用。儿童并不是社会结构和社会过程的被动对象。因此，在社会中，儿童作为同成人一样的社会行动者，绝不是一个消极或被动的存在，而是一个积极的、深受文化影响的主体人。蒙台梭利在《发现孩子》一书中对幼儿的行为发展能力与社会文化的联系进行了明确描述，并认为他们在文化环境中获得发展，也具有改变文化的能力：

> 人类的孩子不仅会获得人类所有的能力，远远超过其他动物，而且还能够调整自己从而适应他所要面临的气候、生活环境以及文明社会种种日益复杂的要求……如果我们要改变某个国家的风俗习惯，或希望加强某个民族的某种性格，我们必须把孩子作为突破口，从他们小时候就开始行动，因为能够在成人身上做的事情是非常有限的。如

① ［德］恩斯特·卡西尔：《人论》，甘阳译，上海译文出版社2009版，第10页。

② ［意］玛利亚·蒙台梭利：《童年的秘密》，蒙台梭利丛书编委会编译，中国妇女出版社2006年版，第16页。

③ 杨晓萍、李传英：《儿童游戏的本质——基于文化哲学的视角》，《学前教育研究》2009年第10期。

果想改变一个国家或者一个民族，不管是要变好还是要变坏，抑或要唤醒宗教意识或者提升文化品位，我们都要必须依仗孩子，只有他们才拥有无可比拟的能力。①

因此，从文化发展的视角重新看待幼儿这一群体时，我们更加确认了儿童发展的主动性、主体性和内在驱动力。

二　幼儿与同伴文化

幼儿作为社会生活中的积极参与者、行动者，对我们重新看待幼儿的角色与身份，形成凸显个体价值的幼儿观具有重要的参考意义。

由此，我们就要改变将幼儿看作“小大人”的传统幼儿认知观。这种具有压迫性质，视幼儿为“无能”个体的观点，无疑是对幼儿自我能动性、自我决定力的巨大限制。幼儿参与社会生活，成为社会参与中的一员，从本质上看，幼儿具备建构周围世界参与者的身份特征，他们不是被动的被社会化的人或刻板的人类知识的“传声筒”，他们有对这个世界的自我认知，他们也有对周围世界中的成人、事物、事件等进行理解、批判和选择的权利，这是尊重幼儿主体性权利的重要部分。正如蒙台梭利所认为的：“当成人渐渐地控制住自己，不再对孩子指指点点，当成人把孩子从成人的影响下解放出来，置于适合他们成长的环境中时，我们才会看到一个个双眼闪烁光芒，边走边思考，充满灵气的儿童。”② 所以，幼儿的成长不是为了成长为“成人”而成长，而是为了建构自己的主体性文化。

（一）自由与快乐的非功利精神是幼儿同伴文化亘古不变的重要体现

幼儿与幼儿之间都具有游戏需求且彼此容易建立心理认同，加之幼儿之间的认知发展水平相似，兴趣与爱好相似，所以幼儿之间更容易彼此接纳，并浸入到无忧无虑的游戏关系中。相比幼儿与成人之间所形成的“上管下从”的传统相处模式，幼儿与同伴之间有更多可谈论的话题，有更多可分享的趣味事件，即使这个趣味事件在成人来看是微不足道的。幼儿可以自由、充分、无任何心理负担地去表达自己想要呈现的内容。无法

① ［意］玛利亚·蒙台梭利：《发现孩子》，蒙台梭利丛书编委会编译，中国妇女出版社2017年版，第31页。

② ［意］玛利亚·蒙台梭利：《发现孩子》，蒙台梭利丛书编委会编译，中国妇女出版社2017年版，第126页。

与代表权威的成人谈论的话题，幼儿却可以对同伴娓娓道来，他们没有复杂的交往目的。因此，在没有成人干涉的情况下，欢声笑语、嬉笑打闹是体现幼儿同伴交往关系和交往氛围的最真实体现。

这是小班艺术领域的一节课，磊磊选择了源源作为搭档，一起表演歌曲《一对好朋友》。在表演中，磊磊非常开心地面对着源源，带着源源做表演动作，并不时对源源微笑，眼睛时刻注意着源源的动作与表现。在歌曲的最后一句“我们都是好朋友”时，源源显然知道当唱到这句歌词时，好朋友磊磊要过来拥抱自己。源源作为一个典型的不喜欢被触摸的自闭症幼儿，在意识到要被拥抱时，并没有像以前一样尖叫或者跑开。他以他能接受的方式，把胳膊抱在胸前站在那里一动不动。源源的这一个反应似乎对磊磊来说有些“措手不及”，磊磊看到了源源不愿意拥抱的动作，迟疑了2秒，自己笑着主动把源源拥抱起来，并用尽力气把源源抱了起来。这个时候，源源伸出了抱在胸前的手，也抱住了磊磊，两个小伙伴开心地想要把对方都抱起来。

（二）平等与共享的价值观是幼儿同伴文化中的重要组成部分

幼儿与幼儿之间同伴关系的形成，有赖于彼此之间的了解与认同。同伴文化的形成过程是自然而然发生的，或许因为一块积木，或许因为一块蛋糕，彼此之间的互通有无就让同伴文化在无意间形成了。他们不存在与跟成人交往那样的约束或控制，没有“管制—听从”的刻板关系。成人与幼儿之所以会形成这样的刻板关系，是因为成人的发展机能在各个方面都高于幼儿，儿童低弱的认知情感与社会性发育，会让彼此之间本就机能悬殊的个体产生各种障碍或干扰。但是，幼儿与幼儿之间，他们能力一致、兴趣相似，在各方面都具有平等性。这就让幼儿之间更愿意表达自己的观点，分享自己的成果。在幼儿的互动中，彼此协商占据了他们互动中的大部分内容。正是这样平等与共享的交往价值观念，才让同伴群体成为所有幼儿都心向往之的快乐之所。

源源的妈妈今天没有及时来接他，他望眼欲穿地望着教室门口的方向，希望那个熟悉的身影马上出现，但妈妈始终没有来。这时，佳佳背好书包走在来接她的家人身后，走到源源身边时，跟他打招呼

“嗨，源源，我先走了哦，再见”。源源面无表情地说着再见，情绪游走在哭与努力控制哭的边缘。这时，班里的另一个小男生天天跑过来，“源源我们去搭房子吧”。在搭建的过程中，源源负责给其他同伴运送木板，在其他小伙伴累的时候，他主动上前帮忙搭建，让其他小伙伴歇一会，源源很开心，期间有跟同伴眼神的交流，有语言的交流，情绪逐渐转好。

（三）参与感与互通性的特征是幼儿同伴文化中的必备条件

幼儿之间互相交流，才能促成幼儿同伴文化的形成。在能力水平或者生活处境更相似的幼儿之间，他们更容易彼此接纳，形成互动关系。试想，如果在幼儿的交往中，其中一个幼儿始终拒绝参与互动，或者总是独自游戏，那么就无法形成游戏互动关系，这两名幼儿也就没有达到交往“基准线”，无法形成同伴关系，也就不存在同伴文化。此外，在幼儿阶段，幼儿与幼儿之间的互动和参与是极易达到的，他们因为生活中的小物品或小事件就可以讨论不止，彼此之间的互动极为频繁，互动频率相比成人更高。这是由于自由、平等的关系氛围，给了他们在交往与互动中最大限度的空间，自由的空间带来的是彼此之间高频率的观点与行为上的意见互通以及对游戏活动的积极、主动参与。

三　同伴交往的内涵诠释

人们对于幼儿的认识始于幼儿的“微缩成人”观，但将同伴关系引入科学研究领域则始于将幼儿看作社会的参与者和发展中的个体。随着研究者和教育者对教育理论的不断深入探索，同伴关系质量与教育质量的彼此促进作用越来越受关注。但在现有的研究中，基于幼儿社会性发展的视角进行同伴关系的认知与规律探寻仍存在较大的研究空间。

同伴交往最早的定义出现在朱智贤《当前儿童心理学的进展》一文中，即“年龄相近的儿童通过接触和进行言语动作沟通的过程”[①]。在这一过程中，儿童通过外在或者内在的方式进行想法、喜好和情感的沟通传递。可见，同伴交往是一个描述行为过程和个体与他人关系的概念。

国内学者张文新从个体在活动中的关系出发，将同伴交往界定为：

① 朱智贤：《当前儿童心理学的进展》，《北京师范大学学报》1983年第1期。

“年龄相同或相近的个体之间在共同活动中的相互协作关系。”① 与此相同，江小英认为：“同伴交往指同龄人或心理发展水平相当的个体间在交往过程中建立和发展起来的一种人际关系。”②

哈吐普（Hartup）将幼儿在发展过程中与他人之间形成的交往关系分为两类，即垂直关系和水平关系。③ 其中，垂直关系是指那些比幼儿拥有更多知识和更大权力的成人与幼儿之间的一种人际互动关系，其功能主要是为幼儿提供保护以及传授幼儿知识与技能；水平关系是指幼儿和那些与他们具有相同社会权利的同伴之间形成的一种人际互动关系，其功能主要给幼儿提供学习技能和交流经验的机会，而这种技能经验只有在地位平等的基础上才能获得，是垂直人际互动关系中不可能获取的。幼儿的同伴关系是人际关系中的水平关系，同伴在年龄、心理发展水平、认知发展水平等方面具有相对一致性，幼儿可以通过建立与发展同伴关系去模仿、交流、学习，从而获得发展。

虽然对于同伴交往的内涵界定并未达成一致，但研究者在描述同伴交往作为过程性事件，强调个体的社会地位、人际角色与文化生产的综合运作过程方面具有一定共识。因此，从同伴交往的社会阐释性再构的角度来看，同伴交往具有浓厚的社会文化色彩，交往不仅仅是一种认知性的情感关系，更是一系列的相对稳定、持久的日常活动与创造性活动。同伴之间会根据交往活动的进行，对自己的角色和社交地位通过社会行为进行肯定、确认和再确认。因此，从社会的视角考察幼儿的同伴交往是一种自然探索。

四　同伴交往的社会化价值

幼儿不是在隔离的环境中成长的。同伴交往作为幼儿之间的社会行为，无论是对幼儿的生理还是心理的发展均具有重要的促进意义。

（一）同伴交往与道德品质的发展

幼儿在群体中的成长体现着个体发展所独有的节奏和张力。只有当幼

① 张文新：《儿童社会性发展》，北京师范大学出版社 1999 年版，第 133 页。

② 江小英：《融合教育背景下残疾学生同伴关系及绘本干预研究》，博士学位论文，北京师范大学，2017 年，第 27 页。

③ Willard W. Hartup and Shirley G. Moore, “Early Peer Relations: Developmental Significance and Prognostic Implications”, *Early Childhood Research Quarterly*, Vol. 5, No. 1, March 1990, pp. 1 – 17.

儿开始与他人建立互动或游戏关系，并要维护互动活动的持续发展时，幼儿就会意识到，假如自己总是去做一些不良行为，比如破坏行为、攻击行为、抢夺行为或以自我为中心的自私行为时，他当下所维持的这一段交往关系就会终止。因此，幼儿只有进入群体中，才能感受到自己的需求以及同伴们的需求，才不会用以自我为中心的霸道行为方式去互动。他开始关注身边的其他人，学会以同理心或别人的视角去设身处地地思考问题，也开始获得彼此谅解、真诚待人等优秀品质。在群体游戏的规则中，领悟到规则对于行为维持的重要性，感受到与他人之间的合作、分享等带给自己的成就感，理解到每个人对于群体的责任感。上述这些，正是幼儿将来踏入社会生活后所需的重要品质，在幼儿期的同伴交往中，就可以有效地习得。

（二）同伴交往与情感需求

幼儿与幼儿之间所建立的同伴交往关系，是成人作为养育者所无法替代的。同伴交往不仅可以帮助幼儿获得行动上的愉快体验，同时，在交往活动中，幼儿还会感受到同伴在给自己提供帮助时的温暖和肯定；当与同伴一起完成了一件挑战性任务时的凝聚力和彼此信任感；当自己焦虑、难过时，同伴给予安慰时的安全感；在与同伴的彼此认同中，形成的群体归属感、自我实现等高级需求的满足感等。因此，幼儿在同伴中可以获得在不同情境下的情感需要，这对于幼儿心理的健康发展，具有巨大的促进意义。

（三）同伴交往与幼儿的人生观和价值观

良好的人际关系是树立正确的人生观、价值观的重要影响因素。彼此沟通交流的社交关系网络不仅可以帮助幼儿宣泄不满情绪，还可以使其从同伴群体中感受不一样的问题解决方式。用从他人身上所习得的正确观念对照自我行为进行自我反思，可以帮助幼儿形成对问题的多面思考和正确认知。从这个意义上来说，在同伴群体中，每个同伴都可以成为自己看待问题的一面“镜子”，在与同伴的交往中不断扩展人们对于自己和周围环境的思考，树立正确的信念。

> 社会化这个词目前在文献中主要用来指儿童发展的过程……但是，将儿童的社会化挑出来还有另外一个原因。有理由相信，在后天养成的性格因素中的某些方面，最稳定、最持久的是主要的价值取向

模式。很多证据表明，这些后天养成的性格因素根植于童年，在成年后也不会发生太大的改变。①

第二节　幼儿的社会身份阐释

学前教育阶段不乏对幼儿的感知觉、认知、思维、语言、情绪情感以及社会性等身心发展概念的研究。研究者们所聚焦的这些研究维度，实际上更是一种体现着处于成长中幼儿的多元社会生活的缩影。

一　幼儿的社会身份习得

社会中的每一个个体，从其呱呱坠地的那一刻起就已经处于他周围的社会环境中了。因此，对于处于发展中的幼儿来说，特定的社会环境与多元的社会关系网络，为幼儿提供了身心发展的基础条件。在个体的发展中，社会为每一个个体提供了学习与发展的社会空间，也是对人的本质的一种社会性诠释。

众多的研究者认为，与成人文化在某些方面，如想象力、创造力上相比，幼儿能够在某种程度上表现出更高的智慧。② 在对待成人早已习以为常的日常生活或者繁杂事务时，幼儿时常能在纯真的精神世界中，发现生活中的“新大陆”。即便如此，幼儿与成人之间仍然存在巨大差异。差异在于，幼儿作为发展中的个体，需要对各方面的知识进行学习，以获得发展最大可能性。幼儿只有通过不断学习，才能在复杂和多元的社会生活中独立生存，创造人生价值。

幼儿的学习是极具年龄特征的活动。游戏是这个时期幼儿学习的最主要方式。在幼儿的游戏中，玩、乐并非是游戏的主要内容。幼儿游戏是规则、秩序、方法彼此碰撞的过程。幼儿如何加入别人的游戏？幼儿在游戏中如何维持游戏的继续？如何进行自我控制遵守游戏规则？如何与其他同伴进行任务协商？这些问题实际上在幼儿很小的时候就已经在游戏中开始面对和解决了。不可否认，有些幼儿可以较好地解决以上问题，但也有部

① ［英］艾莉·森詹姆斯、克里斯·简克斯、艾伦·普劳特：《童年论》，何方译，上海社会科学院出版社 2014 年版，第 21 页。

② 段海军、白红红、胡卫平：《幼儿创造力干预项目的国际发展动态与启示》，《学前教育研究》2015 年第 10 期。

分幼儿难以完成以上问题中的挑战。为何有些幼儿难以解决游戏互动中的挑战？这是由于这些规则看似与游戏密切相关，实际上，这些问题更多的是成人世界中的问题。这关于互动维持、规则遵守、与他人相处等成人每天所面对的事情，反映的是成人的行为方式，并非是幼儿在游戏中独有的创造。所以，幼儿在游戏中与同伴所面对的，跟在日常生活中幼儿与养育者、家庭成员或其他社会成员的互动具有一致性，均是幼儿进行社会学习的过程。在这个过程中，幼儿开始习得社会性知识与规则。比如，如何与他人和平相处，不出现冲突；怎样看待别人等。

假如幼儿无法习得这些规则，那么他可能会面临“严重”的问题，比如会受到来自其他同伴或群体的排斥，成为区别于他人的一个“异类”。实际上，可能出现的这些问题，正是社会身份的问题。因为幼儿不只是在行为方式上“像成人一样”，还要努力地把自己“塑造为成人”，这是幼儿的天性，也是幼儿的一种试验。[①] 幼儿在与同伴或成人的互动中，只有习得这些社会群体认可的价值观或行为方式，才代表着幼儿获得了合理化的社会身份，具有了被允许成为团队中一员的资格与身份。因此，将社会行为规则内化到自己的认知体系中，或者获得集体的归属与认同感，让社会适应能力更加适应现实生活等，也是幼儿社会化发展的过程。幼儿的社会化获得了发展，社会身份也就此形成了。幼儿无论与成人的能力悬殊有多大，在社会身份上仍具有一致性。

二　幼儿作为行动者的社会身份

幼儿是社会结构中的重要成员。社会化是幼儿成长中必须要学习的内容，因为幼儿只有获得社会性方面的发展，才会成为合格的社会生产、生活的参与者，并能够在社会化过程中逐渐形成良好的品质与个性。

然而，在幼儿的社会化进程中，幼儿通常是通过人与人之间的社会交往和对社会生活的主动适应而进行的。从这个层面上来看，幼儿主动进行人际交往和社会适应的过程，就是幼儿主动行动的过程。在行动的过程中，首先，他们要与同伴交流有用的信息，同时也将自己的有效经验分享给他人，在交往的来与回之间感受自己的主体参与性与行动性。其次，幼

---

① ［意］玛利亚·蒙台梭利：《发现孩子》，蒙台梭利丛书编委会编译，中国妇女出版社2017年版，第54页。

儿在交往中会主动参与或组织与同伴的共同活动。在这个层面中，幼儿的行动者身份更加具有显著性。为与他人达成共同活动的目标，他们需要通过人际交往来主动协商、调整当下环境中的不良因素或问题挑战，在与环境中人、事、物的互动中，或调整自我，或改变他人，或重新建构自己周围的生态系统。第三，形成和拓展与他人的人际关系，并在不同的人际关系网络中获得更大的发展。为达到更广阔发展的目标，就要在各种交往活动中表现出更多的社会积极性行为，例如亲社会行为、责任感行为等。最后，幼儿在行动中增进对自己以及对他人的认识。社会心理学家乔治·赫伯特·米德（George Herbert Mead）认为："自我只存在于一定的与他人的相互关系中。"① 幼儿在交往中观察别人，形成对他人的认知和基本的态度，也通过别人对自己的认知和态度而再次形成对自己的自我认知。在认识他人与自我的过程中，自我的主动采择能力起到了关键的作用。幼儿就是在这样不断与环境相互适应的过程中，不断审时度势修正自我、调整各种社会行为方式，通过一系列的主动行动，最终达到与社会环境的和谐发展。②

> 在不同的活动情景中，儿童可能采取各种各样的行动模式……这种可能性的存在，儿童会灵活且具有策略地定位自己在特定环境中的位置，通过将儿童视为有能力的社会行动个体，我们可以了解更多"社会"和"社会结构"塑造社会经验的方式，以及他们有可能通过社会成员的行动重新塑造自己。③

三 幼儿作为参与者的社会身份

美国心理学家马斯洛提出的"需要层次理论"，将人类需求从低到高分为五种，分别是生理需求、安全需求、社交需求、自尊需求、自我实现的需求。在该理论的众多需求中，类属于社交需求中的归属与爱的需求是人的重要的心理需求类别，这是一种倾向于归属感的精神需要。具备了这

---

① ［美］乔治·H. 米德：《心灵、自我与社会》，赵月瑟译，上海译文出版社 2018 年版，第 65 页。

② 李季湄、冯晓霞：《3—6 岁儿童学习与发展指南》，人民教育出版社 2017 年版，第 93 页。

③ ［英］艾莉森·詹姆斯、克里斯·简克斯、艾伦·普劳特：《童年论》，何方译，上海社会科学院出版社 2014 年版，第 124 页。

一类需求的人通常首先必须是一个“合群”的人。同时，对群体来说是一个具有主人公的社会责任意识，能主动接受群体规则对自己的约束，能够将自己与团体中每个人相互联系且具有活动参与感的人。对于幼儿来说，通过“合群”获得归属感的最基本条件就是物理层面的参与，也就是能够作为游戏或活动的参与者对团体活动贡献自己的力量，并在参与团体活动中，与他人建立更加牢固的关系，增进对他人更深层次的了解，从而被团体成员更大程度上地接纳，被接纳后最终形成归属感。

同时，根据幼儿是一个社会行动者的论断，我们可以推断出，幼儿的“存在”并非静止不动的，幼儿处于社会结构中，社会结构就是在互动中发生变化的要素。因此，位于社会结构中的幼儿的活动参与也是在不断变化着的。参与变化就意味着参与不同社会结构中的活动。在参与过程中幼儿应是积极的，是作为行动主体去主动实践或创造行动的。当然，幼儿之间能力发展水平、生活背景等存在一定差异，也就决定了并不是所有的幼儿都能参与所有的社会活动。作为社会参与者，幼儿是根据自己的发展状况进行的适切性参与。

四　幼儿作为问题解决者的社会身份

幼儿作为社会行动者，实施社会参与并与他人建立友谊关系，是幼儿同伴交往过程中的核心。但幼儿身心发展方面的局限性，导致的沟通不畅、行动方向不一致、对行为结果追求的差异等，会让幼儿之间的同伴交往或已经形成的同伴文化并不总是呈现出一派祥和、和谐、富于团队精神的理想交往状态。幼儿之间经常会因为对同伴、活动、任务等缺乏理解而出现消极行为，例如打斗、争吵、脚踢等身体或语言攻击问题。幼儿之间的同伴冲突是在幼儿的日常生活中极为常见的情况。然而，同伴冲突对于幼儿来说并不总意味着是一种消极的交往行为。将同伴冲突完全认定为一种消极的行为，这是由于人们总是关注幼儿交往中出现的彼此“对抗性”行为特征。但是，当我们开始分析同伴冲突中所包含的交往要素时，会发现同伴冲突带来的并非全部是消极的结果，同伴冲突也可以成为幼儿交往中的一种重要形式。这种观点是，当幼儿陷入同伴冲突时，尤其在发生了语言或肢体冲突后，这样的冲突反而会增强幼儿之间的人际联系，让幼儿与同伴之间更快地建立起社群概念，并能够在一来一往的激烈辩论中，表达自我，形成具有个人行动特色的问题解决模式。①

这样的观点主要是基于，第一，矛盾为幼儿提供了分享自我观点，感受同伴文化的机会。通过表达自己的观点进行辩论，以达成与他人的共识，即使达成共识的目标并未实现，但在辩论的过程中也呈现了分享自己观点以及批判持有不同意见同伴的观点的过程，更有利于幼儿在后续的人际关系中反思自我，调整自己的行动方式。第二，辩论的过程就是不同个体在集体中参与问题解决的过程。在一个极具争议的议题中，所有人都具有参与的权利，以及表达自我的机会。集体辩论的过程中，所有的参与者都有权主导问题的走向，但他们仍然会通过彼此之间意见的交换，再次厘清问题的发生、过程与结束，会针对事件中的矛盾点进行重点剖析，并针对不同解决方案提出不同的观点，甚至会点评其中事件行为人的行为或语言的正确与否等，最终达到意见的一致。这本就是一种集体性社交行为。

第三节　社会学视野下幼儿同伴交往再解读

社会作为主导个体行为的重要影响因素，对个体具有强大的力量规约。这些社会规约无不是“训练”幼儿，使其成为社会的贡献者。

一　工具主义教育及幼儿交往意义的没落

20 世纪 30 年代，随着皮亚杰认知发展理论的提出，肯定了同伴交往对于幼儿社会能力培养的重要意义。② 越来越多的研究开始关注幼儿同伴交往的社会性发展价值。③ 在同伴交往中培养和实现各种能力的发展，让具有功能主义的幼儿交往文化观得以形成。

本章第一节的论述提出，幼儿不是“微型的大人”，他们与其他同伴建立互动和交往并非仅仅是为了自我发展需要，也不是为了家族或者生物意义上的生命延续。幼儿的世界有其世界的独立性，幼儿本身是具有主体性特征的一种群体性存在。幼儿之间的交往文化是一种“成全自我”的

---

① ［英］艾莉森·詹姆斯、克里斯·简克斯、艾伦·普劳特：《童年论》，何方译，上海社会科学院出版社 2014 年版，第 151 页。

② 林菁：《皮亚杰的儿童“自我中心”理论述评》，《学前教育研究》2001 年第 2 期。

③ 陈轩、张静驰、朱继文、周楠：《中班幼儿抑制控制能力和社会适应的关系》，《中国健康心理学杂志》2019 年第 12 期。

文化，这样的文化对幼儿来说，是一种重新认识自我、丰富心灵的精神之旅。幼儿可以通过与他人的游戏、生活、学习等活动来达到上述目的。因此，从幼儿的交往过程来看，他们与同伴的互动更具有自然性和自发性的一面。

同伴交往带给幼儿与同伴的更应该是自由、快乐与彼此经验的共享，其中包括了对幼儿在认知、精神、情感等层面上更丰富的人文内涵。所以我们重新来认识幼儿的同伴交往和交往文化时需要摒弃同伴交往的传统功利性观念，需要从幼儿的本体生活和精神世界出发记录和研究他们的交往活动，而不是以成人的立场和思维方式来判断甚至批评幼儿的交往行为，或者处处着眼于幼儿在交往中的能力获得有多少，规则遵守如何，交往表现如何，等等。这样的价值判断是对幼儿交往本真性的毁灭。当我们以成人的视角看待幼儿的交往问题时，也就无法真正体现在幼儿交往中的人文精神内涵。幼儿交往是对快乐和自由的追寻，是享受快乐童年的重要历程，而不是为未来成为成年人而做的经验准备或提前预演。对幼儿来说，交往没有任何功利性意义，是他们真实的生活的反映。就像幼儿眼中看待任何事物都具有生命的“泛灵化”特征一样，幼儿交往就是真切地建构幼儿鲜活、纯真的生活世界的过程，自由与创造才是幼儿交往的精神内核。在此基础上，幼儿才会在游戏中倾注全部的力量与智慧、情感与灵感，同时这也才会成为孩子乐此不疲地进行互动的原动力。①

二　从幼儿的视角追寻同伴关系之本真

摒弃对幼儿同伴交往的工具主义教育，真正从幼儿的视角探寻幼儿交往的鲜活生活，就是引导我们以幼儿的视角去看待他们的生活。只有这样，我们才能真正理解由他们构建起来的那些自己与同伴合力击退怪兽的情境的冒险精神，幻想与同伴一起变成“小仙女”踩在云朵上飞行的自由飘逸，创造“妈妈”带“宝宝”去医院打针的故事的担忧与焦虑，以及尝试“猪八戒”踩到西瓜皮的风趣幽默，等等。

以幼儿的视角看待幼儿的交往世界，首先应是一个自在的世界。幼儿依据内在的游戏需求和互动本能，沉浸于无规则、无规律的自在世界中进

① 李传英：《儿童游戏的本质——基于文化哲学的视角》，《学前教育研究》2009年第10期。

行自由地游戏，从而获得对生命的真实体验。它是一种诗意的栖居，追求的是一种诗性的逻辑。它是一种理想的、趋于完美的先验世界，也是幼儿现实生活世界的一种追求与向往。① 无论是理解同伴文化还是实施教育，注重幼儿的自由本性之真才是解释幼儿生活世界最有效和最有力度的方法。正如约翰·杜威（John Dewey）就幼儿的学习经验问题指出的：

> 一切教育活动的首要根基在于儿童本能的、冲动的态度和活动，而不在于外部材料的呈现和应用，不管这些外部材料是来自别人的观念还是来自感官。因此，儿童无数的自发活动、游戏竞赛、模仿的努力，甚至婴儿的显然没有意义的动作等都可能具有教育上的用途，更确切地说，都是教育方法的基石。②

三　幼儿同伴交往的社会学建构

从幼儿的视角看待幼儿同伴交往的世界可以发现，幼儿的交往与生活经历是不以一种有限的、可以辨识的形式而存在的。但是在幼儿同伴交往所涉及的基本要素中，却同样遵循着社会交往中个体相互往来，进行物质与精神交流的社会活动性质，具备交往主体与客体对象之间在接触中相互影响、相互作用的过程与联系。其中对于社会交往系统中的基本要素，比如交往需要、交往关系、交往意识、交往力等是作为一个整体共同存在于幼儿同伴交往活动或游戏中的。因此，在遵循幼儿交往本真的基础上，从社会学的视角看待幼儿的同伴交往，是对同伴交往主题最自然不过的界定。

同时，交往中对象之间的关系影响与互动过程本就具有难以磨灭的社会学属性。社会学视角下对幼儿同伴交往考察，也是修正和真正落实将幼儿作为社会建构者与行动者角色的必然结果。长期以来，研究者们总是具有将幼儿同伴交往“简单化”的倾向，这是与我们对幼儿观的认知差异密切联系的。当我们对幼儿所持的观点就是“脆弱个体”时，那么他的所有的行动都会被打上“小儿化”的刻板烙印。但

---

① 杨雄、杨晓萍、张骞：《殖民化与消解：技术异化下的儿童生活世界》，《陕西学前师范学院学报》2019 年第 9 期。

② ［美］约翰·杜威：《学校与社会·明日之学校》，赵祥麟等译，人民教育出版社 2006 年版，第 81 页。

当我们对待幼儿的观点是真正将其作为社会中发展的独立个体进行考虑时，幼儿的一切行为也就具有了社会建构性意义。幼儿的交往行为既然属于社会交往范畴，那么其中的交往规律与本质特征势必无法是仅仅通过对交往能力、交往行为的测查就能够获得的。因此，将同伴交往推至深层次的本质解释性层面，应该成为当前该领域研究中需要进行的一项研究。社会学的理论视角可以成为我们考察幼儿同伴交往更深层次意义的重要支点，让我们可以看到幼儿在互动与协商过程中，社会性潜规则的显现。

（一）游戏场中的“领地”保护

3—6 岁幼儿的交往是涉及肢体符号与复杂语言的高级活动。幼儿之间通常会因为彼此之间兴趣的一致、座位安排的相近、年龄相仿等条件而让某些幼儿决定与谁一起玩，形成一个小团体。之所以“小”是因为小到能使所有成员相互作用、相互认识，同时他们拥有共享的价值信念，能清楚地知道群体成员与外来人员之间的区别。[①] 实际上，对于学前教育阶段的幼儿来说，加入其他团体的过程是非常困难的，因为这个时期的幼儿已经开始有了“领地意识”和人员的“内部保护”观念，在固定的成员之间他们更倾向于保护自己当下所拥有的空间与同伴关系，会一致对外抵制“陌生”同伴的加入。

（二）早期的性别分化

幼儿在交往中的“性别间离”是幼儿社会性走向分化的一个重要现象。研究显示，幼儿 3 岁开始，就已经开始倾向喜欢与同性别的同伴进行玩耍。甚至在性别的分离中，构建幼儿间独特的性别交往文化，即当男孩与男孩一起游戏，女孩与女孩一起游戏时，他们会根据不同性别特点，形成具有不同性别行为模式与互动方式的内部规则。[②] 久而久之，在幼儿的世界中就逐渐形成“女孩要和女孩玩，男孩要和男孩玩”的角色认知。正如在访谈中一位教师提到的：“特别皮的小男孩会跟特别皮的小男孩玩，喜欢玩攀爬游戏的只喜欢跟那几个一样喜欢攀爬游戏的小朋友在一起，喜欢跑的小朋友永远聚在一起，喜欢聊小粘贴或者是喜欢芭比娃娃的

① ［美］莫里斯·罗森堡、拉尔夫·特纳：《社会学观点的社会心理学手册》，孙非译，南开大学出版社 1992 年版，第 331 页。

② ［美］威廉·A. 科萨罗：《童年社会学》，张蓝予译，黑龙江教育出版社 2016 年版，第 126 页。

小姑娘永远在一起有聊不完的话题。"①

通常在这两个不同的群体中，由于性别特点的不同，男孩群体更倾向于进行活动强烈的、运动幅度大且具有一定冒险精神的游戏，并且他们之间的互动伴随着更加热烈的互动氛围，如激烈的讨论，毫无忌惮的说笑、争吵等。而女生的游戏团体，则更喜欢安静的游戏活动与互动方式。相比男生的团体，女生团体更加愿意吸纳新成员，并且游戏更加传统或中规中矩。②

在不同性别的个体交往特点上，幼儿同伴关系也呈现出了明显的性别特征。有研究显示，三岁开始，幼儿更加倾向于选择与同性别的幼儿进行同伴交往。③ 这一现象随着幼儿年龄的增加，表现出更加明显的趋势。这是由于幼儿的认知水平不断发展，性别意识与性别角色的认同逐步形成，幼儿在与同性别同伴进行交往过程中所获得的愉悦经验或行为一致性的认同，使得幼儿更加倾向于选择同性别的幼儿。④

除此之外，不同性别幼儿的受欢迎度也存在差异。例如，颜希毅对163 名幼儿交往的研究发现，女生在同伴关系中更受欢迎，男生则更容易受到拒绝，造成这种局面的原因是男生比女生有更多的攻击行为。⑤ 但在不同性别幼儿所建立的友谊质量方面，男生友谊质量高于女生友谊质量。有研究者对 185 名学龄前幼儿进行研究发现，女生建立的同伴关系质量低于男孩，这是由于男生的攻击性行为更容易受到他人关注，并由于活动的目的性和对集体行动的要求性更强，男生间交往更能维持团体凝聚力。⑥

（三）交往中的"位置分层"

随着小团体和角色的分化，幼儿在交往中开始出现社交位置的分层。

① 王琳琳、邓猛：《学前融合教育背景下特殊幼儿同伴交往的混合研究》，《现代特殊教育》2021 年第 1 期。

② ［美］威廉·A. 科萨罗：《童年社会学》，张蓝予译，黑龙江教育出版社 2016 年版，第160 页。

③ 周杰：《4—5 岁幼儿社会规则认知与同伴关系的相关研究》，硕士学位论文，辽宁师范大学，2013 年，第 57 页。

④ 郭丽媛：《大班幼儿户外自由活动中同伴交往行为的观察研究》，硕士学位论文，天津师范大学，2018 年，第 21 页。

⑤ 颜希毅：《由对幼儿同伴关系性别特点的调查引发的思考》，《学前教育研究》2000 年第 4 期。

⑥ Rebecca M Stowe, David H Arnold and Camilo Ortiz, "Gender Differences in the Relationship of Language Development to Disruptive Behavior and Peer Relationships in Preschoolers", *Journal of Applied Developmental Psychology*, Vol. 20, No. 4, June 1999, pp. 521 – 536.

例如，开始出现被拒绝的、受忽视的、受欢迎的以及受争议的交往类型。幼儿之间的关系之所以越来越表现出距离的远近，是由于当一个幼儿长时间无法跟他人进行融合时，其他集体成员也在不断加固着自己小团体的空间保护，当这个小团体中所有幼儿已经能够资源共享，并能够默契十足地沟通时，自然会一致抵制陌生成员的进入。因为陌生成员的加入会让他们“辛苦”建立起来的成员关系和游戏规则得到破坏。因此，幼儿被拒绝在团体之外的情况仍是较为普遍的。

但也并不意味着被拒绝的幼儿就会永远处于孤立状态。有一部分也可能会被暂时接纳，但需要经历原团队成员的“层层考验”，当陌生成员完全接受现有交往状态，并能够为现有团体带来“利益”时，他即可被接纳。但是当该陌生成员无法为团体提供有利“资源”时，他可能随时面临离开团体的可能。还有一种可能性，即所有被拒绝的幼儿会重新组建自己的团体，经过长时间的互动也会成为一个核心团体。

四　幼儿同伴交往的社会学研究再深入

人的社会性发展并非生来就具有的，也并非一成不变的。幼儿的社会化过程需要他们在与同伴的人际关系互动中，伴随自身的个性品质、行为习惯、交往技能、自我概念、社会情绪情感、社会认知等各方面能力发展，而逐渐形成。这是一个从婴儿期就开始的漫长发展过程。在这个过程中，他们不断与社会环境产生交互作用。比如，在与父母、教师等成人角色的交流与对话中，幼儿可习得基本的社会交往规范、礼仪与规则，学习扮演各种社会角色等；在与同伴的互动中，习得正确处理人际关系、解决人际矛盾、调整交往行为等，最终在与不同个体的互动中，形成自己社交中的独特个性和社会适应性的心理发展。

此外，在幼儿的同伴交往过程中，人际关系、性别角色、亲社会行为、攻击性行为、社会认知、社交情绪情感、道德品质等内容组成了幼儿社会性发展中的庞杂“金字塔”系统，系统内部的各级各类要素相互独立但又紧密相连，而每一级的要素又可以作为亚结构系统继续进行结构分化。[①] 例如，人际关系包含认识成分（相互认识与了解）、动作成分（交往动作）和情感成分（交往中情绪情感体验），而情感成分则又可以根据交往个体的情

① 王俏华：《学前儿童发展》，北京大学出版社 2018 年版，第 155 页。

绪状态划分为积极情感和消极情感等子系统，让整个人际关系的系统呈现出层层分化的状态，每一个系统均具有多样化的特征，由此构成了幼儿社会交往中情绪情感体验的全部面貌。同时，各个结构之间的发展也会为其他结构提供发展的基础，或成为其他结构发展的不同侧面。例如，社会认知与性别角色分属于不同的结构之中，但是性别角色作为社会分工的一个重要依据，也离不开社会认知的重要影响。

因此，在上述庞杂的社会交往发展体系中，幼儿在与同伴的交往中所表现出来的交往对象选择、社交地位、社交行为方式等具有浓厚的“成人社会”意味。虽然当前部分研究关注幼儿同伴交往中的社会现象，如“圈子”“分化”等，证明了幼儿同伴交往与成人人际交往中外部交往表现状况的相似性，但是并未对交往中的社会性现象进行系统解释。幼儿在交往系统中的行为模式、互动方式以及幼儿如何在社交系统中进行运作构成了社会化的“社交场”等问题均处于未知状态，需要对幼儿同伴交往的社会学研究进行深入探讨和挖掘。

第二章

学前融合教育场域中的同伴交往绘描

成人之前，孩子就应该像孩子一样去生活，这是自然秩序。如果我们非要违背自然秩序，用各种人为的方法催熟还未成熟的果实，就算它们长得再漂亮，味道也是酸涩的，而且很快就会腐烂……那些本该天真可爱的儿童却在我们的手下变得老态龙钟。①

——［法］让－雅克·卢梭

1994 年联合国教科文组织在西班牙召开的世界特殊需要教育大会上通过了著名的《萨拉曼卡宣言》和《特殊教育行动纲领》，确定了融合教育的基本理念与原则。② 从此，融合教育成为全球范围内特殊教育改革与发展的主流思想。近年来，儿童因为先天因素、早期的环境及教育等因素出现各种情绪、行为、注意力、发展迟滞等方面问题的概率呈加速趋势，融合教育环境也成为特殊幼儿的重要安置方式。③ 在学前融合教育中，特殊幼儿被普通幼儿接纳，并与其建立友谊关系，是特殊幼儿实现物理空间融合之后的第一道“关卡”。那么普通幼儿与特殊幼儿之间的同伴交往遵循怎样的规律呢？

符号互动论提出，人类不仅生活在自然环境中，并且还生活在“符号环境”中。人们在交往中不仅仅使用语言来交流意见、表达自我，还会运用具有一般意义的面部表情、肢体动作、语音语调等其他象征性姿

---

① ［法］卢梭：《爱弥儿》，成墨初、李彦芳编译，武汉大学出版社 2014 年版，第 52 页。

② 邓猛、孙颖、李芳：《融合教育理论指南》，北京大学出版社 2017 年版，第 2 页。

③ 王琳琳、邓猛：《学前融合教育背景下特殊幼儿同伴交往混合研究》，《现代特殊教育》2021 年第 1 期。

态，来读懂对方，预期对方反应，调适自我的行动方向。[①] 对他人姿态的解读，不断建构着人们的交往和互动。这种以符号特征调整互动方向的能力，被米德称为“感受并理解他人角色”而进行角色领会的能力，也就是一种视他人态度从而部署行动的能力。[②] 符号互动论者强调，这种角色领会的过程正是社会性交往行为发生的基本机制。[③] 普通幼儿与特殊幼儿之间的交往是否也在彼此角色领会中形成，正是本章探索的主要内容。

第一节　中国学前融合教育的发展

伴随融合教育的发展，将特殊幼儿安置在融合幼儿园，已成为学前教育领域的世界性潮流。中国幼儿园教育对象的异质化和多样化成为幼儿园学生群体的主要构成特点。

一　中国学前融合教育发展的政策推进

近年来，伴随中国融合教育质量诉求的呼声越来越高，学前融合教育对义务教育阶段融合教育质量提升的促进意义备受关注。早在20世纪80年代末，政府就已开始关注特殊幼儿在普通幼儿园的就读情况，并将普通幼儿园作为特殊幼儿的安置形式之一。1989年《幼儿园工作规程（试行）》和1996年《幼儿园工作规程》中均明确要求“对体弱或有残疾的幼儿予以特殊照顾”[④]。说明从20世纪起就已经有残疾幼儿在普通幼儿园中就读。1990年《中华人民共和国残疾人保障法》提出：“对于能适应其生活的特殊幼儿，普通教育机构应予以接收。”[⑤] 1994年国务院颁布的《残疾人教育条例》再次确定：“普通幼儿教育机构是残疾幼

① ［美］乔治·H. 米德：《心灵、自我与社会》，赵月瑟译，上海译文出版社2019年版，第69页。

② ［美］乔纳森·H. 特纳：《社会学理论的结构》，邱泽奇、张茂元等译，华夏出版社2008年版，第363页。

③ 林远泽：《姿态、符号与角色互动——论米德社会心理学的沟通行动理论重构》，《哲学分析》2017年第1期。

④ 李铁映：《幼儿园工作规程（试行）》，《幼儿教育》1989年第10期。

⑤ 中华人民共和国国务院新闻办公室：《中华人民共和国残疾人保障法》2010年12月5日，http：//www. scio. gov. cn/xwfbh/xwbfbh/wqfbh/2015/20150803/xgbd33188/Document/1443214/1443214. htm，2021年1月31日。

儿五种教育安置形式之一。”①

进入 21 世纪以来，为进一步落实《国务院关于基础教育改革与发展的决定》，全面提高幼儿园教育质量，《幼儿园教育指导纲要（试行）》中指出：“关注幼儿的特殊需要，包括各种发展潜能和不同发展障碍，与家庭密切配合，共同促进幼儿健康成长……承认和关注幼儿的个体差异，避免用划一的标准评价不同的幼儿，在幼儿面前慎用横向的比较。”② 北京市教委在 2004 年颁发的《北京市教育委员会关于在幼儿园中开展残障幼儿随班就读试点工作的通知》强调：“各区县教委要高度重视残障幼儿随班就读工作，将残障幼儿随班就读纳入到普及学前教育，全面推进素质教育的整体规划之中。”③ 特殊幼儿进入普通幼儿园一直都是学前教育领域内存在的现实。

在各项法律法规的支持下，随着融合教育理念和实践的发展，各地区也在积极探索适合当地学前融合教育发展的途径。以上海市为例，为促进上海学前融合教育事业的发展，自 2006 年起，一系列的政策相继颁布，如《关于加强特殊教育师资和经费配备意见》《上海市特殊教育专业岗位培训计划》《上海市教育委员会关于加强随班就读工作管理若干意见》《关于进一步优化特殊教育学校（班）办学条件的几点意见》《关于开展特殊教育医教结合工作的通知》《上海市特殊教育三年行动计划（2009—2011 年）》《上海市特殊教育三年行动计划（2014—2016 年）》等。2015 年，上海市就融合幼儿园的环境装备专门颁布了《上海市学前特殊教育班（园）装备配备指南（试行）》，并在 2016 年，继续出台《上海市学前教育三年行动计划（2015—2017 年）督导评估指标》为上海学前融合教育的发展提供指导方案。④ 此外，上海市各区县也在国家及上海市教育部门颁布的相关文件基础上，因地制宜地制定适合于所在区县实际发展状况的特殊教育计划，如《徐汇区特殊教育三年行动计划》等。

---

① 中华人民共和国国务院新闻办公室：《残疾人教育条例》2010 年 12 月 5 日，http://www.scio.gov.cn/xwfbh/xwbfbh/wqfbh/2015/20150803/xgbd33188/Document/1443213/1443213.htm，2021 年 1 月 31 日。

② 中华人民共和国教育部：《幼儿园教育指导纲要（试行）》2001 年 7 月 2 日，http://www.moe.gov.cn/jyb_sjzl/moe_364/moe_302/moe_309/tnull_1506.html，2021 年 1 月 31 日。

③ 颜廷睿：《融合幼儿园教师课程决策研究》，博士学位论文，北京师范大学，2018 年，第 27 页。

④ 韦素梅：《上海市学前融合教育概况及对广西的启示》，《基础教育研究》2017 年第 5 期。

在特殊教育领域，2017 年 2 月国务院颁布的《残疾人教育条例》指出："专门接收残疾儿童的幼儿园、特殊教育学校附设的幼儿园等学前特殊教育机构，应当根据学前残疾儿童的特点与需求，遵循教育、保育和康复相结合的原则，促进残疾儿童健康发展。"① 同年 7 月，教育部等 7 部门发布《第二期特殊教育提升计划（2017—2020 年）》，在此计划中再次提出"加大力度发展残疾儿童的学前教育"②。10 月，党的十九大召开，提出要办好特殊教育，并强调"幼有所育""弱有所扶"，体现了国家对于学前残疾儿童教育的重视，学前残疾儿童的教育迎来了新的机遇和挑战。③ 2018 年，中共中央、国务院印发了《关于学前教育深化改革规范发展的若干意见》，对新时代学前教育深化改革规范发展做出重大决策部署，进一步明确了学前教育改革发展的方向和重大举措，其中对于完善家庭经济困难幼儿、孤儿和残疾儿童的资助制度也进行了明确要求。

总之，从关于学前融合教育的政策变迁中可以看出，特殊幼儿的学前教育问题备受政府和教育部门重视。据北京市教委统计，截止到 2002 年 12 月 31 日，北京已有提供特殊幼儿早期教育的机构 28 个，其中有 10 个专门的特殊幼儿早期教育机构（3 个聋儿听力语言训练机构、3 个弱智儿童学前班、1 个盲童学前班），以及 18 所普通幼儿园接纳了特殊幼儿。截止到 2010 年，北京实施融合教育的幼儿园有 73 所，上海 12 所。④ 2015 年，河南省有 45 所幼儿园招收特殊幼儿入园，试点融合教育。河南省教育厅对开设融合教育的幼儿园提出，需要具备保育教育康复训练资源、设置资源教室、配备融合教育专业教师等相关要求。截至 2020 年，河南省学前融合教育试点园已增加至 182 所，率先实现学前融合教育所有县域全

---

① 中华人民共和国中央人民政府：《残疾人教育条例》2017 年 2 月 1 日，http：//www. gov. cn/gongbao/content/2017/content_ 5178184. htm，2021 年 2 月 1 日。

② 中华人民共和国中央人民政府：《七部门关于印发〈第二期特殊教育提升计划（2017—2020 年）〉的通知》2017 年 7 月 17 日，http：//www. gov. cn/xinwen/2017 - 07/28/content_ 5214071. htm，2021 年 2 月 1 日。

③ 梁纪恒、王淑荣、吕明：《"幼有所育""弱有所扶"——学前残疾儿童的教育问题与对策研究》，《中国特殊教育》2018 年第 1 期。

④ 王琳琳：《学前融合教育背景下特殊幼儿同伴接纳的教育戏剧干预研究》，博士学位论文，北京师范大学，2020 年，第 35 页。

覆盖，特殊幼儿入园不再难！[①] 除此之外，北京、青岛、厦门等地不断有融合幼儿园探索出多元融合教育实践模式，走出了一条具有中国特色的学前融合教育之路。

二　特殊幼儿学前融合教育的基本现状

近年来，虽然国家越来越重视特殊幼儿的学前教育问题，但中国的学前融合教育起步晚，特殊幼儿的学前融合教育实践仍存在很多挑战。

（一）中国学前融合教育发展的整体水平不高，区域间发展不均衡

虽然学前融合教育在相关政策与文件中被多次提及，但是学前融合教育的实践质量仍不容乐观。长久以来，由于幼儿园在学前特殊教育领域的责任尚不明确，特殊幼儿成为幼儿园“可招可不招”的对象，且融合教育的重心一直放在义务教育阶段，导致学前特殊教育的发展成为中国教育体系的盲区。[②]

刘艳虹、吴曼曼等人对北京市残疾人教育基本情况进行分析，研究发现，在1139名3—6岁的特殊幼儿中，62.3%的特殊幼儿进入到不同类型的教育机构中，其中56.2%的特殊幼儿在普通幼儿园接受融合教育，43.8%的特殊幼儿安置在特殊教育机构中。但仍有37.7%的特殊幼儿没有得到任何的教育安置与相关服务；在问及学龄前特殊幼儿教育需求时，研究对象选择“普通学前教育机构（幼儿园）”进行融合教育的人数仅占18.9%，选择隔离式“特殊学前教育机构”就读的人数则高达61.4%。[③] 2016年残疾人动态更新数据同样表明，在北京，1400名3—6岁学龄前特殊幼儿中，只有18.7%的特殊幼儿正在接受学前融合教育，28%的特殊幼儿接受的是隔离式特殊教育，而没有得到教育安置的特殊幼儿占六成左右。[④]

以上数据说明，特殊幼儿的学前教育在入学率与教育质量方面，与普通幼儿相比，仍具有较大差距。在上海，自1995年起进行学前融合教育

---

① 中华人民共和国教育部：《试点园从1所到182所，率先实现学前融合教育所有县域全覆盖—河南：特殊儿童入园不再难》2020年12月20日，http：//www.moe.gov.cn/jyb_xwfb/s5147/202012/t20201221_506641.html，2021年1月31日。

② 曹漱芹：《对我国学前融合教育的思考》，《幼儿教育（教育科学）》2011年第9期。

③ 刘艳虹等：《北京市残疾人教育状况的调查研究》，《残疾人研究》2016年第3期。

④ 吴文彦：《加强学龄前残疾儿童融合教育》，《北京观察》2017年第9期。

的试点工作，目前仅有1所专门供特殊幼儿入学的特殊幼儿园，虽然长宁区在2016学年有12所融合幼儿园，但各区县之间发展不均衡，多数区县仅有1所融合幼儿园。相对于每年新增约20万特殊幼儿的比例计算，现有的学前融合教育机构远不能满足特殊幼儿的学前教育需求。

在中国其他教育不发达的地区，由于经济、文化、观念等影响，学前融合教育的发展更是不容乐观。童琳的研究指出，在四川省10794所的幼儿园中，没有任何一所幼儿园开展融合教育。即便在四川全省122所特殊学校中，附设有幼教班的特殊学校也不足10所。在园就读的特殊幼儿大约500人，仅占四川省学龄前特殊幼儿总数的0.5%左右。① 李里的研究指出，云南省目前正式且系统性地开展学前融合教育的幼儿园只有一家，该幼儿园仅招收19名特殊幼儿。② 这个招收人数对于整个云南省的学龄前特殊幼儿而言微乎其微，与发达地区学前融合教育的发展相比差距较大。

（二）不同社会群体对学前融合教育的接纳态度存在差异

从已有研究来看，态度群体包括幼儿园教师、家长以及幼儿园领导，不同群体基于各自对融合教育的理解，对特殊幼儿的融合存有较大争议。

首先，在教师方面，赵红、徐莉针对幼教工作者对融合教育的认知水平、对特殊幼儿的接纳程度以及在工作中践行融合教育的情况进行了研究，结果显示：普通幼教工作者存在对特殊幼儿的身心发展特点了解较少、对特殊幼儿接纳程度偏低、对特殊教育专业知识储备不足等情况。③ 孙玉梅对幼儿园教师融合教育观念的调查研究结果显示，幼儿园教师对特殊幼儿的了解不够深入，幼儿园教师只愿意在师资、设备以及教育质量有保障的前提下接受特殊幼儿进入普通幼儿园就读。④ 谈秀菁、尹坚勤对338所幼儿园教师的问卷调查显示，如果幼儿园内开始接收特殊幼儿就

---

① 童琳：《四川省民办学前特殊教育的困境与发展路径探析》，《四川文理学院学报》2018第4期。

② 李里、陈晓：《云南省融合教育发展现状研究》，《昆明学院学报》2018第5期。

③ 赵红、徐莉：《融合教育背景下幼教工作者对特殊儿童态度的调查》，《教师教育学报》2018年第1期。

④ 孙玉梅：《幼教工作者对特殊幼儿融合教育问题的态度和意见的调查研究》，《中国特殊教育》2007年第12期。

读，将有近半数的幼儿园教师对此持有怀疑和拒绝的态度。① 赵红考察了普通幼儿园教师对特殊幼儿接受融合教育的看法，研究显示：普通幼儿园教师对特殊儿童的接纳程度偏低，主要原因在于教师较少接受职前的特殊教育课程学习和专业培训，缺乏必要的融合教育素养。② 亓娟的研究表明：皖北地区幼儿教师对融合教育的态度处于中等偏上水平，25 岁及以下的青年或新手型教师对学前融合教育的接纳态度趋向积极，接纳水平显著优于 36 岁及以上的教师；本科学历的幼儿教师的接纳水平低于专科学历的幼儿教师；私立幼儿园教师对融合教育的态度明显高于公立幼儿园等。③

其次，在家长方面，邓宇超的研究表明，家长对学前融合教育的接纳情况不容乐观，家长对“融合教育”的理念缺乏了解，存在不同程度的误解和偏见，少数家长质疑学前融合教育的效果，部分家长对学前融合教育的支持仍只停留在情感层面，实施学前融合教育的过程中难以得到全部家长的理解和支持。④

最后，在幼儿园领导方面，史丽君通过对黑龙江省部分幼儿园园长的调查发现，幼儿园园长对特殊幼儿随班就读的接纳程度比较低，将近一半的园长由于各种原因或条件限制不愿意接收特殊幼儿进入自己的幼儿园。⑤

（三）特殊幼儿在融合幼儿园中的课程参与以及同伴互动有限

李伟亚认为，特殊幼儿在普通幼儿园内接受教育的质量堪忧，他们只能参与到有限的活动和课程中，且参与质量较差。他们在同伴交往中，容易遭到同伴的拒绝，并被认为对周围环境中的他人存在负面影响。在五大领域课程活动中，有发展缺陷可能的幼儿参与语言课程的尚不足 60%，

---

① 谈秀菁、尹坚勤：《普通幼儿园中特殊教育服务现状调查与思考》，《学前教育研究》2008 年第 5 期。

② 赵红：《融合教育背景下幼儿园教师对特殊儿童态度的研究》，硕士学位论文，广西师范大学，2017 年，第 45 页。

③ 亓娟：《皖北地区幼儿教师融合教育素养的调查研究》，硕士学位论文，淮北师范大学，2017 年，第 71 页。

④ 邓宇超：《家长对学前融合教育接纳度的调查研究——以河南省 X 市为例》，硕士学位论文，河南师范大学，2017 年，第 89 页。

⑤ 史丽君：《幼儿园园长接纳特殊幼儿随班就读态度调查》，《现代特殊教育》2015 年第 1 期。

且参与社会和科学课程的程度最低。80%的普通幼儿能够意识到特殊幼儿身上的消极特征。因此，特殊幼儿在与普通幼儿进行游戏时，容易受到普通幼儿的忽略或拒绝。① 张晓亚的研究发现：学前融合教育中师幼互动较少，存在幼儿平等交往的权利未得到尊重、师幼互动技巧低等问题。② 任加艳、张新立对听力障碍幼儿与普通幼儿的同伴关系进行了考察，研究显示，普通幼儿接纳听力障碍幼儿的程度较低，彼此之间能够双向互选的朋友数量极少，听力障碍幼儿更倾向于选择其他特殊幼儿做朋友。③ 魏寿洪、牟映雪对北京两所实施融合教育的幼儿园的116名学前普通幼儿与自闭症幼儿的社会互动现状进行调查，结果发现，虽然普通幼儿与自闭症幼儿的互动动机较高，但是由于自闭症幼儿语言、行为、情绪等方面的局限性，不容易被普通幼儿接纳。④

（四）学前融合教育支持保障体系不健全

学前融合教育在我国的教育系统中，无论理论建构还是实践模式探索，都仍是一个新鲜事物。在专业发展、幼儿的多元化支持等方面也并未形成系统的支持性体系。姚笑妍对学前融合教育中幼儿教师工作状况研究的结果显示，幼儿园教师作为学前融合教育的直接参与者，在工作中并未得到足够的社会支持，存在资金紧张、资源匮乏、工作环境不良、专业化培训不足、微薄的报酬与繁重的工作不成正比、园所管理方式和同事关系缺乏温情、幼儿家长与社会公众质疑融合教育的理念和效果、职业身份不被认同、社会地位偏低等问题。⑤ 史丽君通过对黑龙江省部分幼儿园园长的调查发现，目前幼儿园园长对特殊幼儿随班就读的接纳程度比较低，原因在于缺乏开展融合教育的物质资源、师资队伍、

① 李伟亚：《普通幼儿园有特殊教育需要儿童的在园生存现状》，《学前教育研究》2011年第12期。

② 张晓亚：《幼儿园融合教育中师幼互动研究》，硕士学位论文，山东师范大学，2018年，第37—38页。

③ 任加艳、张新立：《融合教育环境中听觉障碍幼儿同伴关系现状及其改善策略》，《学前教育研究》2016年第4期。

④ 魏寿洪、牟映雪：《学前普通儿童与自闭症儿童社会互动现状及促进策略》，《学前教育研究》2017年第6期。

⑤ 姚笑妍：《学前融合教育中教师的工作困境与对策研究——以河南省Z市某幼儿园为例》，硕士学位论文，河南师范大学，2017年，第42—45页。

社会舆论环境的全方位支持系统。① 杨楠对融合幼儿园获得的社会支持情况进行调查，结果显示，特殊幼儿家庭与幼儿园之间、普通幼儿园与特殊教育机构之间、家庭与特殊教育机构之间的联系处于分散和微弱的状态，没有形成良好的合作机制。在此情境之下，特殊幼儿的基本权益也未得到有关政策法规的有效保障。②

三 同伴交往是衡量学前融合教育质量的重要指标

在特殊幼儿接受学前融合教育的众多挑战中，普通幼儿对特殊幼儿的接纳程度以及同伴互动的状况，是当前学前融合教育领域中最为关键和最需要解决的一项重要问题。随着融合环境中普通幼儿与特殊幼儿互动频率升高以及对融合教育质量的追求，在融合的教室里，特殊幼儿与普通幼儿之间的交往质量也在备受质疑。

研究者们逐渐发现，学前融合教育虽为特殊幼儿提供了与普通同龄人接触的机会与场域，但在缺少干预的情况下，特殊幼儿常会由于社会融合经验不足而难以获得友谊，甚至经历同伴拒绝，使学前融合教育效果大打折扣。这是由于特殊幼儿认知和社会性等能力发展的迟滞性，导致其在理解与他人交往的同伴文化规则以及交往活动的关系模式时，具有较大缺陷。通常特殊幼儿很难交到可以发展持久友谊的朋友。在同伴提名中，特殊幼儿也总被普通同伴列为不喜欢的朋友提名行列，经常被同伴在社交活动中所拒绝，处于班级社交网络的边缘位置。③ 学龄前特殊幼儿与没有残疾的同龄人相比，更有可能参与孤立的、非互动的游戏，而较少参与团体游戏小组，即便偶尔参与到集体活动中时，也表现出更少的分享、社交对话和平行游戏，难以与其他同伴进行持久性的合作活动。④ 因此，特殊幼儿表现出的社交能力缺陷比预期的要更大，对他人社交要求和社交行动反

---

① 史丽君：《幼儿园园长接纳特殊幼儿随班就读态度调查》，《现代特殊教育》2015 年第 1 期。

② 杨楠：《学前融合教育支持系统的个案研究》，硕士学位论文，浙江师范大学，2012 年，第 76—77 页。

③ 宁亚飞、刘春玲：《5—6 岁普通幼儿对特殊需要幼儿的接纳状况》，《中国特殊教育》2018 年第 4 期。

④ Nirit Bauminger, "Children with Autism and Their Friends: A Multidimensional Study of Friendship in High-Functioning Autism Spectrum Disorder", *Journal of Abnormal Child Psychology*, Vol. 36, No. 2, January 2008, pp. 135 - 150.

应的滞后性，导致其通常会被普通同伴认为是古怪的个体，成为被取笑或欺凌的对象。① 仅将特殊幼儿和普通幼儿安置在同一教育环境中并不足以促进同伴接纳，甚至会使情况变得更加消极。特殊幼儿通常会由于社会融合经验的不足而经历情感和行为上的困难，幼儿园仍然是特殊幼儿倍感孤独的和隔离的环境。②

随着融合教育的发展，研究者们一致认为，发展和鼓励普通幼儿与特殊幼儿之间积极的同伴交往，应成为融合教育工作中的责任与重要问题。③ 因此，研究者均将特殊幼儿在融合环境中受到同伴的接纳，并发展出积极的同伴关系列为成功的学前融合教育的重要组成部分，是衡量学前融合教育成功与否的关键指标。④ 格拉尼克（Guralnick）认为，当特殊幼儿被普通幼儿建立起的社会关系网络所接纳时，融合就会自然而然地发生。⑤

同伴拒绝则会引发特殊幼儿抑郁、孤独和焦虑的消极情绪，甚至会加重幼儿的外化与内化问题，构成一种环境的压力源或危险因素。这不仅影响幼儿个体身心发展的正常化与社会化，并且对自我概念及人格发展也将造成严重的困扰。排斥性的态度可能和身体障碍一样阻碍、限制特殊幼儿充分参与幼儿园和社区的活动，进而影响其成就动机，让融合教育的效果大打折扣。⑥ 良好的同伴交往关系则能够减轻特殊幼儿的外化问题和内化问题，成为一种保护因素，减缓乃至阻碍幼儿趋向不良的适应结果，有助于增加特殊幼儿的安全感与归属感，提升学前融合教育质量。

此外，幼儿期是促进普通幼儿与特殊幼儿之间彼此接纳和积极互动的

---

① Michael J. Guralnick, "Social Competence and Early Intervention", *Journal of Early Intervention*, Vol. 14, No. 1, January 1990, pp. 3 – 14.

② Alexis Llewellyn, "Perceptions of Mainstreaming: a Systems Approach", *Developmental Medicine and Child Neurology*, Vol. 42, No. 2, February 2010, pp. 106 – 115.

③ Magda Nikolaraizi and Neil De Reybekie, "A Comparative Study of Children's Attitudes towards Deaf Children, Children in Wheelchairs and Blind Children in Greece and in the UK", *European Journal of Special Needs Education*, Vol. 16, No. 2, October 2001, pp. 167 – 182.

④ Alice Frazeur Cross, Elizabeth K. Traub, Lois Hutler-Pishgahi and Gen Shelton, "Elements of Successful Inclusion for Children with Significant Disabilities", *Topics in Early Childhood Special Education*, Vol. 24, No. 3, July 2004, pp. 169 – 183.

⑤ Michael J. Guralnick, "The Nature and Meaning of Social Integration for Young Children with Mild Developmental Delays in Inclusive Settings", *Journal of Early Intervention*, Vol. 22, No. 1, January 1999, pp. 70 – 86.

⑥ 陈怡均、朱思颖：《一般幼儿对特殊需求同伴接纳态度之研究》，《特殊教育季刊》2016年第12期。

最佳时机。虽然众多研究显示，处于幼儿期的个体开始对其他个体表现出消极反应，幼儿对残疾的敏感性也会出现并增加，普通幼儿更愿意选择非残疾儿童作为伙伴。[①] 但一系列幼儿态度的研究也足以证明，如果普通幼儿能够理解特殊幼儿行为的特殊性，学龄前普通幼儿接受特殊幼儿的能力更强。但当幼儿进入小学阶段后，一到六年级的儿童对残疾人的态度会呈现越来越消极的走势。因此，学前教育阶段是普通幼儿消除对残疾的敏感和消极态度的一个重要阶段。[②] 在学前教育阶段根据普通幼儿与特殊幼儿的同伴关系特点，进行针对性的同伴干预，应成为学前期融合教育的首要目标和核心理念。

第二节 普通幼儿与特殊幼儿同伴交往的研究设计

一 研究场域的确定

（一）海边的融合“理想国”

A 融合幼儿园创办于 2007 年，是该市一所普惠性幼儿园，也是全国唯一一家将普通幼儿和特殊幼儿以 1 : 1 比例进行融合的幼儿园。幼儿园以生活教育为基础，以社会性发展为目标，本着“让每一个孩子努力成为最好的自己”的服务宗旨，对特殊幼儿采用非隔离的融合教育方式，让普通幼儿与特殊幼儿同伴同学，在幼儿园中实现身心的全面发展。

当笔者第一次到该幼儿园中时发现，其实际情况与自己所想象的有天壤之别。在研究者的预想中，该地应该处处充满了海边城市的浪漫与风情。但是与笔者想象不同的是，该幼儿园坐落于市区一个不起眼的普通社区中，幼儿园附近均是充满当地特色的小吃和烧烤摊，甚至有很多老旧的危房，旁边的街道尤为狭窄，单行道上的汽车鸣着喇叭表达堵车的“愤怒”。放眼望去，即便幼儿园所设立的牌子呈现丰富的色彩，但被两座居

---

① Karen E. Diamond, Linda L. Hestenes, Ellen S. Carpenter and Fiona K. Innes, “Relationships between Enrollment in an Inclusive Class and Preschool Children's Ideas about People with Disabilities”, *Topics in Early Childhood Special Education*, Vol. 17, No. 4, October 1997, pp. 520 – 536.

② Lynn Okagaki, Karen E. Diamond, Susan J. Kontes and Linda L. Hestenes, “Correlates of Young Children's Interactions with Classmates with Disabilities”, *Early Childhood Research Quarterly*, Vol. 13, No. 1, June 1998, pp. 67 – 86.

民楼“挤”在中间略显局促且与周围的环境“格格不入”。走进幼儿园，仿佛进入另一番天地，幼儿稚嫩的欢声笑语扑面而来，映入眼帘的是“撒欢跑”的孩子们，快乐洋溢在每一个幼儿的脸上。

1. 建园经过：“巧合”中促融合

在访谈中，园长谈到，当前幼儿园有 3 所校区。现有教职工 100 余名，均来自幼教、特教、医护等各个专业领域。幼儿园除主要教学教室外，还设有小组融合教室、个别辅导室、奥尔夫音乐教室、感觉统合训练室、亲子游戏活动室、图书室等功能教室。经过 12 年的发展，该幼儿园目前已经成为一所极具融合特色的幼儿园。

该幼儿园的建立源于园长的一次特殊经历。2007 年，园长创办了 X 少儿智能培训班，成为该融合幼儿园的雏形。培训班中招收的幼儿全部都是特殊幼儿，没有普通幼儿。在一次偶然的巧合下，园长看到了普通幼儿对特殊幼儿的带动作用。

> 有一次，我亲戚家的两个普通孩子送到我幼儿园里，我让他俩跟这些特殊幼儿待在一起，我边在教室扫地边跟一个自闭症的孩子苗苗说，苗苗过来穿鞋。她直接说，不要。然后我说光脚丫子就不能去吃饭了，她根本就不听。后来我亲戚家的那个小女孩就跑过来，我说：“娜娜，你去给苗苗穿鞋去。”结果她真去了，她就过来说：“苗苗，来和我一块穿鞋！”这个时候苗苗就乖乖地和她一块穿鞋。我当时太惊讶了，因为苗苗从来没有自己穿过鞋，这是因为什么？因为娜娜对苗苗有了一个示范，普通孩子对特殊孩子的示范起作用了。(A 园园长)

正是这一次的经历激发了园长要办一个融合幼儿园的念头，后来园长在很多自闭症儿童父母的支持下，创办了现在的融合幼儿园，风风雨雨走过 12 年。几经波折，随着融合教育的深入和发展，国家政策的推动，在近十几年的学前融合教育发展中，不断形成了自己的融合特色。

2. “同班同伴同玩同学”理念特色

该园在教育中注重引导普通幼儿与特殊幼儿在一日活动中实现学习、生活、游戏等有意义的融合。通过幼儿之间彼此的合作、互助，达到普、特幼儿共同成长的目标。在此基础上逐渐形成了该园“同班同伴同玩同学”的理念特色。

> 我们的办学特色可以归结为四句话："普通幼儿与特殊幼儿深度两结合，同伴携手一对一。共同提升社会性，融合教育在双赢。"我们做到了普通教育与特殊教育能够彼此融合，从我们的课程设置、师资配比、教学形式等等，我们都满足了不同孩子的学习需要。我们希望，在这里，普通幼儿和特殊幼儿能够一起进步，彼此成为示范的榜样，让二者的融合可以产生 1 +1 >2 的效果，在我们的课程中，尤为体现"双赢"的特点。有一些已经进入小学的学生的家长，与我们还保持着联系，在这里接受教育的普通孩子更宽容、乐于助人和有责任心。(A 园园长)

在这样的办学特色之下，形成了该园独特的办学理念。在访谈中，园长表示，创办该幼儿园的初衷就是为了满足不同孩子的个别化教育需要，给每一个孩子提供平等接受教育的机会。尊重孩子的个性差异，满足孩子的个性化需求，让每一个孩子都能得到高质量的教育。

> 我一直给老师们强调，我们所学的专业不同，有学前的，有特教的，还有康复的，等等，是因为我们孩子的"生命形态各异，但教师的责任没有不同；给每个孩子平等的教育机会，尊重每个孩子的个体差异；让每个孩子都享受合适的教育，使每个孩子在自己的基础上获得到最佳的发展"。这就是我们的办学理念。(A 园园长)

在该园的办学理念之下，形成了极具融合特色的培养目标。"同班同伴同玩同学"成了该园的核心思想。"同班同伴同玩同学"强调丰富幼儿的心灵世界，以丰富的信息材料激发幼儿的探索欲望；"同班同伴同玩同学"强调幼儿与同伴、与成人之间的关系，极力促进不同经验、不同思维方式之间的共存与共享；"同班同伴同玩同学"致力于让幼儿学会自我判断、自我选择、自我控制、自我负责。

> 在"同"的基础上，我们才看到"特"。比如，对普通幼儿来说，首先我们着重培养他们良好的生活与学习习惯，能够在与特殊幼儿共同成长中成为一个有担当、有责任心，能够进行自我管理、阳光

的好孩子。(A 园园长)

3. 和谐共赢的课程特色

课程是体现融合文化的核心环节。幼儿园在普通幼儿与特殊幼儿充分融合、尊重差异等理念的指导下，几经探索，形成了具有浓厚融合文化的课程体系。从课程目标来看，幼儿园涵盖了语言、健康、社会、科学、艺术等五大领域的基本内容，与生活教育结合，注重培养未来可以与他人、与自己、与世界和谐相处的“完整”的人。在课程内容上，该幼儿园将生活类课程贯穿于一日所有的活动中，不仅包括五大领域内的常规教学内容，还包括满足不同发展需要的课程内容，而且在与特殊幼儿的相处过程中处处即课程，让生活与课程内容有机结合。在课程实施中，完美地诠释了幼儿园“尊重差异”的目标理念，创新了多种教学形式以满足孩子不同的学习需要。

我们设置了集体大融合课，在这种课型里，实现最大程度的融合。但是在大融合课型中，有些特殊孩子的能力是较弱的，我们就根据特殊孩子的能力再组织他们去上小组课。教师与幼儿 1：6 的比例开课，小组课也是融合的，教师可以更好地关注到每个孩子的需要。如果在小组课中仍不能满足个别孩子的需要，那么我们个别训练的课，可以对他某一个急需提高的领域进行个别化教育。同时，我们还要关注到普通幼儿。普通幼儿的发展速度较快，我们还有专门针对普通幼儿的提升课。在五大领域课程和一日生活课程之下，我们的课程形式可以满足全园幼儿的教育需要。(A 园园长)

虽然该幼儿园将融合教育与文化有机结合，并做出了很多有益的探索，但是一直困扰园长与教师们的一个重要问题之一就是“同伴接纳”问题。

我们教师可以无条件去接纳特殊幼儿，但是普通幼儿与我们成人不一样，他们只是孩子，孩子有孩子的特点，尤其在交朋友这一点上，他们喜欢了就一起玩，不喜欢了就不去搭理。我们努力让幼儿间的不接纳化为最小，我们希望有更好的方式让学前融合教育更好地开展下去。(A 园园长)

（二）革命老区的融合“新星”

1.“试试”中的建园经过

B 幼儿园的融合历程并未像 A 幼儿园一样已形成了特色化发展之路。B 幼儿园虽然已经招收多名特殊幼儿入园，但并未形成系统的融合教育实践模式。在该园每周都为特殊幼儿开设一些特色课程的情况下，特殊幼儿遵循与普通幼儿一样的课程与教学模式。因此，该幼儿园招收的特殊幼儿以发育迟缓、听力障碍等幼儿居多。虽然并未形成如同 A 幼儿园一样的融合文化，但是该幼儿园每年都在不断招收特殊幼儿入园，为特殊幼儿提供融合的环境与机会。B 幼儿园的环境如图 2－1 所示。

> 从来没有对外宣传过招收特殊幼儿，收了一两个之后，有点像一传十，十传百，好多特殊孩子的家长也随即找过来了。看到家长们带着孩子苦苦找学上，也觉得家长辛苦，不忍心拒绝他们，就这样硬着头皮，咬着牙跟家长说，“来试试吧”。（B 园园长）

在与该园园长访谈时，园长谈到，自己并未了解过融合教育，也不知道特殊幼儿之前在哪里接受教育。只是看到了带着特殊幼儿的家长的辛苦与困难，不得已才收下特殊幼儿。

图 2－1　B 幼儿园环境（幼儿园园长提供）

该园长收下第一个孩子之后，陆陆续续又收了几名听力障碍的孩子，还有发育迟缓的孩子。园长讲，“你收了第一个，当第二个、第三个来的时候，就没有理由去拒绝他们，心一横，只要来了，能上学，能坐在这里学东西，就收下。”于是，该幼儿园就这样走上了探索融合教育的道路。

2. “快乐相伴、彼此悦纳”的融合文化

虽然该幼儿园处于融合教育发展并不发达的地区，专业力量无法充分满足特殊幼儿成长的需求和增长的速度，但是该幼儿园在几年的发展中，也逐渐摸索出了适合于自身发展的融合之路。在实践中，根据自己的教育特色逐渐形成了“快乐相伴、彼此悦纳”的融合文化。

> 我们一直以“快乐相伴、彼此悦纳”这八个字作为我们实践学前融合教育的理念支撑。我们认为，孩子就是孩子，在我们这里接受教育，我们希望他们受到的是快乐的教育，这种快乐更多的应该是在促进普通幼儿与特殊幼儿融合中的快乐，让普通幼儿感受到理解他人、接纳他人、一起进步的快乐；让特殊幼儿感受到同伴理解、关心、接纳的快乐，幼儿之间其乐融融，共生共长，一起度过快乐的童年。(B 园园长)

该幼儿园中到处可见融合教育理念的影子。在该幼儿园的室外活动区域，所有的室外玩具均是合作性的玩具，如需要 2—3 名幼儿进行共同操作的三轮车、毛毛虫车、跷跷板等。每一间教室的进门处与家园联系栏内均贴有普通幼儿与特殊幼儿游戏的照片。教学楼的走廊上设置了较多的墙面合作游戏。楼梯上贴满了同伴引导的标语等。该幼儿园的环境创设充满了浓浓的融合氛围。

3. 丰富多元的课程特色

由于该幼儿园招收的特殊幼儿的障碍程度较轻，所以该园并未与 A 幼儿园一样设置多元化的课程实施模式。所有特殊幼儿的课程与普通幼儿一致，并与普通幼儿保持一样的教学与培养目标。在 B 幼儿园中，园长将现有的课程分为了三大类：第一类是幼儿园的常规五大领域课程；第二类是一日生活教育，包括穿衣、吃饭、接水、盥洗、上厕所等；第三类是该园开设的特色课程，包括沙盘游戏、绘本阅读、奥尔夫音乐、舞蹈、感统训练课、花样足球课等。园长认为，当前课程的开设只要能让特殊幼儿在其中学到东西即可。

> 招收了特殊孩子之后，我们就开始研讨为他们提供什么样的课程才能够促进他们的发展。我们对特殊孩子没有概念。他们的能力如

何？如何根据能力开课？我们就找了很多其他幼儿园的例子。我首先接触到的就是沙盘、绘本和感统课，它们既是一种游戏，又有一定的治疗功效。我们就派了老师专门去学习这些课的教法。后来我们看很多特殊孩子很喜欢音乐，音乐能促进孩子的情绪走向积极，还能促进特殊幼儿和普通幼儿的交往，我们就开设了奥尔夫音乐课，特殊孩子很喜欢这样的课程。(B 园园长)

(三) 两所幼儿园"同"与"异"

两所幼儿园虽然分布在不同的城市，具有不同的建园与发展历程，处于不同的融合教育发展水平上，但在以下三个方面具有一致性。这样的一致性为本书的研究提供了良好的基础。

第一，两所幼儿园均已形成了独特的融合文化。两所幼儿园的建园起点、建园动机以及专业力量存在巨大的差异，但是他们都可以根据现有的发展条件，不断向融合教育靠近，并越来越认识到融合教育对于幼儿园发展的价值。课程设置、教学设计、游戏活动、环境创设等均围绕融合教育展开，并将融合作为幼儿园发展的首要目标。

第二，两所幼儿园在融合的文化氛围中，均采用了"一对一"结对子的同伴支持策略。A 幼儿园"同班同伴同玩同学"的理念特色与 B 幼儿园"快乐相伴、彼此悦纳"的融合理念具有极大的相似性，都是以普通幼儿与特殊幼儿之间的良好同伴关系作为融合教育的美好愿景的。希望同伴之间的彼此帮助、相互理解，让普通幼儿与特殊幼儿都能在融合教育中受益。在两所幼儿园的具体实践中，教师均通过引导普通幼儿给特殊幼儿做榜样的形式，让普通幼儿与特殊幼儿形成互助的同伴关系。

第三，积极的同伴接纳与互动是两所幼儿园当前需要解决的重要问题。当幼儿园为特殊幼儿提供了相对适合的课程与教学后，教师自然而然就会关注到特殊幼儿在该环境下与他人的游戏与互动状况。在对两所幼儿园园长进行访谈的过程中，两位园长均对笔者表达了对同伴交往这一难题的担忧以及苦于没有好的解决办法的困扰。A 幼儿园的园长表示，"普通孩子冷落特殊孩子是很普遍的"。B 幼儿园的园长认为"怎么样让他们之间互动更好，应该成为我们下一步的重要任务"。

在本书的个案研究中，除了需要两个个案具有一定的相似性之外，也需要所选择的个案具有一定的代表性。这两所幼儿园除了有以上的相同之处外，在各自招收特殊幼儿的数量、特殊幼儿在班级内的比例、课程设置、教学活动的设计与实施、融合教育发展水平等方面仍然存在较大不同。这为我们考察不同地区、不同发展起点、不同融合文化幼儿园中的同伴交往问题提供了条件与便利。

二　研究参与者的确定

质性研究需要研究者与长期生活在实际研究场域中的“当地人”深入交谈，了解他们日常生活中所处的文化以及所持观念、态度对行为的影响。“当地人”的参与，可以帮助笔者更加深入了解事件发生和发展全过程。在本书中，学前阶段的幼儿在认知、语言表达方面具有一定的局限性，为了全面获取研究场域中关于普通幼儿与特殊幼儿的同伴交往全貌，笔者根据研究的需要，对长期生活、工作、学习在该场域中的教师、幼儿、家长进行了全面的访谈，并将不同认知水平和角色的个体所呈现的同伴交往数据进行相互补充和验证，以此弥补幼儿在认知与语言表达方面的限制。

首先，在两所幼儿园中选择9名教师作为访谈对象（表2－1）。其中包括3名班主任教师，6名非班主任教师。4名教师为本科学历，5名教师为专科学历。执教于大班、中班、小班的教师各3名。班级内的特殊幼儿以自闭症、智力障碍、发育迟缓等类型为主。通过对教师的访谈，以了解融合幼儿园教师对特殊幼儿同伴交往的看法等。

表2－1　**受访教师基本情况**

编号	性别	教龄（年）	教师职位	教师学历	任教班级	班内特幼数量（名）	班内特殊幼儿类型
FA11	女	6	班主任	本科	大班	13	自闭症、智力障碍、低视力等
FA12	女	2	非班主任	本科	大班	13	自闭症、智力障碍、低视力等
FA13	女	4	非班主任	专科	大班	10	自闭症、唐氏、智力障碍等
FB14	女	2	班主任	本科	中班	9	发育迟缓、多动症、自闭症等
FB15	女	5	非班主任	专科	中班	11	自闭症、脑瘫、多动症等
FB16	女	6	非班主任	本科	中班	9	发育迟缓、多动症、自闭症等

续表

编号	性别	教龄（年）	教师职位	教师学历	任教班级	班内特幼数量（名）	班内特殊幼儿类型
FC17	女	7	非班主任	专科	小班	10	自闭症、发育迟缓等
FC18	女	3	非班主任	专科	小班	10	自闭症、发育迟缓等
FC19	女	4	班主任	专科	小班	10	自闭症、发育迟缓等

其次，选取来自两所幼儿园的 11 名普通幼儿作为第二大群体的访谈对象。普通幼儿分布在大班、中班和小班（表 2－2）。通过对普通幼儿的访谈以了解普通幼儿对特殊幼儿的理解和看法以及与特殊幼儿的同伴交往状况等。

表 2－2 **受访普通幼儿基本信息**

编号	性别	班级	年龄（岁）	班内特殊幼儿数量（名）	班内特殊幼儿类型
MA23	男	大班	6	13	自闭症、智力障碍、多动症、低视力等
FA24	女	大班	6	13	自闭症、智力障碍、多动症、低视力等
FA25	女	大班	6	13	自闭症、智力障碍、多动症、低视力等
FA26	女	大班	6	13	自闭症、智力障碍、多动症、低视力等
MA27	男	大班	6	10	自闭症、唐氏、智力障碍等
MA28	男	大班	7	10	自闭症、唐氏、智力障碍等
FB29	女	中班	6	9	发育迟缓、多动症、自闭症等
MB30	男	中班	6	9	发育迟缓、多动症、自闭症等
FB31	女	中班	6	11	自闭症、脑瘫、多动症等
FC32	女	小班	6	10	自闭症、发育迟缓等
FC33	女	小班	5	10	自闭症、发育迟缓

同时，选取5名特殊幼儿进行访谈（表2－3）。这5名特殊幼儿认知能力较好，具有语言表达能力。主要用以了解普通幼儿与特殊幼儿日常交往中的状况。5名幼儿均来自A幼儿园。

表2－3　**访谈中特殊幼儿的基本情况**

编号	性别	班级	年龄（岁）	班内特殊幼儿数量（名）	基本情况
MA34	男	大班	7	13	低视力，认知能力较好，语言表达顺畅
MA35	男	大班	6	10	害羞，不自信，每天总是小心翼翼
FA36	女	大班	6	10	听力障碍，喜欢自己独自活动
MB37	男	中班	5	7	低视力，语言表达能力较好
FB38	女	中班	5	7	智力障碍，活动参与度低

最后，选取6名特殊幼儿家长以了解陪读家长对特殊幼儿同伴交往的看法，并与其他研究参与者的数据进行交叉验证（表2－4）。这6名家长持续性陪读均在6个月以上，对特殊幼儿和班级内的普通幼儿熟悉。其中前4名家长来自A幼儿园，最后2名家长来自B幼儿园。

表2－4　**访谈中陪读家长的基本信息**

编号	性别	年龄（岁）	学历	陪读前职业	班级	特殊幼儿基本情况
FA08	女	35	本科	个体经营	大班	语言发育迟缓，不喜欢和他人交往
FA09	女	29	专科	公司职员	大班	攻击性行为，情绪问题明显
FB10	女	33	高中	网店主	中班	情绪容易激动，总是发出奇怪声音
FB11	女	37	本科	个体经营	中班	害羞，不自信，交往较少
MC12	男	32	本科	公司职员	小班	喜欢自己玩，拒绝与别人互动
FC13	女	27	高中	无职业	小班	无语言，完全依赖家长陪护

三 理论框架的构建

（一）符号互动论

在西方，社会学理论的开拓者们基本上均以探究宏观层次的社会现象为主。直至20世纪初，欧洲和美国的社会学理论家才开始将视野转向分析社会的微观过程，致力于探究社会结构中人际互动过程的基本原理，与此相关的理论被统称为“互动论”。在互动论的兴起与发展过程中，符号互动论是极有影响力的一个理论流派。

1. 符号互动论的核心观点

第一，人类生存的社会环境是一个“符号场”，符号是社会交往互动的中介。① 同时，符号是人类行为中刺激与反应之间添加的一个解释过程。正是人们对符号赋予的定义与解释，帮助人们理解自我与他人的行动方式、目的与结果。②

第二，人类创造与运用符号，符号包含特殊的含义与态度。符号互动论者强调人类具有制造和使用符号的能力。人们能够用符号象征化地表达对客观事物或观点的态度与看法。例如，当姿态的隐含意义在做出姿态的人那里引起的反应与在其他个体那里明确引起的反应、情感、态度或想法一致时，该姿态就成了表意的姿态或符号。所有姿态的会话，不论是外部的还是内部的，在一个特定群体或共同体中，意味着对个体本身的态度以及对另一个个体的态度。每一个姿态都具有一定的特殊含义，也是符号的意义之所在。姿态本身并不重要，但该姿态所要揭示的社会情景下的含义却是极为重要的。③

第三，人们通过识别和运用符号进行自我认识和情景理解。人类使用符号进行人际沟通，社会活动也是符号相互作用的过程。符号性交往是一件十分复杂的事情，因为人们在交往中不仅使用语言符号和词汇，还使用具有一般意义的面部表情、语音语调、辅助体态和其他象征性姿态等。④

---

① 胡荣：《符号互动论的方法论意义》，《社会学研究》1989年第1期。

② 李轶芳：《交往教学理论探讨——从本体论视界出发》，博士学位论文，华中科技大学，2004年，第27页。

③ 黄晓京：《符号互动理论——库利、米德、布鲁默》，《国外社会科学》1984年第12期。

④ ［美］乔治·米德：《心灵、自我与社会》，赵月瑟译，上海译文出版社2019年版，第71页。

人们正是通过对他人姿态的解读和解释，实现与他人的交往与互动，并在姿态符号中开始读懂对方，预期对方的反应，实现彼此的互动行为调适。这一“角色领会”的过程就是互动行为发生的作用机制。角色领会意味着个体交往者在其内心深处想象着接受者是如何理解交往的。①

第四，符号与社会情景密切相关，不存在独立于社会情境下的符号。人只有在情境中才能客观地认识自我并解释自我与周遭的关系，且只有在与情境的互动过程中才能产生对符号的阐释和解读。同一符号在不同情境下可能有着完全相反的含义。②

综上所述，符号互动论中的“互动”“符号”“姿态”“情景”“意义”“理解”“角色领会”等成为该理论的关键词，为我们重新看待发生在教育场域的问题提供了全新的社会学视角。

（二）角色理论

虽然乔治·赫伯特·米德（George Herbert Mead）对各研究者观点的综合实现了对互动论最初的概念性突破，但是社会互动中，社会结构如何影响个体行为等问题尚未得到解决。社会学探索的方向将目光集中于“角色”这一概念，个体被看作是社会网络中扮演着与某一位置相联系的角色。③ 结合这种观点，20 世纪 20—30 年代，深入理解社会结构和个体角色如何在互动中进行运作的相关研究如雨后春笋般涌现，这一思路的探究最后形成了“角色理论”。

1. 角色构成过程

乔纳森·特纳（Jonathan Turner）用角色领会的概念来描述社会行动的本质。他假定，“把现象世界塑造成角色——这是作为互动中心过程角色领会的关键所在”，并强调，行动者在互动时，做出一定的姿态和暗示——话语、身体姿势、嗓音的抑扬顿挫、服装、面部表情以及其他身体语言——以便让“自己的角色互动”或者以便让自己置于某一角色之上，

① ［美］乔纳森·特纳：《社会学理论的结构》，邱泽奇、张茂元译，华夏出版社 2008 年版，第 363 页。

② ［美］乔纳森·特纳：《社会学理论的结构》，邱泽奇、张茂元译，华夏出版社 2008 年版，第 280 页。

③ ［美］乔治·米德：《心灵、自我与社会》，赵月瑟译，上海译文出版社 2019 年版，第 98 页。

来调适自己的方式以利于合作。①

因此，行动者在互动中不断建构角色，也在与他人的交往中告知对方自己在扮演何种角色。特纳指出，人们就是在这样的假定中开展互动行为的——好像环境中的他人也进行着明确的角色扮演一样。这一假设给了互动以共同的基础，运用这一假定，人们能够有效地解读他人的姿态和暗示，以便确定他人正在扮演什么角色，于是互动的过程就是角色领会和角色建构的过程。② 人们可以在三种意义之上建构角色：第一，他们处于一定的文化结构中，人们必须建构一个角色以扮之；第二，他们假定他人也在角色扮演，所以努力建构隐藏在一个人背后的角色；第三，在所有社会情境中，人们都寻求为自己建构一个角色，主要是通过向他人发出暗示，确认某一角色来实现。③ 因此，互动就成了角色领会和角色扮演的连接点。④

2. 角色理论中的重要概念

随着角色理论的发展，研究者们不断提出各种角色相关的概念，例如角色领会、角色扮演、角色冲突、角色超载、角色丛、假面具等。本书需要从角色视角去分析普通幼儿与特殊幼儿在交往中的角色，以确定他们之间的交往关系。因此，有必要对相关概念进行一一解释。

角色领会。通过对他人姿势的解读，人们进行交往和互动。他们开始互相读懂对方，预期对方的反应，并彼此调试。米德称这种能力为角色领会。互动论者一致认为角色领会的过程是互动行为发生的基本机制。例如，彼得·伯克（Peter J. Burker）的角色身份理论就是关注在某一情境下个体角色身份是如何在与他人的互动中得到维持的。⑤ 乔纳森·特纳（Jonathan Turner）吸收众多学者的观点，用角色领会来说明

① ［美］乔纳森·特纳：《社会学理论的结构》，邱泽奇、张茂元译，华夏出版社 2008 年版，第 363 页。

② 杨志娟、塔娜：《角色理论视角下的民族认同与国家认同教育》，《民族教育研究》2012 年第 5 期。

③ 龙妮：《高学历女性身份认同及其学习研究》，硕士学位论文，华东师范大学，2013 年，第 11 页。

④ ［美］乔纳森·特纳：《社会学理论的结构》，邱泽奇、张茂元译，华夏出版社 2008 年版，第 363 页。

⑤ Peter J. Burke, "Identity Process and Social Stress", *American sociological review*, Vol. 56, No. 6, December 1991, pp. 836 – 849.

社会行为的本质，提出个体的角色领会就是个体在互动中进行角色建构的过程，而人们在社会互动中，行动者所做出的身体语言，也正是自己对自己角色领会的重要过程，角色领会就是角色建构。①

角色扮演。该概念来源于米德理论中的角色采择观点，是指生活在社会中的个体，都在“扮演着”一定的角色，是个体在具体情境下，根据自己的地位而表现出来的行为。个体的角色扮演能力就是双方在互动的过程中，个体根据他人的行为和要求而做出的预期反应的能力。成功的角色扮演有利于个体社会性的提升。②

角色冲突与超载。在过去的文献中，角色冲突和角色超载是可以进行相互替换的。通常，当个体承担多重角色，如配偶、在职人员、父母等角色时会发生角色冲突。但实际上，同时担任多种角色更多意味着角色超载。由此可见，两个概念既有联系又有区别。角色超载是指个体承担过多的角色要求，但又没有余暇实现它们。角色冲突是指个人承担某一角色时承受的压力与他担当另一角色时承受的压力之间的不和谐程度。③ 只有当多重角色中某一个角色要求妨碍另一角色要求时，角色超载才会导致角色冲突。如果没有可选择的机制来帮助个体适应各种角色，角色超载更容易导致角色冲突的发生。④

（三）场域理论

1. 场域

布迪厄用场域这一空间概念代替了传统实践观中的实践场所概念。场域概念最基本的因素，是多面向的社会关系网络。布迪厄把场域解释为位置之间的客观关系的网络和构型。⑤ 从分析的角度来看，一个“场”也许可以被定义为由不同位置之间的客观关系构成的一个网络或构造，由这些位置产生的决定性力量已经强加到占据这些位置的占有者、行动者或体制

---

① ［美］乔纳森·特纳：《社会学理论的结构》，邱泽奇、张茂元译，华夏出版社 2008 年版，第 363 页。

② ［美］乔治·米德：《心灵、自我与社会》，赵月瑟译，上海译文出版社 2019 年版，第 340 页。

③ 苏国勋、刘小枫：《社会理论的诸理论》，上海三联书店 2005 年版，第 189—190 页。

④ ［美］罗伯特·默顿：《社会理论和社会结构》，唐少杰、齐心译，译林出版社 2015 年版，第 151—155 页。

⑤ ［英］迈克尔·格伦菲尔：《布迪厄：关键概念》，林云柯译，重庆大学出版社 2017 年版，第 8 页。

之上，这些位置是由占据者在权力（或资本）的分布结构中目前的或潜在的境遇所决定的。对这些权力（或资本）的占有，也意味着对这个场的控制。另外，这些位置的界定还取决于这些位置与其他位置（统治性、服从性、同源性的位置等）之间的客观关系。①

因此，从布迪厄的社会实践理论体系来理解场域概念时，我们可以把场域理解为处于不同位置的行动者在惯习的指引下依靠各自的资本进行斗争的场所。在这种斗争中，所有的行动者相互遭遇，他们依据在场域结构中所占据的不同地位而使用不同的斗争手段，并具有不同的斗争目的。因此，场域中的相互关系网络，主要是依靠行动者的不同社会地位，依靠不同行动者所掌握的资本力量和权力范围，依靠行动者所赋有的各种精神状态和精神力量，依靠各种象征性符号所表现出来的文化因素等组成。②

2. 资本

布迪厄把资本定义为"行动者的社会实践工具"③。社会活动的参加者是以异质性的身份参与的，异质性主要表现为他们拥有不同质或量的资本。资本在场域中不是平均分配的，资本是历史积累的结果，是一种排他性资源，同时又是新一轮社会活动的起点。不同类型、数量的资本分布结构，体现着社会的资源和权力结构，这种起点的不平均决定了竞争活动的不平等。④ 资本与场域是相辅相成的，资本的价值取决于他所处的场域，场域也离不开资本。如果没有资本，空洞的结构也没有意义。资本与场域，场域与惯习，资本与惯习之间的关系相依相存。布迪厄将资本进一步划分为经济资本、文化资本、社会资本和象征性资本。

其中，经济资本是指由生产的不同要素（土地、工厂、货币等）、经济财产、各种收入以及各种利益所组成。文化资本采用三种形式进行表达：被归并的形式（秉性或才能）、客观化形式（文化财产）以及制度化

---

① 包亚明：《文化资本与社会炼金术——布尔迪厄访谈录》，上海人民出版社 1997 年版，第 142 页。

② 宫留记：《布迪厄的社会实践理论》，河南大学出版社 2009 年版，第 49 页。

③ ［英］迈克尔·格伦菲尔：《布迪厄：关键概念》，林云柯译，重庆大学出版社 2018 年版，第 76 页。

④ 高宣扬：《布迪厄的社会理论》，同济大学出版社 2004 年版，第 138 页。

形式（合法化的各类头衔）。社会资本是由所占有的持续性社会关系网而把握的社会资源或财富。象征性资本是指用以表示礼仪活动、声誉或威信资本的积累策略等象征性现象的重要概念。①

3. 惯习

社会场域中的行动者，之所以他们的社会生活保持着规律性，也充满了预见性，其原因在于人们在长时间的社会生活中存着的各种习性，人们从幼年时代逐渐积累起来的各种经验，会在他的心智和行动中留下痕迹，从而也建构着行动者的行动倾向与行动方式。人们在世界生活中存在的各种习性的总和，就是布迪厄所说的惯习。② 惯习是行动者过去实践活动的结构性产物，是人们看待社会世界的方法，也是人们在各种社会评判中起主导作用的行为模式。惯习具有以下特征。

第一，惯习总是普遍存在于同一阶级或群体的所有成员中，但也会因为所持资本和文化背景的差异导致群体的惯习差异。虽然同一阶级或群体的社会成员由于社会文化物质生活条件相似导致其内化形成的惯习也相似，但行动者在阶级或群体内部所处的位置也会由于资本的变化而再次表现出差异。

第二，惯习是人们在社会生活中逐渐积累起来的一种非形式化的、实践的知识，而非推论的或意识层次的，是经验内化到人们意识中去的过程。所以，社会大众受惯习指导进行实践时通常是潜意识的，无知无觉的。但惯习也是一种独特的、创造性的方式，是再生或重建社会条件的一种主观性动力因素。

第三，惯习在社会生活领域中的使用可根据行动者的关注范围或行动方向进行迁移，即可泛化于指导个人生活的各个领域。因此，惯习不仅是心理的过程，而且是身体的过程，既可以指导行动者的行为，也彰显行动者的个人风格与气质，体现在人们的姿势、步态和语言风格上等。

第四，惯习是行动者经过长时间的经验内化而形成的，但却是一个开放的性情倾向系统，它随人们经验的改变而不断地调整，从而在新的经验中不断调整行为结构。

（四）学前融合场域中同伴交往的理论框架

符号互动论、角色理论、场域理论从不同层面，为本研究全面考察普

① 高宣扬：《布迪厄的社会理论》，同济大学出版社 2004 年版，第 148—151 页。

② 宫留记：《布迪厄的社会实践理论》，河南大学出版社 2009 年版，第 144 页。

通幼儿与特殊幼儿的同伴交往提供理论工具（图 2－2）。

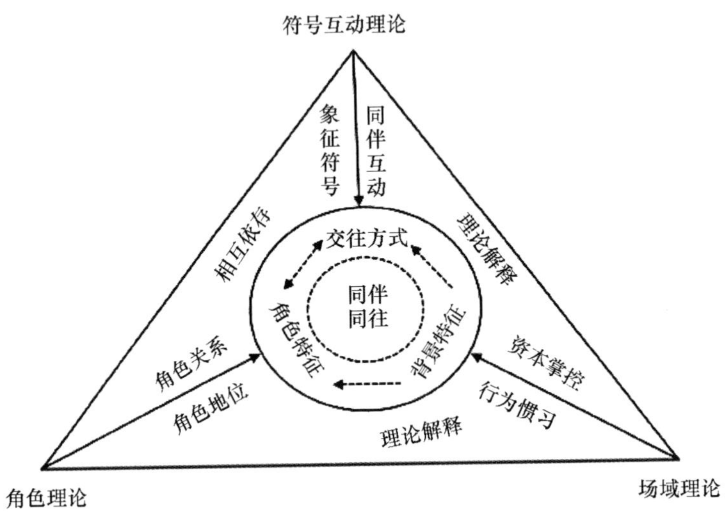

图 2－2　理论框架

第一，符号互动论从同伴互动方式和象征符号的视角，为探索同伴交往的全貌提供情景视角。处于前运算阶段的普通幼儿尚未具备抽象问题概念化的能力，难以准确表达自己内心中对特殊幼儿的真实态度。尤其在特殊幼儿语言互动、社交技能等发展滞后的现实中，符号对于普通幼儿与特殊幼儿的交往，具有特殊的意义。因此，普通幼儿与特殊幼儿间的交往实际上是一个符号互动场所，普通幼儿与特殊幼儿在交往中以语言、姿态、表情、音量等符号为媒介进行交流与互动，完成彼此之间的信息传递。本研究在符号互动论的视角之下考察普通幼儿与特殊幼儿在交往中的典型性符号以及符号在该幼儿园文化中的特殊含义，以此判断和分析普通幼儿与特殊幼儿的交往状况与质量。

第二，角色理论从角色关系和地位的视角，解释普通幼儿与特殊幼儿在交往中互动符号的意义。角色和互动是密不可分的。角色理论认为，在交往中发生在两个人之间的社会互动，主要是由每个人所扮演的角色决定的。行动者在互动时，会做出一定的姿态和暗示，例如话语、身体姿势、面部表情等身体性语言，以便于建构自己与他人互动中自己所扮演的角色。普通幼儿与特殊幼儿同伴交往的互动过程，实际上也是普通幼儿与特殊幼儿彼此在互动中彰显角色关系与角色地位，并不断领会、扮演或修正自我角色的过程。因此，角色理论是从幼儿个体因素的视角，帮助我们解释普通幼儿在当前学前融合背景下使用的交往符号的特殊含义。在普通幼儿与特殊幼儿的交往中，每个幼儿均在教师的要求下，“扮演”着相应的角色，幼儿在幼儿园这一微型社会结构中扮演的角色不同，所处的地位不同，那么他们在互动中所使用的符号就会发生相应的变化。幼儿所“扮演”的角色之间的关系以及角色地位，为考察学前融合背景下普通幼儿与特殊幼儿的同伴交往提供了重要参考。

第三，场域理论中的场域、资本与惯习，是我们分析普通幼儿与特殊幼儿交往中互动模式和角色特征的重要理论依据。在融合幼儿园中，普通幼儿和特殊幼儿是个人整体能力、活动力、环境控制力等发展悬殊的两大群体。二者的同伴交往从场域理论的视角来看，就是不同的幼儿根据自己的行动惯习，在不同的位置所导致的不同“资本”（能力、活动力、环境控制力等）的加持下，与对方互动、博弈、调整、适应的综合性过程。在普通幼儿与特殊幼儿的同伴交往中，由于能力的悬殊造成的交往位置、对环境的控制力、交往权力等多方面的差异会以一种循环的形式持续出现在普通幼儿与特殊幼儿的交往中，因为普通幼儿与特殊幼儿之间的身心发展的差异总是普遍并长期存在的。由此导致的不同发展水平的幼儿间的交往样态与融合场域中“资本”的掌控、惯习之间的内在关系，成为我们分析普通幼儿与特殊幼儿交往特点的重要参考点。

四　质的研究方法取向

学前融合教育场域中普通幼儿与特殊幼儿之间的交往是在对彼此的接触和理解经验中习得的。一方面，受到幼儿园融合文化、融合教育方式、环境创设以及幼儿园残疾理解教育的影响，幼儿的同伴交往表现出显著的情境性和复杂性；另一方面，幼儿身心发展的不完全性，让学前教育阶段幼儿的同伴交往在实际活动中表现出极大的不稳定性和动态性。因此，全面探索普通幼儿与特殊幼儿之间的同伴交往状况，需要研究者深入到学前融合教育场域中，亲身去感受和体验普通幼儿与特殊幼儿在幼儿园生活中的交往情景，并结合特殊幼儿以及身边重要群体的综合视角予以分析。

(一) 自然情境下的阐释性探究——幼儿同伴交往的生活化气息

质性研究认为，任何事件均不能脱离事件所处的社会环境而独立存在，社会个体的思想和行动以及社会组织的运作与社会文化情景密不可分，如果要对社会现象或社会组织进行意义性阐释，需要研究者本人进入到研究场域中，将研究问题放置在多元的、复杂的、动态性的自然情景中进行考察。① 研究者需要与研究对象面对面接触，了解研究对象的日常呈现以及所处的社会文化背景和人文环境对其思维模式和行动方式的影响。② 因此，质的研究范式强调将研究者本人作为研究工具，采用访谈、观察、实物收集等多种数据收集的方法，深入社会现象之中，通过亲身体验了解研究对象的思维与行动方式，对社会现象进行整体性探究，从而在原始数据的基础上生成对所研究问题的情景化、主体间性的意义解释。③

普通幼儿与特殊幼儿的同伴交往是在幼儿的集体生活中进行的。在幼儿个体的交往中，由于幼儿发展水平的限制，同伴交往过程的内部运作以及质量评估无法用单纯的数据或哲学理论进行系统阐释。同时，学前教育阶段的幼儿本就是天真烂漫的，幼儿的同伴交往也是发生在他们的生活环境或游戏环境中的。因此，对于幼儿阶段同伴交往的研究也就不能采用大量的、刻板的数字进行统计分析，那是极度脱离幼儿的生活环境的。本书采用质的研究方法对普通幼儿与特殊幼儿在复杂交往情景中的同伴交往现象进行深入分析，当笔者进入融合环境中，亲身感受幼儿的交往日常时，更能理解幼儿间交往的奥秘与本质。尤其是对普通幼儿与特殊幼儿交往事件的真相、问题形成、交往文化的阐释将更具有说服力和浓厚的生活化气息。这也正是质的研究范式在同伴交往研究中的优势所在。

(二) 呈现事件背后的演化发展——幼儿同伴交往的本真性追寻

质性研究对研究参与者的生活故事和意义建构做出理论解释。任何研究现象均处在一个动态发展过程中，研究者与研究参与者都会发生变化，由此也会导致研究者在收集和分析资料的过程中也要及时调整研究结果的

---

① 陈向明：《质的研究方法与社会科学研究》，教育科学出版社 2017 年版，第 7 页。

② ［美］阿巴斯·塔沙克里、查尔斯·特德莱：《混合方法论：定性方法和定量方法的结合》，唐海华译，重庆大学出版社 2016 年版，第 114 页。

③ 陈向明：《质的研究方法与社会科学研究》，教育科学出版社 2017 年版，第 7 页。

建构方式。因此，质性研究是一个伴随研究中不同要素的变化而不断进行调整与演化的过程，并非严格按照原先设定的研究设计方案进行研究。[①]正是因为研究过程的流动性，在质性研究结果的呈现中，会呈现出不同理论视角下对研究问题的更具有个性化、创造性和深刻的结论。

幼儿的同伴交往是幼儿个体伴随交往对象和交往情景的变化而动态演变的行为。幼儿的同伴交往更具有变化性，这种变化性可以体现在交往对象的频繁更换、交往事件的难以预测、交往活动的随时开始或结束、交往中幼儿情绪或行为的即刻转变等。实际上，在幼儿的同伴交往活动中，经常会看到彼此陌生的幼儿之间因为一块积木而玩得热火朝天，也会经常出现刚在游戏中快乐合作的同伴即刻间互不理睬，而在短时间内却又可以“破镜重圆”，这就是幼儿交往的日常变化性表现。这样的幼儿交往表现就注定了固定的研究程序或研究工具无法获得更能反映幼儿交往现实的研究结果。因此，根据幼儿交往的不确定特点，与质性研究方法所注重的“研究是一个演化发展的过程”相吻合，质性研究方法适合用于探索在动态发展中的幼儿同伴交往问题。

五　数据的收集

本书的质性数据主要来源于对幼儿、教师与家长的半结构访谈，普通幼儿与特殊幼儿交往行为观察以及同伴交往相关的实物资料。

（一）半结构化访谈

陈向明认为，质性研究的目的在于对被研究者的个人经验和意义建构作“解释性理解”或“领会”，研究者需通过自己亲身的体验，对被研究者的生活故事和意义建构做出解释。[②] 对于3—6岁的幼儿来说，由于其在身心发展中的局限性，在探讨幼儿群体的“生活世界”时，访谈被认为是最有益于记录其生活故事的方法。与幼儿面对面交流尤其适合研究者了解他们的思想、情感与价值观。[③]

在本书中，首先采用《普通幼儿与特殊幼儿同伴交往的访谈提纲》，从教师、家长、幼儿的视角考察普通幼儿与特殊幼儿同伴交往的状况。针

---

① 陈向明：《质的研究方法与社会科学研究》，教育科学出版社2017年版，第8页。

② 陈向明：《质的研究方法与社会科学研究》，教育科学出版社2017年版，第7页。

③ ［美］威廉·科萨罗：《童年社会学》，张蓝予译，黑龙江教育出版社2016年版，第39页。

对认知能力较弱的幼儿，会简化问题的提问方式，并加入能激发其回答兴趣的问题。“你喜欢和谁一起玩?”“你喜欢班里的××同学吗?”“你们都玩什么游戏?”“你们在游戏中谁表现最棒?”等。幼儿的访谈持续15—30分钟，教师与家长的访谈持续30—60分钟。在访谈开始前征得对方的同意后对整个访谈过程进行录音。同时翔实记录受访者的动作表情，如思索、叹气、脸部表情等。

（二）幼儿交往行为观察

采用《普通幼儿与特殊幼儿互动观察表》记录普通幼儿与特殊幼儿在幼儿园一日活动中的同伴交往行为。观察法在质性研究阶段主要是为本研究中的正式访谈与非正式访谈提供情景性的依据，为研究结果之间提供三角互证性的资料。在本次研究中，普通幼儿与特殊幼儿的身心发展特点决定了同伴交往无法通过对幼儿进行访谈而获得。本研究的研究主题同伴交往需要结合普通幼儿与特殊幼儿在互动情景中的语言、行为、交往结果等来探究普通幼儿与特殊幼儿的同伴交往状况。这也就说明我们需要在具体意义的互动情景中，理解和梳理普通幼儿与特殊幼儿的交往细节。例如，交往的发起动机、语言的使用、肢体动作的接触、交往的结果等，以情景中的交往事件的观察深化访谈的内容。因此，本书采用非参与式观察，在自然情境下，对观察对象发生的所有交往行为用观察表和文字相结合的方式进行详细记录、资料收集。

观察的内容是幼儿园一日生活中普通幼儿与特殊幼儿的典型性交往行为。在观察中，一方面以文字的方式重点记录幼儿交往行为的前因后果、环境设置、活动任务等；另一方面以表格的方式记录观察对象在交往中的交往主动性（主动或被动）、交往方式（语言或非语言）、交往性质（积极、消极或中性）、交往控制性（支配性、顺从性、中性），以及交往主题和交往情景等。

观察的时间和地点主要是每周选取2—3天。在幼儿区角活动、室外活动或自由活动时间，对幼儿发生的所有交往行为用观察表和文字相结合的方式进行详细记录。

例如，下面一段“小学生对小老师的角色回应”的案例，便是观察所得的素材。

在这个整齐的队伍之外，辉辉却一直没有来到队伍中。辉辉此刻正兴奋地在教室里跑来跑去，似乎上一节课端端正正坐在小椅子上30分钟对他来说太约束了，他现在正在开心地“撒着欢”。老师看到了仍在教室乱跑的辉辉，立刻让一个小女生去把辉辉拉回来，但是辉辉不愿意跟小女生回到队伍中，拉扯间，辉辉大声喊“我要反抗！我要反抗！不要碰我”。随即小女生被辉辉推到了一边。小女生没有完成老师让她带回辉辉的任务，继续去拉辉辉，辉辉大声叫着“不要不要不要”，并开始用手拍打小女生。

在观察中，这些加入了情景因素的数据为进一步深化、补充和验证教师与幼儿的访谈起到了联结情景意义上的促进作用，为本书全面考察同伴交往问题提供了真实而生动的素材。

（三）实物收集

在质性研究中，任何与研究问题相关的文字、图片、物品等材料均可以称之为“实物”。实物收集的目的是为研究提供情景化的辅助材料，加深研究者对情景以及研究问题的把握。本书的实物包括与幼儿间同伴交往有关的照片、视频、教师与家长的日记、微信朋友圈分享、幼儿的绘画作品等。

六　数据的分析

质性研究的数据分析强调从资料中提升理论，认为只有通过对资料的深入分析，才能逐步形成理论框架。这是一个从下往上将资料不断进行浓缩的归纳过程。因此，数据分析的主要思路是比较，即在资料和资料之间、理论和理论之间进行对比，然后根据资料与理论之间的相关关系提炼出有关的类属及其属性。

质性数据的分析遵循以下步骤。

第一，资料转化与简化。访谈结束后，首先，及时将访谈录音转化为文字材料，辅以在对幼儿间交往的观察过程中及时撰写观察备忘录，并及时收集实物资料，最终共收集十余万字文字资料，以便于进一步使用分析。研究者在转录时，力求信息真实和数据完整。其次，及时对访谈资料进行整理和编号，编码顺序为收集资料的类型（访谈、观察、实物）+身份（普通幼儿、特殊幼儿、教师、家长）+研究对象编号。其中，访谈资料用“I”表示，观察资料用“O”表示，实物资料用“SW”表示。例如I－FA11－教师，是指对FA11号教师进行的访谈。

第二，资料编码与分析。数据的分析按照“类属—属性—维度”的三级编码方式对文字资料进行分析。

首先，开放式编码。以一种开放的心态，尽量“悬置”个人的“偏见”和研究界的“先验定论”，将所有的资料按其本身所呈现的状态，使用归纳策略对参与者话语的片段进行分析和编码，允许对数据进行分离、分组和重新链接，这是一个将资料打散，重新赋予概念，然后再以新的方式重新组合起来的操作过程。该阶段尽量使用受访者使用的“本土化”词语或句子作为编码标签。例如，开放式编码将教师访谈中提到的“有时特幼又乱跑了，普幼就会说‘你可愁死我了，你坐好!’，完全是大人的语言”，命名为“管教特殊幼儿”。

其次，关联式编码。由于不同代码之间是相互关联的，接下来是将上述所得开放式编码进行有意义分类，在反复比较中将相关主题合并或拆分，明确分类之间的属性和关系，形成类属。研究者每次只对一个类属进行深度分析，围绕这一个类属寻找相关关系。在对概念类属寻找相关关系时，还需要考虑到这些概念类属本身之间的关联，而且要探寻表达这些概念类属时研究者的意图和动机，将他们的言语放到当时的语境以及他们所处的社会文化背景中加以考虑。该阶段所有类属被辨别出来以后，通过比较的方法把它们之间的关系联结起来。例如，将“愤怒的表情”“严肃的表情”“无奈的表情”“委屈的表情”的开放式编码合并为“‘抓狂’表情包”。

最后，选择式编码。根据本研究的理论基础，对所有已发现的概念类属进行系统的分析、归纳与提炼以后使用更具总结性的代码来称呼一组相近的内容，确定核心类属。核心类属必须在与其他类属的比较中一再被证明具有统领性，是一个在资料中反复出现的、比较稳定的现象，能够将最大多数的研究结果囊括在一个比较宽泛的理论范围之内，并对数据提供一致的解释，很容易发展成为一个更具概括性的理论。例如，将“小老师的角色领会”“小老师的角色任务”“小老师角色的地位与权力”与“小学生的‘反抗’”等关联式编码归纳为“特殊幼儿与普通幼儿的角色较量”（表2－5）。

表2－5　**编码系统表举例**

三级：选择性编码		二级：关联性编码	一级：开放式编码
同伴接纳绘描	有含义的符号	姿势有暗语	“押解式”的姿势
			暴力的动作
		“抓狂”表情包	愤怒的表情
			严肃的表情
			无奈的表情
			委屈的表情
		“尖声怪调”的语音符号	不耐烦的语气
			命令的语言
			不满的语言
	负重前行的角色	普通幼儿的角色	管教特殊幼儿
			指挥特殊幼儿
			代劳特殊幼儿的任务
			攀比自己的“小学生”
		特殊幼儿的角色	理所当然的弱势群体
			消极的认知

第三节　普通幼儿与特殊幼儿同伴交往中的符号演绎

符号互动论指出，人不仅生存在丰富的自然环境中，并且还生活在符号环境中，人们根据他所处其中的情景和他的行动方向来创造、选择和使用被赋予了特定含义的符号。[①] 人类使用符号进行人际沟通，符号是社会相互作用的中介。人类用于沟通的象征性符号不仅包括身体姿势，还包括语词等有声符号。人们通过对符号的定义进行互动，符号所代表的具体的含义，也就代表了个体对他人或环境的态度。[②]

① 宋林飞：《西方社会学理论》，南京大学出版社2015年版，第276页。

② ［美］乔治·米德：《心灵、自我与社会》，赵月瑟译，上海译文出版社2019年版，第69—70页。

一 姿势有“暗语”

人们在交往中创造并运用着符号。姿势会话中的肢体语言是符号互动论者极为关注的一项重要互动要素。姿态本身并不重要，但在社会互动中，姿态所要揭示的社会情境下的含义对交往却是极为重要的。① 因为，肢体语言是个人情感的外在表现形式，每一个手势或者动作都有可能成为透视他人情绪情感或行为意图的关键线索。② 20 世纪 50 年代，肢体语言研究的一项研究成果发现：“一条信息所产生的全部影响力中 7% 来自语言（文字），38% 来自声音（其中包括语音、音调以及其他声音），剩下的 55% 则全部来自无声的肢体语言。肢体语言通常被用来进行人与人之间思想的沟通和谈判。在某种情况下，肢体语言甚至可以取代话语的位置，发挥传递信息的功效。”③ 人类最简单、最基本的沟通形式就是姿势的沟通。姿势对话就是一种看不见的运用符号的过程，通过感知和理解姿势，可以帮助研究者了解他人的思想和态度。

学前阶段的幼儿虽然语言能力获得了飞速发展，但是由于语言受到认知、思维、概念形成等因素的影响，幼儿并不能全面地表达自己对本书研究主题的态度和认知。笔者对普通幼儿与特殊幼儿交往中的姿势符号进行直接观察，对于揭开学前融合教育背景下幼儿交往中的“密语”大有裨益。

（一）“押解式”姿势对话

一种姿势在表现者身上和所针对者身上引起同样的反应时，就会成为一种有意义的姿势。有意义的姿势也就成了人际沟通中的象征性符号。

在学前融合教育环境中，特殊幼儿在认知、语言、思维、社会适应以及幼儿园规则遵守等方面均表现不佳，在幼儿园日常活动中，违反教师指令、捣乱活动秩序、乱跑乱跳等现象比比皆是。在教师开展教学活动过程中，尤其是难以兼顾所有幼儿的情况下，普通幼儿既充当了教师维持规则的“助手”，也成为阻止特殊幼儿违反规则的监督者。当特殊幼儿违反规

① 黄晓京：《符号互动理论——库利、米德、布鲁默》，《国外社会科学》1984 年第 12 期。

② ［澳］亚伦·皮斯、芭芭·拉皮斯：《身体语言密码》，王甜甜、黄佼译，光明日报出版社 2015 年版，第 3 页。

③ ［澳］亚伦·皮斯、芭芭·拉皮斯：《身体语言密码》，王甜甜、黄佼译，光明日报出版社 2015 年版，第 4—5 页。

则时，普通幼儿会选择一种快速的解决方式与特殊幼儿进行互动。这种解决方式并非幼儿之间交往中常见的姿势状态，而是一种类似于“押解”式的动作姿态。这样姿势便于普通幼儿及时快速地控制特殊幼儿，并被普通幼儿广泛使用在与特殊幼儿的互动中。

上午，大一班的早操活动结束了。伴随着悠扬的音乐，老师下了指令“小老师们带你的小学生排队回教室加餐”。“小老师们”纷纷来到自己被安排的“小学生”面前，没有语言的引导和问候，有的普通幼儿在前，特殊幼儿在后，就这样一前一后的拉扯着不情愿往前走的特殊幼儿；有的普通幼儿一边拉着特殊幼儿的手，另一只手则放在特殊幼儿的肩膀上，这种类似于“押解”的方式似乎就完全把特殊幼儿“控制”住了；还有的普通幼儿为了防止特殊幼儿乱跑，直接从后面抱着特殊幼儿走；还有普通幼儿拉着特殊幼儿衣服……但是却没有发现普通幼儿与特殊幼儿很开心地交谈或者平行肩并肩、手拉手的情况。在这个情景下，普通幼儿将“小老师”管教“小学生”的现象表现得尤为明显。(O－大班－幼儿)

在普通幼儿与特殊幼儿的日常交往行为中，普通幼儿与特殊幼儿之间“押解式”的姿势对话为数众多，在大多数的班级中均有此体现，甚至在一个班内普通幼儿与特殊幼儿的站位都会出现这样的“押解式”特征。教师在组织活动时，当有特殊幼儿坐不住在其他地方乱跑之时，教师或陪读家长并不会起身将特殊幼儿带回，而是“吩咐”班内的一名普通幼儿将其“带回”。

在这个环境中，特殊幼儿通常对教师和家长的话是不听的，但是当他的同伴去找他时，特殊幼儿更愿意和他的同伴一起回到集体中来。(I－FC17－教师)

教师认为这是融合教育的神奇之所在，通过普通幼儿带动特殊幼儿的方式，可以发挥普通幼儿“榜样的力量”。但是在这个过程中，普通幼儿由于认知与思维发展的能力尚不足，并不理解如何正确与特殊幼儿进行沟通，如何使用榜样的力量去影响特殊幼儿。通常采用的方法就是简单、粗暴的“押解”式方法，将特殊幼儿从“犯规”区域带回集体中。

跑了一大圈，图图终于把灰灰追到了。一句话没有说，拉着灰灰后背的衣服就往班级的方向跑，大概是担心灰灰再次乱跑，图图把灰灰胸前的衣服抓得特别紧，以至于衣服都抓得变形了。灰灰要比图图更高更壮，图图拉着灰灰的衣服显得吃力，脸部表情也出现一定程度的扭曲，两人跑的速度极快，直到回到集体中，图图紧抓着灰灰衣服的手都没有松开，一直在“控制着”灰灰。这个场景让我想起了小时候我们经常玩的“警察抓小偷”的角色游戏，在这个游戏中，“警察”本就与“小偷”的地位悬殊，一个代表了正义，一个代表犯了错误。(O－大班－幼儿)

(二)“暴力式”姿势对话

在普通幼儿与特殊幼儿的自由游戏活动中，尤其是特殊幼儿数量众多的情况下，以普通幼儿现有的认知与思维的发展水平，是难以对特殊幼儿的行为进行耐心且科学引导的。不论是能力还是力量方面，特殊幼儿总是处于一种弱势状态。在这样的情况下，当特殊幼儿超出普通幼儿的管制范围后，普通幼儿通常会伴随着生气或不耐烦的情绪体验，对特殊幼儿做出某些暴力式的动作，以这样的方式一方面表达自己对特殊同伴的不满，一方面希望自己以这样的暴力动作“吓唬”特殊幼儿，达到让其遵守纪律的目的。

1. 任务型情境下速战速决式“帮忙”

当特殊幼儿动作缓慢时，普通幼儿为了让特殊同伴快速完成任务，会在教师关注不到的地方以“揠苗助长”的方式，不顾及特殊幼儿感受地去直接代劳，以“帮助”特殊幼儿完成任务。

普通孩子的能力要比特殊孩子好得多，特殊孩子做事情很慢，或者他们有时候并不理解老师让他做什么，可能就会在座位上磨磨唧唧做其他事情。但是他的小组的成员为了快点做完事情让老师表扬，就会觉得特殊孩子很麻烦，有时会很不耐烦地一把把特殊孩子拉过去，这个动作有时候是很暴力的。但是毕竟普通孩子也只是孩子，他们不懂如何去真正地帮助特殊孩子。(I－FA12－教师)

普通幼儿这种夹杂着“不耐烦”且略显粗暴的动作，在普通幼儿与特殊幼儿的交往中是普遍存在的。

现在是上午的喝水时间。特殊幼儿翔翔拿到水杯后，一直不喝。他的搭档是一个小女生。搭档看到翔翔在玩水杯，二话没说，拿过翔翔手里的水杯，一只手扶着翔翔的后背，“控制”他别乱跑，一只手拿着水杯的底座，快速“帮助”翔翔喝完了水。发现水杯没水后，立即将水杯送回水杯架，快速拉着翔翔回到座位上。在回到座位的路上，翔翔嘴里的水还没有完全咽下去。身体虽然被普通幼儿拉着在往座位上走，但是头却转向自己感兴趣的方向，特殊幼儿的身体全身都在表达“我不想回座位”。但是普通幼儿毫不理会，把他拽到座位上，就大功告成。(0 – 中班 – 幼儿)

2. “武力威胁”下的纪律遵守

特殊幼儿违反纪律时，普通幼儿会以较为严厉的方式让特殊幼儿遵守纪律，希望以此制止特殊幼儿的不守纪律行为。

普通幼儿无法将特殊幼儿拉回到队伍时，因为有了其他同伴的帮助，大胆地对特殊幼儿说：“快点回来，打*你了啊。”说着他和另一名同伴都举起小手打在了特殊幼儿身上。(0 – 小班 – 幼儿)

除此之外，在幼儿园不同的活动情景和活动任务中，很多普通幼儿的动作也处处透露着对特殊幼儿的不满，如拉、踢、推等。这些作为普通幼儿与特殊幼儿相处中的姿势符号，可以对普通幼儿是否接纳特殊幼儿提供重要的参考价值。

大班正在准备开始自由活动，教师发布指令：“手放下！”然后去队伍中把每一位没有站成直线的孩子“塞回”到队伍中。在队伍的后面有一个特殊幼儿等得不耐烦，突然冲出队伍。一名普通幼儿及

* 普通幼儿并非是真正的要去“打”普通幼儿，在该事件的发生背景中，更多的是体现“小老师”权威的一种行为，是一种符号性肢体动作。

时拉住了他的手，快速将其拉回队伍。没有一句话，只是板着脸将其生硬且大力地拉了回去。这一动作“行云流水”，发生得太快了。此后，普通幼儿就一直站在特殊幼儿的身后，控制着他的动作。（O－大班－幼儿）

二 “抓狂”表情包

在融合幼儿园中，普通幼儿发展能力较好，在教师无法兼顾更多幼儿的同时，普通幼儿普遍被赋予了一项重要的任务——“看管”特殊幼儿。教师为每一名普通幼儿布置了看管一名特殊幼儿的任务，普通幼儿被称为“好朋友”或“小老师”。在这个过程中，普通幼儿并不能与特殊幼儿达成较好的沟通，导致“监管”特殊幼儿成为普通幼儿的艰巨任务。在实际教学中，教师反复强调普通幼儿对自己同伴的责任感，为让这种责任感泛化到多种情境中，教师还会跟普幼反复强调“你们是‘小老师’，特殊小朋友是你们的‘小学生’，‘小老师’要照顾和帮助‘小学生’”。

在特殊孩子来我们班之前，我们会提前告诉班里的普通孩子：我们班会来一个特殊的小朋友，他有很多东西都不会，他来到这里后小朋友们要帮老师看好他。（I－FA12－教师）

在幼儿园丰富的活动中，普通幼儿对参与更多的趣味活动，具有强烈的意愿。然而，却要在教师的要求下不断兼顾或监督特殊幼儿，以防止特殊幼儿扰乱秩序。普通幼儿“好朋友”的这种责任感会让普通幼儿产生与特殊幼儿交往的负重感，成为普通幼儿交往中的“枷锁”。加重了普通幼儿在日常活动与游戏中的负担，同时还会引起幼儿间同伴交往的矛盾。

普通孩子去管特殊孩子，普通孩子也只是孩子。你说，他们哪能没有压力呢？在大班有个女生，特别明显，就很少见她开心地笑。因为她的“好朋友”总是做违反规则的事情，这个女生按照老师的要求就要去管他。女生的力气太小了，又矮，特殊孩子是男生，力气大还比他高，还没等她把特殊孩子拉回来呢，人家就把她打哭了。这个

孩子肯定是有压力的，也是不喜欢她的搭档的，经常看到她愁眉苦脸的样子。(I－FB15－教师)

在普通幼儿与特殊幼儿相处过程中，总能看到丰富的“表情包”。当特殊幼儿执意“捣乱”时，我看到了愤怒表情的普通幼儿，他们高高举起的小手，张大的嘴巴，严厉的眼神，无不是对特殊幼儿不满的象征。当特殊幼儿不听普通幼儿的“劝阻”时，普通幼儿即便不说话，一个命令的手势，面无表情的脸上也已经写满了严肃。在正在爆发情绪问题的特殊幼儿身边，我同样看到了正在哭喊，且脸上写满“艰辛”和委屈的普通幼儿。在一个正在违反规则与纪律的特殊幼儿身边，总会出现一名正在被违规动作惹怒的普通幼儿，他们总是这样互为“镜像”的。(O－大班－幼儿)

其中，有位教师认为“特殊幼儿总是让普通幼儿很‘丧’”。在普通幼儿与特殊幼儿的日常交往中，“丧”的原因是多方面的。

第一，从特殊幼儿的日常行为表现来看。

特殊幼儿的攻击性行为，让普通幼儿“避而远之”。普通幼儿清晰地知道自己排斥特殊幼儿的哪些行为。一方面是攻击性行为，普通幼儿会谈道，“他总是打人，老师不让他碰别人，他总是不听”，“他会惹小朋友哭，不喜欢和他玩”，“他总是喜欢趴在桌子底下，还挠我们的脚”，“他站队不好好站，从后面揪小女生的头发”。另一方面是特殊幼儿的某些特殊行为，如自闭症儿童的叫声、自伤行为等。普通幼儿对特殊幼儿的行为进行了“控诉”：“上课的时候，他不想好好上课，他就大声地喊，声音可大了”，“边哭边叫，特别烦她”，“她喜欢抓自己的脸，还挠破了呢，每天都挠”，“他会用头撞墙”“他天天找妈妈，找不到他妈妈，谁都哄不好他”，“他把桌子上的东西全扔了，还把老师绊倒了”，“总是拿我的东西，他拿过我的彩笔”。

特殊幼儿的情绪问题让普通幼儿“不知所措”。“哭起来没完没了”，“又哭又流鼻涕”，“发火的时候特别吓人”，“喜欢发脾气，就跟大人发脾气一样”。

特殊幼儿能力方面的不足，使其无法与普通幼儿“平等对话”。“他不会玩游戏，只能看着”，“他什么都不会，什么都得教给他”，“喝水喝得衣服全湿透了”，“他不敢跟我们一起去玩攀岩”。

特殊幼儿的性格问题，让普通幼儿产生误解。“她不跟小朋友说话”，“他总是一个人玩”，“他没有朋友，没有人和他玩”，“他讨厌小朋友”。

第二，从普通幼儿所期望的同伴关系视角来看。

普通幼儿在交往中得不到特殊幼儿的回应。多数特殊幼儿，例如智力障碍幼儿、自闭症幼儿以及发育迟缓的幼儿，在社会性交往方面发展迟滞，与普通幼儿的社会性发展相差甚远。在日常的同伴交往中，当普通幼儿对特殊幼儿表达了交往意愿，但是特殊幼儿又无法做出交往回应时，普通幼儿会产生一种“他不想跟我玩”的想法。久而久之，普通幼儿只能去找可以给予他们回应的其他普通幼儿。

> 当普通幼儿表现出希望与特殊幼儿一起玩的行为，或语言邀请时，得不到特殊幼儿的回应，特殊幼儿不会与普通幼儿互动，这会让普通幼儿很有挫败感。(I－FC17－教师)
>
> 普通幼儿去跟特殊幼儿沟通，特殊幼儿不会跟他沟通，普通幼儿就会很不开心地拉着脸回来，真的很沮丧的感觉。一次这样，两次这样，普通幼儿就去找别的朋友去玩了。(I－FB15－教师)
>
> 特殊幼儿“落单”很普遍，普通幼儿跟普通幼儿玩得比较多一点，他们之间语言更丰富，想法都是天马行空的，在一块聊天就很开心。但特殊幼儿执着、刻板、不改变规则，也不会谦让，哪怕轮流一人一下都不愿意。普通幼儿不愿意去“触霉头”。(I－FC18－教师)

普通幼儿“管教”失效。教师看到了同伴支持的积极作用，普遍采取“同伴支持”的策略去引导融合。但是教师却没有告诉普通幼儿应该如何正确地对特殊同伴进行支持和辅助。当普通幼儿在不能完全了解特殊幼儿的情况下去实施错误的辅助，同伴冲突的概率就会明显增多。

> 特殊幼儿有时也是很执拗的，普通孩子去把他拉回来，他不愿意回来，就会攻击普通孩子。普通孩子觉得委屈或者被打疼了，或者与特殊幼儿僵持在那里了，普通孩子脸上就会出现不高兴、生气的表情，有时候还会边生气边哭着来跟老师告状。特殊孩子这时候就出现暴躁的情绪问题，这样的场景就会一发不可收拾。(I－FB16－教师)

久而久之，普通幼儿与特殊幼儿之间的关系变的“微妙”且“敏感”。尤其在自由活动时间，经常看到“愁容满色”甚至与特殊幼儿一样出现“崩溃情绪”的普通幼儿。

三　“尖声怪调”话语

人们使用有声符号的能力，让人与人之间的沟通更加精致和巧妙。在交往中，个体对交往对象所使用的语音，如语气、音量、语言等，总是被赋予着特殊含义以便去传达个体的目的。在本书中，通过观察和分析普通幼儿与特殊幼儿交往中的语音符号，能够充分证明普通幼儿对特殊幼儿的交往态度。

（一）“不耐烦”的语气

在普通幼儿与特殊幼儿的交往中，由于普通幼儿被赋予了“监督者”的角色，普通幼儿在完成这一角色赋予的任务中背负了太大的压力和太多不可能完成的任务。所以，普通幼儿在交往中普遍会以以一种“无奈”的语气与特殊幼儿交流。

特殊幼儿贝贝正在虎虎的“监督”下喝水，虎虎一只手托着贝贝的头，一只手推着贝贝的水杯，让贝贝快点喝水。眼看贝贝就要因为喝水速度太快而要呛水了，虎虎不耐烦地说：“继续喝，你继续喝，别人都喝完了，你快点吧。”边说便往贝贝手边推水杯。贝贝喝完水，虎虎帮他把水杯放回水架，贝贝手不稳打翻了水杯，虎虎大声喊：“啊，你快放好。”虎虎看贝贝放不好了，一把拿过贝贝的水杯快速放好，用另一只手搂过贝贝的脖子，让贝贝跟自己去坐到座位上。在贝贝准备乱走的时候，虎虎面无表情地拉过他，并不耐烦地说：“你不要乱跑了。”期间两人再也没有多余的对话和眼神交流。（O－大班－幼儿）

（二）命令式的语言

当特殊幼儿不听普通幼儿的“指挥”时，普通幼儿会模仿教师提高音量以便“震慑”特殊幼儿。通常这种时候总是会产生相反的效果。特殊幼儿非但不会跟随普通幼儿的指令，反而认为这样的对抗是一件有趣的事情，从而引发同伴冲突。

> 小男生铭铭觉得排队等待是件无聊的事情，他就顺势躺在了地上。这时，他的“小老师”美美赶紧跑到他的身边，对他进行了一系列的“管教”。“小老师”声音很大，语气很严厉的吼道：“你给我起来！快点起来。”“小老师”边说边伸出一只手指指着特殊幼儿，并用脚轻轻踢了一下铭铭，这个情景真的很像成人在管教不听话的孩子。(O－大班－幼儿)

(三)“生气”的语言

在普通幼儿与特殊幼儿日常交往中，当特殊幼儿乱跑乱动，不按规则活动时，普通幼儿会模仿“大人”的样子对特殊幼儿表现出生气的姿态，并会使用一种假装生气的语言，表达对特殊幼儿违反规则纪律的不满。

> 在“美发店”的区角游戏中，特殊幼儿洋洋在开心地拿着吹风机挥来挥去。正在拿着剪刀的“理发师”看到自己的工具在洋洋手里拿着，瞬间大声对洋洋说：“啊……你又干什么呀！你快放下，你怎么这么皮，你不能拿，这是我要用的。”(O－中班－幼儿)

除此之外，“你怎么又不听话了”“你干什么啊”“你再这样我去告老师了”“你什么时候能消停点”“你再乱跑一下，我就不客气了”“我生气了，我要打你了”“你快点吧，不听话我就不管你了”等生气且类似于抱怨的语言经常出现在普通幼儿与特殊幼儿的交往中。

第四节　普通幼儿与特殊幼儿在同伴交往中的角色扮演

一　普通幼儿：“负重前行”的“小老师”角色

为了让普通幼儿接纳特殊幼儿，教师更愿意使用其他词来代替残疾。例如，“好朋友”“小老师”“小学生”等词语就已成为幼儿园中“残疾”的替代词语。“好朋友”通常来自学前融合环境下形成的“融合共赢”特色文化对普通幼儿与特殊幼儿交往的要求，在这种文化中要求每个普通幼儿都有自己关心、帮扶的特殊幼儿。每个特殊幼儿都有自己模仿、合作的普通幼儿，希望通过二者的合作产生“1 +1 >2”的融合效果。

然而，该文化在融合环境中就像一把“双刃剑”，它既抹掉了“残疾”带来的尴尬，却也成为普通幼儿与特殊幼儿交往中枷锁。

> “好朋友”是老师灌输给孩子们的一个概念化的东西。老师会不断地告诉普通孩子“这个（特殊幼儿）就是你的好朋友”，在日常教学活动和生活中还会进行不断地重复和强化。孩子们基本上是被注入了这种思想。你的“好朋友”就是这个特殊的“好朋友”，这已经成为孩子大脑中固定的一种程式。当我们说“你去找你的好朋友吧”，他找的就是那个特殊孩子。(I – FA13 – 教师)

“好朋友”概念在幼儿的日常交往中，就是要普通幼儿随时帮助特殊幼儿完成任务，监督特殊幼儿遵守纪律，及时给特殊幼儿纠错。普通幼儿自然而然就成为“管教”特殊幼儿的“小老师”。他们在日常生活中表现出的职责主要包括以下几方面。

第一，“管教”特殊幼儿要遵守规则。特殊幼儿在遵守规则和纪律方面较差，当特殊幼儿做出违反规则的行为时，教师认为让普通幼儿去制止更有效率，并且同伴间的制止行为不会让特殊幼儿出现情绪问题。

> 特幼××总是喜欢用手乱碰与他结对子的普通幼儿“好朋友”。普通幼儿就会很大声的警告：“别动我，手放好!”他自己可能一开始会用自己的方法来制止特殊幼儿的行为，后来也会模仿老师的语气和做法，对不遵守规则的特殊幼儿会凶一点。(I – FA12 – 教师)
>
> 有时特殊幼儿又乱跑了，普通幼儿就会说：“你可愁死我了，你坐好!”完全是大人的语言。(I – FC19 – 教师)

第二，“指挥”特殊幼儿听指令。虽然在融合环境中，同伴给予特殊幼儿的榜样和必要支持会收到较好的效果，但是如果普通幼儿不会正确地使用同伴支持，那么这样的支持可能就会起到相反的效果。普通幼儿会将支持作为一种管理和监督特殊幼儿的“特权”，不利于普通幼儿与特殊幼儿之间的交往。

> 普通幼儿会认为照顾或督促别人是一件非常有趣的事情，就好像自己有了大人的权威了，我让你干什么你就得干什么，你就是要听我的话。所以他们对不听他们话的特殊幼儿就会假装很生气。（I－FB15－教师）
>
> 特殊幼儿不听话的时候，她就会叉着腰，大声地训斥特殊幼儿："你怎么这个样？站好！"普通小朋友会很"享受"那种大人的权威，我让你干什么你就得干什么，要听我的。像普通幼儿的这个年龄段，他们回家也非常喜欢模仿老师，回去让家人都坐一排，说"你坐好，你叫什么名，我是什么什么老师"，他们就喜欢那种反差。（I－FC17－教师）

第三，像大人一样帮特殊幼儿"代劳"任务。特殊幼儿各项能力的发展普遍较弱，当特殊幼儿进行不可能完成的任务时，教师与家长会以代劳的方式帮助特殊幼儿完成任务。普通幼儿在对特殊幼儿的日常观察中，会习得成人帮助特殊幼儿的行为。因此，普通幼儿在对特殊幼儿的同伴支持中，为了获得"小老师"的权威和榜样光环，同时也为了获得老师的表扬，会不分事情的难易程度去帮助特殊幼儿代劳所有的事情。

> 她（普通幼儿）的"好朋友"把水果拿回来了，但却不吃放在桌子上了，普通幼儿看她"好朋友"不吃，把水果又送回到保育老师处。并对老师说，"强强不爱吃这个"。老师说，"他不爱吃，你让他自己来送"。普通幼儿说，"他不送，我帮他"。直接就这样包办了。我们哈哈笑成一片，他的语气和动作就是一个活脱脱的"小大人"。（I－FA13－教师）

第四，将自己的"小学生"进行攀比。普通幼儿与特殊幼儿经过长时间的交往后，普通幼儿会趋向于把特殊幼儿"私有化"，将特殊幼儿"保护"在私有辖区之内。例如，"敢欺负我的'好朋友'，我去告诉老师"。普通幼儿会认为，特殊幼儿的好与坏均与他有直接的绑定关系，也会将自己帮助、管理、监督特殊幼儿的"成绩"以及特殊幼儿的进步向教师或其他幼儿进行"炫耀"。

普通幼儿很喜欢这样的成就感，他们之间还会比自己的特殊幼儿好朋友，就跟比孩子似的。会跟别的小朋友说“我的好朋友怎么着了，学会什么了”等等。普通小朋友也会跟我们说，“老师，你快看，他会洗手了”，“老师，今天他自己找到橱子了，自己上床睡觉了”，但其实是他们想表现自己，让老师夸夸自己。（I – FC19 – 教师）

由于日常教学中，教师不断对普通幼儿灌输“小老师”概念。当这样的观念与角色的认知深入普通幼儿的认知体系中时，就会出现即便教师不在身边，普通幼儿仍会继续行使“小老师”职责的行为。普通幼儿也乐于去“享受”这一角色带来的优越感。

东东右手拉着煜煜的右胳膊，左手控制着煜煜的左胳膊，准备把煜煜推回队伍里。推推搡搡间煜煜就跌倒在了地上。东东用了很大的力气要把煜煜从地上拽起来，但是自己力气太小了，就对趴在地上的煜煜说了一句“老师要来了”。煜煜从地上站了起来，却又跑到了别的地方。这可气坏了东东，不知道该用什么语言去“命令”煜煜，索性歪着头，生着气，一手叉腰一手指着煜煜，让他回到队伍里。煜煜又跑向了操场的另一边，东东想要去找老师“告状”，无奈老师在给小朋友讲规则。自己又硬着头皮去追煜煜，并跺着脚大声喊，“你给我回来，你不要乱跑了”。见煜煜没回来，东东自己生气地叉着腰站在原处，气鼓鼓地看着乱跑的煜煜，一筹莫展。

这时终于来了两个“救星”，三名普通幼儿一起合力把煜煜左拉右扯地拽回队伍。煜煜开始出现情绪行为，这时东东举起小手高高举起在头顶说“我要打你了，我真的要打你了”。煜煜很明显不吃这一套，继续乱跑。东东和另一个小伙伴不停说着，“我要打你屁股了”，两人轻轻打了煜煜两下作为惩罚，笑着跑开了。（O – 中班 – 幼儿）

二　特殊幼儿：“听话”的“小学生”角色

与普通幼儿“小老师”角色相对应的是特殊幼儿的“小学生”角色。“小学生”一词成为在幼儿园日常生活中描述特殊幼儿的专有名词。由于每一个特殊幼儿都有一个固定搭档的普通幼儿“小老师”，在日常教学中，“小学生”甚至会取代特殊幼儿的名字被教师和普通幼儿使用。教师会说“苗苗，帮你的小学生把袖子卷一卷”，“西西，你的小学生跑外面去了，快把他追回来”，等等。“小学生”一词成为称呼特殊幼儿的通用之词，以至于笔者在访谈中要求普通幼儿谈谈对特殊幼儿的认识时，普通幼儿普遍不知道谁是特殊幼儿。

你说特殊幼儿，孩子们肯定不知道。我们在日常生活中，从来不用残疾或者特殊这些词语，我们都用“好朋友”或者“小学生”这样的词来指代特殊幼儿，我们会告诉孩子：“他们学东西很慢，你们是‘小老师’，他们是‘小学生’，‘小老师’要帮助‘小学生’。”(I－FC17－教师)

在幼儿园日常教学中，“小学生”能力不足的角色特点总是被教师不断灌输给普通幼儿。“管理”和“监督”好“小学生”会成为普通幼儿获得表扬或奖励的一个重要指标。长此以往，“小学生”也就成了普通幼儿心目中的一个“理所当然”的能力弱势的群体。

他是我的小学生，我是他的小老师。(I－MA23－普通幼儿)

小学生不会表达怎么跟我们玩，我们会教他。(I－MA27－普通幼儿)

小学生也想跟我们玩，但是他不会玩。(I－FA25－普通幼儿)

他什么也不会，我有时候会教他。(I－MA28－普通幼儿)

小学生们总是不听话，惹老师生气，还乱扔东西，总做错事。(I－FC32－普通幼儿)

对特殊幼儿“小学生”的角色定位虽然可以让普通幼儿对特殊同伴提供一定的辅助，但也会由于“小老师”和“小学生”角色的不同，让普通幼儿对特殊幼儿的认知总是聚焦于能力的不足与消极的行为方面，影响普通幼儿对特殊幼儿这一群体的理解与认知。

我的小学生鼻涕太多了，总往衣服上抹。(I－FA25－普通幼儿)

他流口水，老师让他擦，他不擦。(I－FA26－普通幼儿)。

我看见是他扯我头发，他不承认，非说是别人扯的。(I－FB29－普通幼儿)

拿了我的彩笔也不给我，都给我扔地上扔坏了，我就告诉了老师。(I－MB30－普通幼儿)

她不愿意上课，老师让她上课，她就哭，不上楼，一直哭，老师对她也没有办法。(I－FC33－普通幼儿)

他可能就会闹脾气，谁也不敢惹他。(I－MA27－普通幼儿)

不听话，就知道乱跑，叫他他也不听，还越跑越快。(I－FA24－普通幼儿)

我跟他说“你好好的吧，不要给我惹麻烦了，我生气了”。(I－FB31－普通幼儿)

他生气的时候还打老师呢，要更厉害的老师才能管住他。(I－FC33－普通幼儿)。

三　普通幼儿与特殊幼儿的角色较量

（一）“小老师”的角色面孔

在同伴支持的策略下，被赋予“小老师”角色的普通幼儿承担着“管教”不遵守规则的特殊幼儿的责任。当教师分别赋予了普通幼儿和特殊幼儿“小老师”和“小学生”角色时，就注定了普通幼儿与特殊幼儿之间是一种不平等的“上管下”角色关系。普通幼儿正处于皮亚杰认知发展理论中的前运算阶段时期，该时期的幼儿认知与思维能力仍然受概念化与抽象化的限制，难以理解教师赋予的“小老师”角色意味着什么，如何在“小老师”和“小学生”角色下与特殊幼儿正确建立友谊关系等问题。

1. “小老师”角色领会：“他是我的好朋友，我每天都在帮助他”

在幼儿园的活动或交往中，普通幼儿总是以一种“上管下”的方式去管理和监督特殊幼儿。但普通幼儿却以一种刚好相反的视角认为，他们每天都在“帮助”特殊幼儿。帮助的范围涉及广泛，一方面涉及生活中的照顾与教学活动中任务的完成，另一方面是帮助特殊幼儿争当特殊幼儿与教师或其父母之间的“传声筒”。普通幼儿只看到了事件的表面现象和结果，比如，“他犯错了，我把他拉回来，避免了受老师的批评”。但是普通幼儿难以看到事件发生的过程，忽视了在纠错过程中的推、拉、呵斥等成分，不能真正理解同伴支持中恰当的“支持”应该如何操作。

他是我的好朋友，我天天帮助他。(I－FB29－普通幼儿)

他上楼梯的时候很慢，我会拉着他的手一起上去。(I－FA25－普通幼儿)

我愿意帮他收拾积木。(I－MA23－普通幼儿)

他不会画画，我还能拿着他的手画呢，我们一起画了一只鸭子。(I－MB30－普通幼儿)

他排不好队，会惹老师生气，我就从后面帮助他，别让他乱跑就行。(I－MA28－普通幼儿)

他不舒服的时候，我就去外面告诉他的妈妈。(I－FC32－普通幼儿)

他想干什么不敢告诉老师，我去替他告诉老师。(I－FC33－普通幼儿)

普通幼儿认为“小老师”要对特殊幼儿提供帮助，普通幼儿尤其看重自己在这一角色中的责任。在日常的同伴交往中，普通幼儿一直以一种自己认为负责任的态度和方式处理着与特殊幼儿的关系。

普通幼儿：上次李××直接一巴掌把高××的脸还给打红了，高××哭了。

笔者：你还会和打人的小朋友玩吗？

普通幼儿：不愿意，如果他打我怎么办？但是，我只喜欢教他们应该怎么做。

笔者：为什么你喜欢教他们？

普通幼儿：因为我怕我不教他，他们会越来越学不会这个知识。

笔者：那谁告诉你，你们要教他们的？

普通幼儿：因为我们是“小老师”，他们是“小学生”啊，我们就应该这样，我们都是相亲相爱的一家人。他们有时候还是挺好的，他们也想和我们玩，可是不知道怎么表达。

笔者：你怎么知道他是不知道怎么表达的？

普通幼儿：高××妈妈说的。

2. “小老师”角色任务：“我会跟他一起玩”

在融合环境中，引导普通幼儿与特殊幼儿进行积极的互动与交往，是教师对普通幼儿的重要期望。

> 我们希望他们能够在一起玩。特殊孩子不会在一起玩的话，我们希望普通幼儿能带领特殊幼儿一起玩。让他们玩在一起应该是融合教育的一个重要任务。我们会告诉普通孩子：“你要带着班里的××（特殊幼儿）一起玩，他不会玩游戏，你要教给他怎么玩。多教他几遍，他就会玩了。”（I－FC18－教师）

游戏是促进普通幼儿与特殊幼儿积极互动的重要媒介。因此，在幼儿园日常生活与学习中，教师总是有意无意地促进二者在游戏中交往。在不讨论交往质量的前提下，普通幼儿已经有了很多与特殊幼儿交往的经验。因此，会让普通幼儿产生一种认知上的“错觉”：“我们每天都会在一起玩”。

> 我可以带她搭积木。（I－FB31－普通幼儿）
>
> 我们去“理发店”玩，我当理发师，我的好朋友当顾客。（I－FA25－普通幼儿）
>
> 我最喜欢带着他一起去骑三轮车，我们是最快的搭档。（I－FA26－普通幼儿）

但在真实的幼儿园同伴交往中，普通幼儿与特殊幼儿之间的“一起玩”却存在诸多问题。

第一，交往的持久性与“一起玩”的矛盾。虽然在访谈中，普通幼儿认为自己总是在与特殊幼儿玩耍，但是普通幼儿眼中的“玩耍”仅限于坐在一起，并没有共同游戏的特点与友谊的关系。观察结果同样显示，普通幼儿与普通幼儿在一起玩耍的概率更大。从普通幼儿与特殊幼儿游戏中的交往持续性来看，无论是主动交往还是被动交往，交往的持续性均较差。

> 强强不会玩积木，把积木摆得到处都是，还会抢别人的积木。这时被抢的小伙伴跟强强说，“你再不听话，我去找李老师了”。强强就不动了，老老实实地玩着手里的一块积木。4 名小朋友搭了近 10 分钟后，手里的积木基本成型。其中，3 名普通小朋友开始用自己的积木与别人的积木搭成的造型进行飞行比赛，3 个小伙伴玩得很开心。比赛期间，只有其中的 1 名小女孩让强强把积木摆好不要挡住路，说完后，也就结束了交往。在整个过程中，3 名普通幼儿的交往是频繁的，但是跟强强的交往，总是交代完事情就结束了。(0 – 大班 – 幼儿)

第二，交往的情景与“一起玩”的矛盾。对普通幼儿与特殊幼儿交往的观察显示，不仅普通幼儿与特殊幼儿交往的持久性差，而且双方交往的情景也是极具局限性的。交往情景的现状与普通幼儿所表达的“一起玩”是不一致的。观察显示，普通幼儿对特殊幼儿所表达的同伴关系，更像是普通幼儿想象中的自己与特殊幼儿的理想化关系。这种理想化关系正是教师每天时时刻刻所“灌输”给普通幼儿的目标。教师希望普通幼儿发挥“小老师”角色的模仿和引导作用，并对这一角色产生期待。然而，在真实的交往情景中，普通幼儿与特殊幼儿一起游戏仍然是难以做到的。普通幼儿只在教师要求交往的情景中与特殊幼儿保持互动关系，如早操、室外游戏活动、排队、喝水等。当教师对环境的控制度较低时，特殊幼儿仍难以与普通幼儿保持持久的游戏关系。

为了进一步验证普通幼儿与特殊幼儿交往中是否存在意愿与行为上的矛盾，以及他们的交往到底哪一方更能反映他们的交往现实，笔者对一个大班的全体幼儿采用“同伴提名法”来直观展示特殊幼儿的交往类型。该方法实施步骤为，将幼儿单独叫到一旁，为幼儿呈现其班级所有同学的照片，以口头的方式向幼儿提问（如“你最喜欢和照片中的哪三个小朋友玩?”等），要求幼儿从中提名喜欢的小朋友和不喜欢的小朋友，对幼儿的回答进行记录。

使用 SPSS 25.0 对该大班同伴提名原始数据的正向提名和负向提名次数分别转化为标准 Z 分数 Zp 和 Zn，二者之差为社会喜好分数（SP），二者之和为社会影响分数（SI）。依据 Coie 和 Dodge 的分类标准将被试分成五类：受欢迎组（SP > 1.0，Zp > 0，Zn < 0），被拒绝组（SP < –

1.0，Zp < 0，Zn > 0），被忽视组（SI < -1.0，Zp < 0，Zn < 0），受争议组（SI > 1.0，Zp > 0，Zn > 0），一般组（-1.0 < SP < 1.0，-1.0 < SI < 1.0）。按照标准分数依次将特殊幼儿进行分组，以确定幼儿的同伴交往类型。①

经过数据的分析和统计（表2-6），该大班特殊幼儿的同伴提名的结果显示，特殊幼儿在普通幼儿的心目中，并不属于受欢迎的同伴类型。在该班级中，有13名特殊幼儿，14名普通幼儿。在13名特殊幼儿中，有5名属于受争议组，占到全部特殊幼儿的38.5%。说明在该大班中，近四成的特殊幼儿受到部分普通幼儿的喜欢，也受到一部分普通幼儿的拒绝。3名特殊幼儿属于受忽视组，占到全部特殊幼儿23.1%。说明在该班级中，有近三成的特殊幼儿在日常生活与教学活动中备受普通幼儿的忽视，在班级内的存在感较低。2名特殊幼儿属于被拒绝组，说明这两名幼儿在班级内的融合性较差，难以受到普通幼儿的喜欢，并受到来自普通幼儿的拒绝和排斥。在这两名幼儿的正向和负向提名的次数中，他们二者所获得正向提名次数均为0，而获得负向提名次数分别是10和9，给予这两名特殊幼儿负向提名的普通幼儿占到了所有普通幼儿的71.4%和64.3%。1名特殊幼儿属于一般组，说明该幼儿在班级内受欢迎的程度一般。仅有2名特殊幼儿属于受欢迎组，仅占到全部特殊幼儿的15.4%。但他们获得的正提名分数并不高，分别是2和3，仍是负提名分数高于正提名分数。总之，在该班级内，属于消极接纳类型的特殊幼儿共10人，占到全部特殊幼儿的76.9%。

表2-6　**大班普通幼儿对特殊幼儿的同伴接纳类型**

编号	正提名分	负提名分	正提名标准分	负提名标准分	社会喜好	社会影响	接纳类型
A2-2	0	8	-1.22	-0.37	-0.85	-1.59	受忽视型
A2-3	0	7	-1.22	-0.97	-0.25	-2.19	受忽视型
A2-4	3	10	1.15	0.83	0.32	1.98	受争议型

① 宁亚飞、刘春玲：《5—6岁普通幼儿对特殊需要幼儿的接纳状况》，《中国特殊教育》2018年第4期。

续表

编号	正提名分	负提名分	正提名标准分	负提名标准分	社会喜好	社会影响	接纳类型
A2－5	3	6	1.15	－1.58	2.73	－0.43	受欢迎型
A2－6	1	7	－0.43	－0.97	0.54	－1.40	被忽视型
A2－7	0	10	－1.22	0.83	－2.05	－0.39	被拒绝型
A2－10	3	10	1.15	0.83	0.32	1.98	受争议型
A2－11	2	6	0.36	－1.58	1.94	－1.22	受欢迎型
A2－12	2	10	0.36	0.38	－0.47	1.19	受争议型
A2－13	1	9	－0.43	0.23	－0.66	－0.20	一般组
A2－18	3	9	1.15	0.23	0.92	1.38	受争议组
A2－19	2	11	0.36	1.44	－1.08	1.80	受争议组
A2－27	0	9	－1.22	0.23	－1.45	－0.99	被拒绝组

> 特殊幼儿很难加入普通幼儿的游戏中，有时候加入进去了，由于特殊幼儿的能力弱，普通幼儿玩着玩着就不带特殊幼儿了，特殊幼儿总是跟不上普通幼儿游戏的节奏。（I－FB15－教师）

综上所述，普通幼儿所提到的“帮助”“一起玩”等，并非他们与特殊幼儿之间同伴交往的实际情况，特殊幼儿与普通幼儿之间仍难以在短期形成高质量的同伴友谊关系。

3. 角色地位与权力：“小老师要管着小学生，他会闯祸”

当普通幼儿被赋予“小老师”的角色后，该角色会在教师每天的督促和强化中变得“正式”和“合法”化，让普通幼儿对这一角色的代入感更强。处于“小老师”角色下的普通幼儿由于都有了“小老师”的“光环”，他们会逐渐趋于融合，幼儿间开始走向角色的分化。角色的分化带来不同角色所处的地位的高低，地位的高低导致在同一环境中权力掌握的差异等，在普通幼儿与特殊幼儿的关系中不断发酵与强化，导致特殊幼儿长期处于被隔离的状态。

我要管着小学生，他闯了祸，老师会生我们的气。（I－FA26－普通幼儿）

小学生总是不听话，我们小老师太累了。（I－MA27－普通幼儿）

我要管着他，管不了他就去告诉老师呗。（I－MA23－普通幼儿）

小学生什么都不懂，老师让我们小老师帮他们。（I－FA25－普通幼儿）

小老师什么都会，小学生不会。（I－FC32－普通幼儿）

小老师听话，小学生乱跑。（I－FC33－普通幼儿）

小学生不听话，老师就不让他们玩滑梯。（I－MB30－普通幼儿）

小学生喜欢乱跑，我们就去追他们。（I－FB29－普通幼儿）

由此可见，普通幼儿与特殊幼儿之间体现着一种地位与权力的分化，这样的关系无法构成平等的友谊关系。普通幼儿只是在“小老师”的角色下，被处于权威地位的教师要求去承担某些任务和职责。在日常生活中，普通幼儿的“管教”式语言普遍存在。“你要站好，不能乱动”“老师说白天不能随便按灯的开关”“你能乖乖地坐在这里玩吗?”“你再跑我就去告诉老师”等，总是会不时地传入笔者的耳中。

中班正在进行室外的竞赛活动。特殊幼儿佳佳并没有表现出明显的兴趣与想要加入比赛的意愿。在他第五次跑出队伍的时候，老师终于来到了他身边，告诉佳佳现在是上课时间，不能乱跑，否则就把他送回教室。

这可就要累坏了佳佳的普通幼儿搭档，老师组织活动开始后，佳佳又想要乱跑，他的搭档菲菲为了防止佳佳再次乱跑，就从后面环臂抱着佳佳，佳佳就被“控制”在队伍中了。佳佳不能乱跑了，但是还是在自己的位置上不停地动来动去，菲菲的控制行为已经明显吃力。实在太无聊了，佳佳开始挣脱菲菲的“控制”，但菲菲一直不松开环抱的手。由于太用力，菲菲的脸已经呈现出一定的扭曲，在自己力不能达的那一刻，菲菲大声喊：“啊啊啊，你快站好吧!”（O－大班－幼儿）

（二）“小学生”角色回应

当“小老师”的角色被教师“合法化”之后，“小老师”监督与管教“小学生”的行为就会被视为在该环境中一种合理的行为方式。在“小老师”和“小学生”的角色之下，互动总是充满着普通幼儿与特殊幼儿双方的角色确认，并倾向于一方角色不断回应他方角色。

1.“不喜欢跟他们玩”

“朋友”一词在社会生活中的含义似乎总是错综复杂的。但真正的朋友必然是在任意条件下，双方的认知在一定层面上关联在一起，不分年龄、性别、地域、种族、社会角色和宗教信仰，符合双方的心理认知，可以在对方需要的时候给予帮助。双方心理契合更为深度时，可互称为知己，其间的关系被称为友谊。但在特殊幼儿的眼中，“朋友”却是一个遥不可及的词语。在本书的研究中，能够参与到访谈中的特殊幼儿有 5 名，分别是 2 名低视力幼儿，2 名发育迟缓和另外 1 名自闭症谱系幼儿。相比其他幼儿，他们认知、表达能力较好。但在访谈中，笔者可以明显感受到 5 名幼儿的紧张与些许抱怨，尤其是其中一位低视力的幼儿，在谈话中表现出了与同龄普通幼儿不一样的成熟感。

笔者：你喜欢玩什么游戏啊？

低视力幼儿：我喜欢玩积木、盖房子。

笔者：你都和谁一起玩呢？

低视力幼儿：我不喜欢跟他们玩，我自己能盖一个特别大的高楼。

笔者：你愿意跟其他小朋友一起玩吗？

低视力幼儿：他们就喜欢疯跑，跑得特别快，我追不上他们，他们都不等我。

笔者：那你可以跟其他小朋友一起玩滑梯或去攀爬啊。

低视力幼儿：妈妈说我不能跟其他小朋友去玩攀爬什么的，我的眼镜掉了就看不清楚了。

笔者：你的朋友都有谁？

低视力幼儿（想了一会儿，有些害羞地小声说）：我也不知道，我会自己跟自己玩。（I－MA34－特殊幼儿）

由此可见，在特殊幼儿的眼中，普通幼儿总是与他们之间有一条“无形”的、难以跨越的“鸿沟”。这一道交往的屏障无法跨越，一方面是由于普通幼儿在该年龄阶段的“自我中心”特点。这个时期的幼儿能将感知动作内化为表象，建立符号功能，可凭借心理符号（主要是表象）进行思维，从而使思维有了质的飞跃。但是该时期的幼儿仍然缺乏观点采择能力，只从自己的观点看待世界，难以认识他人的观点。在交往中，普通幼儿通常总是将自己想要表达的、自己想要做的事情放于首位，而难以顾及集体中其他幼儿的想法与需要。因此，特殊幼儿会形成“他们（普通幼儿）不带我玩”的感受。

> 有时候他们不理我，他们玩他们的，不带我玩。(I－MA35－特殊幼儿)
>
> 他们不跟我玩，我就自己玩，去玩滑梯。(I－MB37－特殊幼儿)
>
> 他们玩的游戏我不会，他们不理我。(I－MA34－特殊幼儿)

另一方面是由于特殊幼儿的交往特点。本书的研究对象为3—6岁的特殊幼儿，他们普遍具有交往范围狭窄、社会交往欠缺、社会常识缺乏的特征，缺乏热情、积极、振奋和乐观等，情绪多偏向于消极型，焦虑和挫折感是他们的主要情绪问题。由于行动能力和经验的限制，多会变得被动、依赖和无助，不主动和别人交往。因此在本书的研究中，特殊幼儿普遍认为：

> 他们不跟我玩，我不想和他们玩，他们的游戏不好玩。(I－MA35－特殊幼儿)
>
> 我玩积木的时候，不喜欢和别人一起玩，我想自己玩。(I－MB37－特殊幼儿)
>
> 西西玩打枪游戏的时候，我也想玩，可是他们又不跟我玩，我也不跟他们玩了，他们还抢我的东西。(I－MA34－特殊幼儿)
>
> 不想和他们玩，我不知道和谁玩。(I－FA36－特殊幼儿)

2. “我不开心”

特殊幼儿在融合班级中，与普通幼儿朝夕相处。但是当笔者问到在幼儿园整体的情绪体验时，得到的回答更倾向于消极体验。

> 笔者：你喜欢这里吗？
> 特殊幼儿（低着头，一直盯着脚尖）：不知道。
> 笔者：那你喜欢这里的小朋友吗？
> 特殊幼儿：有的喜欢，有的一点都不喜欢。
> 笔者：喜欢和他们一起玩吗？
> 特殊幼儿：不喜欢玩，在一起。
> 笔者：你喜欢这里吗？
> 特殊幼儿：不喜欢。
> 笔者：为什么？
> 特殊幼儿：没人和我玩。（I－FA36－特殊幼儿）

综上可见，特殊幼儿对其所处的环境似乎并没有表现出积极的或者开心的情绪体验。产生这样消极的情绪体验的原因主要是他们在幼儿园中时常倍感孤独。孤独感主要来源于同伴交往状况的异常。

> 他们不理我，也不和我玩，我喜欢回家，我哥哥和我玩，我爸爸也和我玩。（I－MA34－特殊幼儿）
>
> 他们来抢我的东西，我不喜欢小朋友碰我。（I－MB37－特殊幼儿）
>
> 有一个小朋友特别喜欢打人，把好多小朋友都打哭了，我喜欢回家，在家好玩。（I－MA35－特殊幼儿）

同时也说明了，特殊幼儿在融合环境中的同伴交往的体验会影响他们接受融合教育时的整体体验。

3. “我要反抗，我要反抗！”

当普通幼儿“小老师”的角色开始发挥作用时，特殊幼儿“小学生”的角色地位与所拥有的权力均处于受限制的状态。对于认知能力较好的特殊幼儿来说，他们感受到了更多“被管制”中的不自由。

在笔者对交往行为进行观察时，某大班出现了访谈中的特殊幼儿辉辉“反抗”普通幼儿的一幕。该幼儿来自大班，具有一定的表达能力，属于发展性障碍的类别，但是医院并未诊断出属于哪一种类型。该幼儿特别喜欢笑，每当与他人对视时该幼儿总是露出可爱的笑容。但就是这样一个可爱的孩子，在班级内的交往也并非一帆风顺。

> 上一节课端端正正坐在小椅子上30分钟对辉辉来说太约束了，他现在正在开心地“撒着欢”。老师看到了仍在教室乱跑的辉辉，立刻让一个小女生去把辉辉拉回来。但是辉辉不愿意跟小女生回到队伍中，拉扯间，辉辉边挥着手，边大声喊，“我要反抗！我要反抗！不要碰我”，随即小女生被辉辉推到了一边。小女生没有完成老师让她带回辉辉的任务，继续去拉辉辉，辉辉仍然大声地叫着“不要不要不要”，并开始用手拍打小女生。这时保育老师过来制止这个马上就要演变为打人的行为，对小女生说，“不要拉他了，你回去吧”。剩下辉辉一人在教室中。(0 – 大幼儿)

辉辉平静下来之后，笔者与辉辉对于他刚才要反抗的事件进行了访谈。在访谈中，辉辉认为，他不喜欢刚才来拉他的小女生，因为这个小女生经常会“管”他并将他惹哭。

> 笔者：你为什么不去排队上厕所？
> 辉辉（边说边挥着手）：不想，不想，不去排队。
> 笔者：刚才来拉你的小女生是谁？
> 辉辉：美美。
> 笔者：你和她一起玩吗？
> 辉辉：不喜欢。
> 笔者：为什么不喜欢？
> 辉辉：管我，还打我，我不要（她）管我。
> 笔者：为什么不喜欢她管你？
> 辉辉：讨厌，讨厌。
> 笔者：你会跟她玩游戏吗？
> 辉辉：不玩，讨厌！她讨厌！都讨厌！

随后笔者对刚才的普通幼儿美美进行了访谈，问及对辉辉的看法。在对美美的访谈中，“讨厌”二字再次成为美美对辉辉的情感描述。

笔者：刚才你去拉辉辉，他没听你的话，你生气吗？

美美：他就是这样。一点都不听老师的话，每天就是乱跑，特别让我讨厌，什么都不会。

笔者：你很讨厌他吗？

美美：很多人都讨厌他。

笔者：你听见刚才他说“我要反抗”了吗？

美美：不知道。

笔者：你知道“反抗”是什么意思吗？

美美：就是不听我的话，不想来排队。

笔者：你会和他一起玩吗？

美美：(我) 才不和他玩，他那么讨厌，是个讨厌鬼。

笔者：你觉得为什么他会让别人讨厌？

美美：闹腾呗。

从与美美的对话中，笔者感受到了美美对辉辉所表达的“讨厌”的情绪，但也感受到了美美在谈及辉辉时总是处于一种“管教”的态度，并未体现出同伴之间的平等感。这并不是幼儿间交往的积极的相处方式。其中美美表达了大部分普通幼儿都不喜欢辉辉，说明大部分普通幼儿对辉辉的接纳度并不高，二者之间并没有平等的交往关系。

总之，在特殊幼儿与普通幼儿的交往中，让特殊幼儿获得普通幼儿的接纳并建立友谊，仍然需要引导普通幼儿更多地了解特殊幼儿，知道如何应对特殊幼儿的某些特殊行为，知道如何为特殊幼儿提供有效的同伴辅助行为等。

第三章

符号与角色分化下同伴拒绝的形成

学校必须呈现现在的生活——即对儿童来说是真实而生气勃勃的生活。像他在家庭里，在邻里间，在运动场上所经历的生活那样。①

——［美］约翰·杜威

第一节　幼儿同伴交往中的“小圈子”现象

融合幼儿园是中国融合教育迅速发展过程中产生的一个新兴事物。融合幼儿园里具有明显的普通和特殊的分类，比如普通老师、特殊教育老师、康复老师；普通幼儿、特殊幼儿；共性课程、特殊教育需要课程、融合课程等。融合幼儿园从人员结构到园内机构设置，再到家、园合作关系，最后到融合文化下课程体系建构和独特教学模式，都与传统的普通幼儿园具有较大差异。与普通幼儿园相比，融合幼儿园是在其发展与内部运作规律上，具有自身独特表达方式的一个特殊场域。

融合幼儿园就像一个分化了的“小社会”，在它所特有的内部场域以及外部环境的共同作用下，遵循着自己的运作逻辑。每个人在不同的角色与位置上遵循着自己的特有行动范式。不同的行动者之间，在不同的行动目的中，有意无意地也在为保持或改造场域的结构贡献自己的力量。作为融合幼儿园中两大主要行动者主体，普通幼儿与特殊幼儿两大幼儿群体的位置、角色与任务不同，也就造就了相对特殊的客观关系网络。

---

①［美］约翰·杜威：《学校与社会·明日之学校》，赵祥麟等译，人民教育出版社2006年版，第6页。

一　场域资本与“小圈子”的形成

（一）场域位置中不同的能力资本是“小圈子”形成的根本原因

在学前融合教育环境中，普通幼儿在身心发展的各个方面占据发展的较高水平，他们可以以较快的速度获取知识，并将其转化为现实生活中的实际能力。而特殊幼儿的身心发展水平具有明显的滞后性，在能力获取和知识转化过程中，难以与普通幼儿达到统一发展水平，这就导致普通幼儿与特殊幼儿之间难以形成持久性的互动和交往。不同的能力水平实际上就代表不同发展水平幼儿的能力资本的差异。同伴交往的形成需要一个重要的条件，即能力、兴趣等要素的趋同或相似，而能力资本的差异无形中势必让普通幼儿与特殊幼儿之间的交往难以遵循普遍的幼儿同伴交往规律。

由于能力资本存在差异，为了更好地达到幼儿之间的融合目的，以同伴支持的方式让普通幼儿为特殊幼儿提供帮助，成为教师们普遍采用的一个高效促进融合的方式。普通幼儿在融合场域中被教师人为地赋予了成人化的角色任务，即担任监督特殊幼儿的“小老师”。在融合幼儿园的幼儿日常交往中，普通幼儿以一种高高在上的姿态合“理”、合“法”管教特殊幼儿的场景频繁发生。这一特殊互动现象的形成，就在于普通幼儿与特殊幼儿不同的能力水平所导致的交往地位差异，即处于不同位置上的占领者会实施“斗争”以捍卫或提高自己的地位，斗争的力量或形式依赖于每个行动者在权力关系中所占据的位置。

在中国文化的语境与传统中，老师与学生间的伦理关系体现着中国传统社会的人伦精神。教师有着至高无上的权力和不容置疑的权威。当“小老师”的角色被赋予到普通幼儿身上时，社会文化中师道权威的文化烙印自然就在幼儿对成人的观察和模仿间得以强化。普通幼儿看到了成人教师与幼儿学生之间角色的差别、权力的不同、权威的差异。行动者的形式、力量和影响都是由行动者在社会结构中的位置决定的。行动者之间的行动方向、行为范式、行动目标不同，不同群体之间也就容易产生彼此“敌对”或“隔离”的关系。

场域位置通常又是与资本相依相存、相互制约的。普通幼儿的位置显著高于特殊幼儿，普通幼儿势必具有多方面的资本优势，如能力资本以及良好同伴关系的社会资本等。不同的普通幼儿势必就构成了不同优势资本行动者之间的关系网。普通幼儿与特殊幼儿交往的这种特有“圈子”现象就是场域中不同资本持有者之间竞争的结果，也是学前融合环境中幼儿之间独特交往状态的生动表现。

早上的入园时间，很多孩子都会提前来到幼儿园，这段时间也会成为孩子们自由活动的时间。今天早上，老师让进入教室的孩子一起搭建积木，老师把积木框子放在地上后，普通幼儿马上围坐成一个圈，开心地准备玩积木。就在这时，特殊幼儿酱酱入班了，他是一个典型的自闭症幼儿。他站在一个小姑娘旁边，想加入这个搭建游戏。但是小女孩指了指身后，并说了句，“你去那边”。于是酱酱独自坐到了离这个小团体大概 1 米远的地方。虽然他的面前也有一盒积木，但是他的眼睛总是望向那个正开心玩耍的小团体。期间，他并未得到任何的理睬和邀请。(O－中班－幼儿)

(二)“权力感”产生的“误识”默认了“圈子”的合法性

幼儿的位置与资本的掌控度具有被教师“合法化”的认可，普通幼儿随之所产生的“权力感”也就逐渐浮现。在融合幼儿园中，普通幼儿认为被老师赋予“小老师”的权力与地位是一件极度荣耀的事情。场域理论认为，权力不是空洞和抽象的，有了权力而不去运作，就无异于失去权力。普通幼儿自然不愿意失去“小老师”的监督与管教之权，但却不会习得或理解教师权威，只能“像模像样”地模仿着老师的样子，将“小老师”与“小学生”简单地理解成为一种管理与被管理的关系。在这样的形式下，特殊幼儿应该“听命”于普通幼儿，普通幼儿与特殊幼儿交往之间是彰显“小老师”权威的一种不平等的交往关系。这也让普通幼儿与特殊幼儿的交往充满层层阻隔，导致同伴冲突。

在各种不平等的符号作用下，“小老师”和“小学生”间逐渐“貌合神离”，渐行渐远。不同的“小老师”们由于能力和发展特点的相似性以及对交往和游戏的需求性相对一致，最终就出现了特殊幼儿难以融入普通幼儿“小圈子”的现象。普通幼儿与特殊幼儿之间不平等的关系，也就成了学前融合教育背景下幼儿们约定俗成的“规则”，是一种“上”管“下”的等级秩序。这样的秩序与规则是普通幼儿与特殊幼儿交往过程中，杂糅了各类符号的消极作用建构而成。当普通幼儿维持“小老师”权力的符号或行为方式被教师所强化或默认时，这样的秩序和规则就得到了这个环境的允许并传播开来，成为这个环境中普通幼儿和特殊幼儿们所遵守的一种理所当然的互动规则与默契。

特殊幼儿对于施加在他们身上的“管教”与“监督”，恰恰没有意识到那是一种不平等的权力关系，反而认可了这种等级秩序。也就是场域中权力之下，特殊幼儿所形成的“误识”。这种误识，让本该“波涛汹涌”的幼儿同伴交往看起来反而是平静且具有良好的规则的，误识所造就的“假象”导致普通幼儿与特殊幼儿交往陷入“异化的怪圈”。

> 下课了，教师整理好队伍准备带孩子们去厕所。就在短短几分钟之内，访谈中的一位特殊幼儿就受到了两次拒绝行为。一次是该幼儿跑出队伍，被教师带回之后，送到了队伍的一边，并未将其放在队伍中，并马上对队伍下指令“向前看齐”。这个孩子听到教师的指令后，想插队进入身边的队伍，结果被队伍中的普通幼儿一把推出。特殊幼儿不开心想抓住推他的同伴的脖子，结果反被普通幼儿推出去更远。
>
> 就在他不知道站在哪里的时候，他的“好朋友”搭档出现，第二次的“暴力管制”行为就出现了。这个特殊孩子看到他的搭档又要来管他，抽身想跑到别的地方去，结果搭档将其快速拉了回来。搭档是一个动作很麻利的女孩子，拽着他的衣服，拉着他的胳膊，板着脸将其放回到了队伍中。在队伍中，这个特殊孩子也还在继续捣乱，在他想要拿旁边区角的书时，被搭档拉着胳膊，用力地制止了。(O－大班－幼儿)

（三）场域、资本与权力下的“圈子”惯习

融合幼儿园中的融合性场域展示着不同的资本与权力所决定的处于不同位置的行动者（普通幼儿与特殊幼儿）之间的关系。在这个特定的场域中，占有相似或邻近位置的行动者，会被分配到相似的状况与限制条件下，他们也就有可能产生相似的惯习与利益，从而产生相似的实践或交往活动。行动者占有某一位置所形成的惯习，也暗含着行动者们对这一位置或交往关系的默认与适应。

普通幼儿与特殊幼儿在场域、资本与权力的综合运作下，趋向于与自己相似的群体靠拢，也就使融合幼儿园中幼儿交往的“圈子”特点变得

尤为显著。即便在他人或外来者看来，这个圈子是尤为明显的，但是对于融合幼儿园中的局内人，例如，所有的幼儿、家长、教师、园长等却可能完全是无意识的。因为，在融合场域中，“圈子”现象中的社会距离已经完全铭刻在行动者（幼儿、教师等）的身体与语言符号中。这种铭刻在行动者身体与语言的等级与分类，又有专门为此目的而设的“制度”（教师赋予小老师和小学生权力的合法化）所强加和认可。同时，日常交往中他们的交往“圈子”惯习，仍在被教师不断地强化与传播。这种“圈子”所形成的交往秩序也就被嵌入这个场域里所有局内人的认知与思维体系中。

综上所述，场域位置中不同的资本掌控度是“小圈子”形成的根本原因，让“圈子”成为幼儿们交往过程中的一种特殊现象。由于位置与资本的掌控度被教师认可，普通幼儿随之所产生的“权力感”也就默认了圈子的合法性，让“圈子”现象可以在毫无限制性的环境中大范围漫延。最终，场域、资本与权力综合作用下同伴交往的“圈子”惯习被内化至每一个人的行为体系中。场域、资本、权力与惯习，环环相扣，逐渐演变成为融合场域中普通幼儿与特殊幼儿交往中的“奇观”。

> 教师将全班幼儿分成了 5 个小组。每个小组大概有两名特殊幼儿。在课堂上，教师引导小朋友剪出花瓣的形状，用胶水贴上花的花茎和叶子，一颗漂亮的小红花就做成了。普通幼儿在完成这朵小红花后，开始开心地拿着这朵小红花与身边的小伙伴玩游戏。在第三桌的小组中，有 3 名普通幼儿，2 名特殊幼儿，其中一位特殊幼儿有妈妈辅助。在这一组中两个普通幼儿小男生把小红花想象成了空中飞行的飞机，两个小朋友开心地用自己的“飞机”在对方身上飞来飞去，两个小男生就这样嘻嘻闹闹着玩得不亦乐乎。而坐在旁边的没有人陪的特殊幼儿只是孤单地坐在座位上，东张西望，无聊极了。他索性用脚蹬着桌子，眼睛望向门外。另一位有妈妈陪读的特殊幼儿，一直在说着“妈妈玩，妈妈玩”，妈妈引导旁边的一个普通幼儿说“你们一起玩吧”。但这位小姑娘并没有理会。（O – 中班 – 幼儿）

二　普通幼儿的“小圈子”特点

由普通幼儿所建构的“小圈子”是固定式社交圈。在这类圈子中，幼儿会倾向于选择同性别、具有同一爱好、在教室内坐同桌，以及性格相似的幼儿共同组成游戏团体（图3-1）。

这个固定的小圈子构成了这个团体成员之间的友谊领地，具有明显的排他性和私密性。这个圈子是“圈内人”的独有“领地”，圈内的人是朋友，圈外的人是外人。圈外人无法拥有圈内人共同游戏以及共享游戏物品甚至交谈的权利。圈内成员已经形成了约定俗成且共享的交往规范和价值观，关系稳定，彼此之间相互信任和帮助，氛围轻松、愉快，积极的合作与交往的互通性较好，彼此之间交往频繁且交往形式多样。

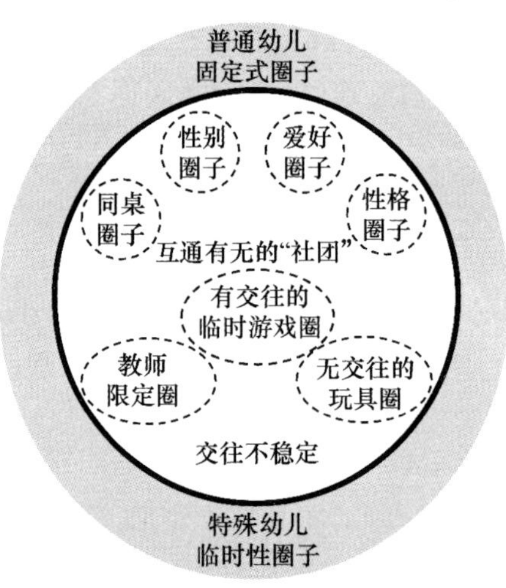

图3-1　融合幼儿园中幼儿的社交圈

这样的固定式圈子类似于成人组成的“社团”。在这个“社团”里面，每个孩子都像是“会员”，他人融入这个“社团”时难度较大。需要经过“严格”的“会员制”考察，即获得所有原有成员的同意，与原有成员“打成一片”，在游戏中能得到他人的认可，方可成为圈子的一员。通常获得他人认可的条件包括：能在游戏中和他人保持好的关系和交往，不会对原有的成员或游戏造成“麻烦”或“威胁”，能帮助他人，帮助圈子成员解决一个长期得不到解决的问题，可以为圈子“增光添彩”的人，如班级内特别受欢迎或表现好的人等。通常这个过程花费时间较长。

> 在幼儿的世界里，他们能不能在一起玩游戏，有没有过交集，牵没牵过手等，这些都是孩子们判定对方“是不是我的好朋友”，“我喜不喜欢他”的标准。这几个特殊孩子每天都沉浸在自己的世界里，普通孩子根本就没有机会和他们玩。就算我们强行把他放在普通幼儿群体里，不过一会儿就哭了或者自己又跑到一个没有人的地方去了。(I－FA12－教师)
>
> 她从来不跟别的小朋友玩，好像班级内发生的一切事情和一切人都与她无关一样。每天她来到教室就坐在自己的位置上，没见过她和别的小朋友在一起玩过，很孤僻。普通孩子已经习惯了，只知道“她不会跟我们玩”。(I－FB15－教师)
>
> 特殊幼儿很难加入普通幼儿的游戏中，有时候加入进去了，但是特殊幼儿的能力弱，普通幼儿玩着玩着就不带特殊幼儿了，特殊幼儿总是跟不上普通幼儿游戏的节奏。(I－FC17－教师)

为了直观地观测普通幼儿与特殊幼儿分别在各自班级中的社交位置，本书运用 Netdraw2.0 对某大班幼儿的朋友提名数据进行网络的可视化处理，其中生成的社交网络图可直观地呈现特殊幼儿在班级同伴关系社会网络中所处的位置、影响力大小以及网络角色类别（图 3－2）。其中，网络角色包括团体成员（至少包含 3 人，且团体内的成员都互相选择为朋友）、联络者（个体至少与两人互选为朋友，不属于任何团体）、双向者（个体只有一个互选朋友，不属于任何团体）和孤立者（无互选朋友）。[①] 在影响力方面，互选朋友越多，在班级社交网络中越处于核心位置，对社交网络的影响力就越大。影响力的大小可通过代表幼儿的形状大小予以体现。在该图中，正方形代表普通幼儿，圆形代表特殊幼儿。

该网络分析的结果更能够直观地观测普通幼儿圈子与特殊幼儿个体之

① 宁亚飞、刘春玲：《5—6 岁普通幼儿对特殊需要幼儿的接纳状况》，《中国特殊教育》2018 年第 4 期。

间的距离与排斥。研究结果显示，普通幼儿与特殊幼儿在社交网络中具有以下特点。

第一，在社交网络位置和角色类别上，特殊幼儿零星散落在班级网络的边缘位置，他们与同伴的交往是松散、彼此隔断且单向的联系，以“孤立者”角色为主。在大班 13 名特殊幼儿中，只有编号为 13、18 的特殊幼儿为双向者，2、4、5、6、10、11、12、19 均为孤立者角色。同时，3、7 和 27 为孤立节点，这种类别的特殊幼儿在朋友提名中并未得到他人的朋友提名，自己也并未提名他人为朋友。普通幼儿处于社交网络核心位置，他们间的交往更加密切，一人可拥有多名交往对象，对网络的影响力较大，在班级中人际关系资源的控制程度较高。普通幼儿与特殊幼儿之间具有社交网络二级化分布特点。

第二，在社交影响力上，代表普通幼儿的正方形的面积远远大于边缘位置代表特殊幼儿的圆形的面积。这说明普通幼儿对班级社交网络的影响力大于特殊幼儿。通常，图形面积越大的幼儿，交往类型越积极；图形面积越小，越处于消极交往类型。根据代表符号的面积大小来看，该班特殊幼儿对社交网络的影响力显然是极小的（图 3 - 2）。

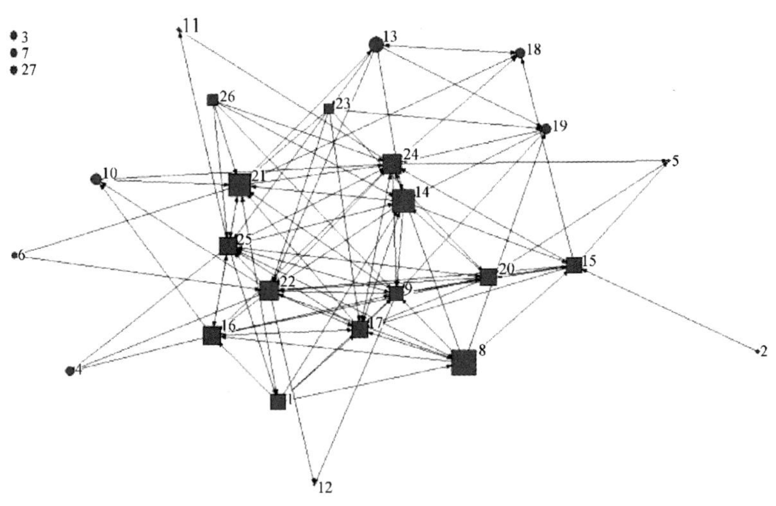

（注：● 特殊幼儿，■ 普通幼儿，→ 单项选择，↔ 双向选择）

图 3 - 2　某大班全班社交网络图

中班课外游戏时间到了，飞飞在这30分钟的游戏时间，一直坐在一辆玩具小汽车内。他坐在小汽车中不停地将车门打开，关上，打开，关上。该幼儿在小汽车中坐了近20分钟没有挪地方，只是在自言自语地发出一些无意义的音节，虽然不时会看其他小朋友的情况，但是仅限于看一下。他人的游戏和行为对其并未有任何的影响。该幼儿就像一个游戏群外的旁观者一样，“别人不要来打扰我，我也不会去找别人”，就这样独自一个人坐在自己的小世界中。

与此形成鲜明对比的是，旁边的普通幼儿总是三三两两地玩在一起，欢呼声、招呼同伴的声音此起彼伏。仿佛飞飞与其他游戏中的幼儿之间有一道无形的墙，他总是这样冷冷地旁观着他人的游戏，而自己并不想加入。期间没有一名普通幼儿与其打招呼或邀请游戏，飞飞就像在他们身边的透明人一样。（O－中班－幼儿）

三　特殊幼儿的“小圈子”特点

特殊幼儿只能参与到由个别幼儿组建的临时社交圈中。在这类社交圈中，一是包括由普通幼儿临时根据游戏内容组建，特殊幼儿偶尔可以参与的“游戏圈”，如三五幼儿在操场上组成的“三轮车队”“玩滑梯队”等。在这个社交圈中，幼儿可以是班级内认识的同学，也可以是别的班级中同样对这个游戏感兴趣的同学；既包括普通幼儿，也包括少数的特殊幼儿。在这个圈子中，幼儿之间为了维持和推动游戏的进行，彼此之间交流与互动的频率较高，但这个圈子通常是以普通幼儿为主的。

二是幼儿共同在大型玩具上构成的“玩具圈”。在这个圈子中，游戏挑战性低，因此，普通幼儿较少进入该玩具圈中进行游戏。由于特殊幼儿在户外活动中参与“玩具圈”时不需要跟他人进行互动，因此，特殊幼儿更倾向于选择这样没有任何交往压力的游戏区域。也就导致了围绕在“玩具圈”中的幼儿以特殊幼儿为主。通常特殊幼儿之间彼此不认识，彼此没有过多的交往与互动，各玩各的。

三是在教师的要求和指令下，普通幼儿不得不与特殊幼儿进行交往，需要带着某些特殊幼儿一起游戏，组成按照教师规定进行交往的“限定圈”。在这个圈子中，通常难以达到第一类社交圈中欢快、自由的交往状态。普通幼儿主要是为了完成教师的要求，在游戏中“看管”和“监督”

特殊幼儿。彼此间游戏的互动相对较少。

通常，以上的圈子发生在操场户外活动之时，上述由两大幼儿主体组成的圈子再加上被排除在外的特殊幼儿就构成了一个班级内的同伴交往位置图。其中，特殊幼儿明显处于交往的劣势地位。如3－3图所示，这是某大班课外自由活动期间，在没有教师任何的指令下幼儿自发组成的小圈子结构。照片中明显显示出有三个类别的小圈子存在。序号1和序号4属于固定圈子，幼儿根据爱好或者性别自发组成，其中没有特殊幼儿。序号2为教师的限定圈，是在教师的要求下，几个孩子组成的一个圈子，其中包括乱跑时被普通幼儿带回的特殊幼儿。序号3和序号5则是被排除在外的特殊幼儿。

图3－3　幼儿在班级内的交往圈子类别（研究者拍摄）

综上所述，由于场域、“资本”与“权力”综合作用下同伴交往的“圈子”惯习被内化至每一个人的行为体系中，特殊幼儿通常很难进入普通幼儿的“小圈子”。特殊幼儿的交往陷入一个恶性循环中，即场域中“资本”与“权力”的弱势，导致普通幼儿与特殊幼儿之间的交往隔阂越来越大。同时，特殊幼儿的社会交往能力普遍发展较弱，难以在交往中表达想法以及共享游戏的欢乐，难以与普通幼儿在交往中进行平等对话，也就无法在日常活动中学习和强化交往技能。由于缺少交往技能的学习和强化，普通幼儿与特殊幼儿之间的交往障碍程度越来越高，幼儿彼此之间交往的持续性也越来越短。当特殊幼儿不能在游戏中与普通幼儿保持“齐头并进”时，特殊幼儿通常就会“落单”。

特殊幼儿都缺乏社交技能，他可能很想玩，但是不知道怎么去表达。普通幼儿也是孩子，他并不理解特殊幼儿为什么会这样。如果玩不到一起去，就不跟特殊幼儿玩了。(I－FC18－教师)

特殊幼儿的能力普遍较弱，即便进入小圈子中，也会跟不上普通幼儿的游戏进度，时间久了就没有了存在感。(I－FB15－教师)

特殊幼儿就是集体教学中孤独的“沉默者”。例如，××每天最爱做的事情就是一言不发，眼神呆呆地望向窗外。即便身边的小朋友们玩得多么热火朝天，他丝毫不会受到影响。感觉他与其他小朋友之间有一道无形的墙，将他的世界与其他人隔开了。(I－FA12－教师)

总之，在消极的符号与不平等的角色的影响下，户外操场成了普通幼儿忽视和拒绝特殊幼儿频率最高的场所，并“书写”着学前融合教育场域中独特的同伴文化。

第二节　幼儿同伴交往“小圈子”中的默契

在学前融合场域中，普通幼儿与特殊幼儿交往中的“圈子”惯习来自这个场域中幼儿长期的交往实践活动。以“圈子”现象为特征的交往方式经过了一定时间的积累，交往经验就会内化到所有幼儿的意识中，并会指挥和调动幼儿个体或群体的交往行为，形成这个场域中幼儿交往的固定模式与行为策略。这种固定的交往模式已经被处于这个场域中所有的“局内人”所认可，即幼儿、家长、教师、园长等群体已经习惯了幼儿交往中形成的这种固定模式，无法发现这种交往模式的潜在问题。幼儿与教师之间形成了圈子交往的默契。

一　教师奖励下的“其乐融融”

学前教育阶段的幼儿仍处于皮亚杰认知发展阶段的前运算阶段。该阶段的幼儿在认知上具有直观性和具体性特点，儿童的行为极易受直觉活动的影响。教师认为，如果要鼓励接纳与交往行为，就必须在该行为出现后及时给予充分的奖励与强化。

不是所有的普通幼儿都会主动与特殊幼儿交往，需要老师对此行为进行及时引导，或者在该行为发生后及时强化普通幼儿的交往行为。这一阶段的普通幼儿总是喜欢得到老师的表扬或鼓励，及时的强化可以让普通幼儿明确哪些交往行为是老师希望他们去做的。但这也会造成强化依赖，使普通幼儿与特殊幼儿的交往只有在强化条件下才会发生。

> 为了让普通幼儿能和特殊幼儿在一起游戏，我们要求普通幼儿时刻带着特殊幼儿，也要给他们更多的强化和鼓励。这个年龄阶段的孩子的思维就是这个特点，“老师给我奖励，我就乖乖按照老师的要求去做”。有些孩子特别能抓住老师的这个心理，尤其在老师能看到的地方，他们就越能表现出接纳特殊幼儿。因为他们知道这样做，老师会表扬他们。(I－FB16－教师)

当教师给予普通幼儿及时的口头或者物质性的奖励时，普通幼儿就会对特殊幼儿表现出“尽职尽责”的行为方式。对特殊幼儿会特别包容，能够一直带领特殊幼儿活动。

> 不管是大中小班哪个年龄段的孩子，他们都不会一直主动或者积极地与特殊幼儿在一起游戏。普通幼儿也只是孩子，孩子的特点就是能跟谁玩到一起去就去找谁玩。但是在现实中，普通幼儿真的很难和特殊幼儿玩作一团或者玩得很开心。我们老师就要想办法，想一个简单且让普通幼儿很受用的方法去奖励他们。比如给和特殊幼儿合作很好的普通幼儿棒棒糖，加餐的时候给他多一个自己喜欢的水果或者饼干。(I－FA13－教师)

除了老师“明令”性的要求之外，幼儿还会通过“察言观色”判断教师希望他们做哪些事情。

> 有特殊幼儿刚入园时不知道拿杯子喝水，有的普通幼儿想表现自己，她先瞅了瞅我们班主任老师，然后又看看我，赶紧把这个特殊幼儿拉到身边说，“来来，我跟你一起去拿杯子”。他们找到杯子后，普通幼儿还会带着特殊幼儿去旁边喝水，期间普通幼儿会观察老师们的反应。(I－FC19－教师)

但是教师未对奖励和强化之下的交往行为进行深刻的反思。幼儿之间的同伴交往应该是主动的、无条件的，是彼此之间平等的游戏关系。但在这个场域中，交往行为反而成为一种有明显目的和奖励交换的“交往性交易”。

二　教师视野外的“各自为政”

在每日的自由活动时间，普通幼儿与特殊幼儿在操场上的交往会表现出与前述行为极为不同的现象。因为在户外的自由活动中，幼儿参与游戏的活动范围较为分散，教师难以对所有幼儿的交往行为进行指导，也不能对普通幼儿与特殊幼儿之间良好的交往行为进行及时强化。因此，当幼儿处于自由活动情境中时，普通幼儿通常不会选择与特殊幼儿一起游戏。户外自由活动时间是“小圈子”特征最为明显的时刻。

> 在集体活动中，所有孩子都在一起，如果老师不发指令，不作要求，普通孩子还是会跟普通孩子在一起，他不会主动去找特殊幼儿。从中班开始，孩子就学会扎堆玩游戏了，会找到自己的小圈子。小朋友心里会很明确自己要和谁一起玩。在户外游戏的时候，“小圈子”特征一目了然。(I－FA11－教师)

一般“小圈子”的形成具备两个特征：首先，性别相同，因为同性别的孩子，可以交流和讨论的话题更加多样与深入；其次，兴趣相似，能对某些游戏活动达到同样的认知水平。

> 喜欢玩积木的都聚集在“建构区”，男孩子会比较多一些；女孩喜欢在“娃娃家”“理发店”这些区域多一些，她们在一起就会玩得很开心，沟通话题也会比较多。但是特殊孩子一般就是自己在玩玩具。(I－FB14－教师)

综上所述，在融合场域中，普通幼儿与特殊幼儿的交往仍然是在教师要求与强化下的一种“知行背离”状态。在融合环境中，促进普通幼儿与特殊幼儿的融合是教师对所有普通幼儿的要求和期望，普通幼儿深知教师的要求是什么。因此，在教师的权威面前，他们会对特殊幼儿呈现一种积极接纳式的交往。但这种行为注入了太多其他不良元素，如“小老师”与“小学生”不平等的角色地位、强化依赖、教师错误引导等。普通幼儿为维护自己在该场域中应有的地位与权力，会表现出认知与行为分离的交往特点。因此，普通幼儿与特殊幼儿之间是一种有交往但不稳定的同伴关系。由于教师每天都在强调“小老师”和“小学生”的监督式关系，会让普通幼儿误认为这是一种积极的行为，所以当笔者问到普通幼儿对特殊幼儿的看法时，普通幼儿均认为自己每天都在帮助特殊幼儿。但这种帮助实际上是一种不平等关系下的“管教”与“监督”。长此以往就导致了幼儿在教师面前积极接纳，但在自由游戏离开教师的视野时，同伴拒绝现象仍比较普遍。

第三节 同伴拒绝的形成过程

在学前融合教育背景下，普通幼儿与特殊幼儿之间独特的同伴“圈子”文化并非是朝夕之间形成的。“小圈子”的特征是普通幼儿从小班到大班期间，随着对特殊幼儿的差异性认知、同伴交往的需求以及自身身心发展水平不断提升而逐渐形成的。在这个过程中，该融合场域中的资本、权力等要素不断循环和发酵。在“圈子”特征形成的过程中，对友谊“领地”的“占领”，如不同的交往“圈子”的成员特征、游戏规则的排他性与私密性等已将普通幼儿与特殊幼儿进行了明确划分，让普通幼儿与特殊幼儿的“距离”越来越远。随着普通幼儿认知、思维以及社会性能力的发展，由于特殊幼儿发展的局限性，普通幼儿越来越认识到特殊幼儿与自己之间的距离。因此，该特定场域中，幼儿交往权力与资本的分层，让普通幼儿与特殊幼儿之间的“圈子”文化最终形成同伴拒绝。

一 小班幼儿交往的“金字塔”

小班的幼儿刚从婴儿期步入幼儿期。一方面仍然带有婴儿的“痕迹”，另一方面由于身心发展迅速，开始具备了幼儿期的显著特征。例如，由于身体与动作发展迅速，小班幼儿尤其爱动。他们开始关注并喜欢模仿身边的同伴与成人，喜欢游戏并初步与同伴建立同伴关系。同时，小班的幼儿也是初入幼儿园的一个特殊群体，相比入园前接触到的有限的成人与同伴，当小班幼儿进入幼儿园后，他们会接触到数量更多的同伴，往往会激发他们交往与游戏的浓厚兴趣。在这期间小班幼儿交往的动机、游戏的需求以及对游戏伙伴的要求也在逐渐建立起来。

小班教师认为，在幼儿园日常的活动中，自由活动时间是小班普通幼儿与特殊幼儿交往问题呈现最明显的时期。在交往受成人与环境要求较少时，他们更倾向于“任性”地选择能和自己玩到一起去的同伴进行游戏，具有同伴交往的自我决定特征。交往的差异性在小班幼儿的群体中逐渐显现，呈现交往中“分”的特征，呈现出交往的不同层次。其中，幼儿的能力是形成交往层次的主要原因。

> 在户外和晨间活动这样的自由活动时间，就明显能看出特殊幼儿与普通幼儿的差距。自闭症和智力障碍的幼儿总被排除在交往之外，明显看到小朋友的社交就跟一个“阶梯”一样。最好的是互动能力比较好的，普通幼儿跟普通幼儿。其次是普通幼儿跟能力稍微弱的普通幼儿。然后是被动的、发育迟缓的、落后的特殊幼儿与普通幼儿。最后是基本上不跟人有互动的，而且还去抢人家东西的特殊幼儿，人家肯定不乐意跟这样的特殊幼儿玩。(I－FA12－教师)

该教师为小班的班主任教师，她认为这种差异是困扰教师的一大“难题”。对于如何解决小班就出现的交往分层问题，教师表示，目前还没有找到有效的解决方法。

> 我理想中的交往状况肯定是特殊幼儿被广泛接纳，大家玩在一起其乐融融，不让一个特殊幼儿落队，都能融入进去。但怎样做到，我们也束手无策。(I－FA11－教师)

笔者为进一步验证和探讨教师所观察到的“交往金字塔”现象，在一周时间内对普通幼儿与特殊幼儿在操场自由活动中的同伴交往现象进行了系统的观察与记录。通过对观察结果的编码与分析，发现操场上幼儿的交往活动可分为孤立的活动、家长辅助的孤立活动、旁观、无互动的平行游戏、有互动的平行游戏、自由交往活动、团体交往活动7类活动（图3－4、表3－1）。其中前三种没有同伴互动的活动以特殊幼儿为主。①

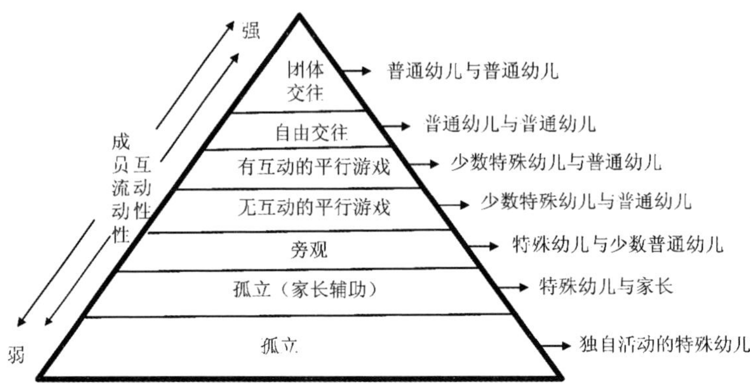

图3－4 小班幼儿交往中的“金字塔”

在不同的交往层次中，各个层次中幼儿的组成成员并不是固定的。可能某幼儿今天处于交往较好的交往活动类型中，但是第二天由于幼儿情绪、身体、同伴的影响等，会处于消极的交往活动类型中。虽然不同组中幼儿每天会有流动，但是在幼儿的自由活动时间里这几类活动类型却是普遍存在。

表3－1 **自由活动时幼儿的活动参与与交往状况**

参与状态	参与者	行为表现
孤立	特殊幼儿	孩子独自玩要，一定距离内没有同伴，没有和其他孩子相互凝视
孤立（家长辅助）	特殊幼儿与家长	家长只辅助自己的孩子玩滑梯、玩脚踏车等，语言交流内容主要以玩游戏的要求或提醒安全为主，多数幼儿并不对此做出任何回应

① 王琳琳、邓猛：《学前融合教育背景下特殊幼儿同伴交往的混合研究》，《现代特殊教育》2021年第1期。

续表

参与状态	参与者	行为表现
旁观	特殊幼儿、少数普通幼儿	幼儿在旁边观看其他同伴正在进行的活动：一般普通幼儿会表现出参与意愿，一部分可以顺利加入活动，一部分被拒绝；特殊幼儿仅限于旁观
无互动的平行游戏	特殊幼儿与特殊幼儿或者少数特殊幼儿与普通幼儿	特殊儿童和同伴从事类似的活动，但没有社交行为；普通幼儿之间也会存在无社交的情况，但频率较少
有互动的平行游戏	少数特殊幼儿与普通幼儿	特殊幼儿和普通同伴从事相同的活动，虽然没有语言和肢体互动，但是双方表现出对彼此交往的意愿，比如停下来观看同伴的动作，有眼神的接触，有表情的变化等
自由交往	普通幼儿与普通幼儿或者少数特殊幼儿与普通幼儿	幼儿和同伴有互动行为，例如提供物品、交谈、玩具接受等；特殊幼儿与普通幼儿的自由交往活动频率极低，并且持续时间短，不稳定
有团体规则的交往	普通幼儿与普通幼儿	彼此熟悉的普通幼儿一起进行的“小团体”游戏，他人难以融入，可以是篮球、脚踏车、假装游戏、追赶游戏等，所有的孩子都是按照一套规则来玩，游戏对幼儿有较高的社交要求，互动频繁

二　中班幼儿交往的“逐渐分化”

中班是幼儿认识到自己与特殊幼儿差异的一个重要时期。在这个时期，幼儿逐渐对幼儿园的生活、学习与同伴等有了较强的适应力。普通幼儿与特殊幼儿之间的交往特征，也在不断发生着变化。

第一，同伴交往成员之间再次合并与分化。普通幼儿经历了一年的融合教育后，伴随着认知能力提升、同伴游戏交往的需求以及教师对交往的要求，幼儿的交往开始从小班的分层式的交往模式中分离出来。幼儿开始寻求更多的交往伙伴，该时期的同伴交往特点开始从小班的多层次交往中，走向部分合并。

第二，能力、兴趣、特征等是影响幼儿交往的因素。相比小班交往的能力划分，中班幼儿有了更加复杂和多元的交往判定标准。但这个时期的交往只有类别的不同而无层次的高低，即幼儿基本都可以参与游戏互动，但又会根据某些标准划分为男生组、女生组，或者安静游戏组、喧闹游戏组等。这样的交往划分显示了幼儿之间的交往特点更具多样化。普通幼儿与特殊幼儿交往的层次性特征逐渐模糊，教师将其称为“交往分化”。

> 特殊幼儿很多都有攻击性行为，或者情绪不稳定，这样的话普通小朋友就不愿意接纳。因为自己受伤了，普通幼儿肯定会想，“我就不跟你玩了，我就去找不打我的，没有攻击性的小朋友一起玩呗”。(I－FB14－教师)
>
> 幼儿之间的两极分化是很严重的，你会看到能力好的和能力好的小朋友在一起，能力不好的特殊幼儿就只能自己玩，就会“落单”。或者性格很温和的小朋友和性格温和的在一起，有攻击行为的或者脾气不好的小朋友就会被孤立。还有一种就是没有家长陪读的小朋友在一起可以玩，有家长陪读的只跟家长玩。再有就是男生和女生的分化，小男生跟小男生玩，小女生跟小女生玩。喜欢玩机器人的小朋友聚在一起，喜欢玩过家家的在一起玩等。(I－FB16－教师)
>
> 班级中的交往分化现象，对普通幼儿与特殊幼儿未来的交往极为不利。现在的孩子都很聪明，他会很明确“我要和谁玩”，“谁能和我玩到一起去”。小班的幼儿还不能确定一个固定玩伴，和谁玩都行。但中班的普通幼儿就会慢慢聚焦自己喜欢的同伴类型了。(I－FB15－教师)

除此之外，教师认为中班是决定特殊幼儿未来是否会受到同伴拒绝的一个关键时期。该时期内，幼儿之间交往具有流动性，应该成为对同伴交往实施干预的关键时期。

> 中班应该是实施交往干预的关键期。这个时候虽然幼儿会逐渐分化，但是中班的孩子对特殊幼儿的认识还未完全形成，特殊幼儿与普通幼儿之间交往在教师的引导下会发生交叉。(I－FB14－教师)

三 大班幼儿交往的“相互漠视”

大班的幼儿在认知、思维和社会性等方面有了质的飞跃。他们自我意识迅速发展，能明确地认识到自己在班级网络中的地位与位置。在与其他同伴的互动中，自我认知与认知他人的能力逐渐增强，能够根据活动任务正确而主动地评价自己或他人的行为对环境产生的影响。随着大班幼儿社会性的提升，大班幼儿在同伴交往中的交往方式、范围、互动技能、协调同伴关系以及解决问题的能力等也随之提升。他们一方面开始关注自己身边其他同伴的活动和特点，另一方面在游戏的难度、挑战程度等均提升的情况下，大班的普通幼儿会再一次重组自己的同伴结构，让重组的同伴更加符合自己游戏交往的需求。特殊幼儿达不到普通幼儿游戏的标准，于是从中班“两极”相对合并的状态走向再次“分离”。在特殊幼儿被分离出去的过程中，普通幼儿也就逐渐形成了结构相对稳定的小团体。

如果说小班时期的交往分层现象具有临时性和不稳定性，那么大班时期，在普通幼儿对特殊幼儿的各个方面有了全面的认知和自我理解后，再次出现的分层和“小圈子”就是真正意义上的具有排他性且稳定的一个“组织”。组织成员之间彼此认可，分享相同的价值观。大班幼儿所形成的“小圈子”就会具备前述同伴“圈子”文化中的有形“朋友圈”的所有特征。

> 普通幼儿跟普通幼儿玩，特殊幼儿没人主动跟他玩。老师一说你们可以自己去玩了，普通幼儿们会很迅速地散开去找自己的小伙伴，开心地呼朋招伴说玩什么什么。特殊幼儿就只会站在原地，不知道干什么好，或者就那样站着四处张望，不知所措。普通幼儿有他们自己玩的一个体系或者套路，普通孩子的体系特殊幼儿进不来。可能昨天人家普通幼儿玩的游戏，今天会接着玩这个游戏，特殊孩子什么都不知道。特殊孩子总是落单的。(I－FA13－教师)

虽然大班幼儿的交往中具有“圈子”特征，但大班幼儿却察觉不到“圈子”，更无法看到特殊幼儿被隔离在交往圈之外的处境。普通幼儿对自己是否愿意接纳特殊幼儿是一种矛盾的状态。

> 幼儿A：他身上还很臭，就像咸咸的味道一样。他可能一年都没洗澡了。他爷爷不给他洗澡。他爷爷说一给他洗澡，他就“啊啊啊”的大声吆喝。
>
> 笔者：那你还想跟他一起玩吗？
>
> 幼儿A与幼儿B（异口同声）：愿意啊。

笔者：他身上有味道，你为什么还要跟他玩呢？

幼儿 A：他穿衣服我就闻不到了，还有如果我的鼻子里有鼻涕就闻不着了。

幼儿 B：不是闻不到，是我们要坚持住，因为我们都是好朋友，不可以这样嫌弃别人。

笔者：如果在外面玩的时候，老师说你们可以随便找任何一个小朋友玩，你会选择班级的特殊小朋友吗？

幼儿 B（非常肯定地回答）：会。

幼儿 A：有的时候会，有的时候不会。

笔者：什么情况下不会呢？

幼儿 A（思索后没有回答）：……

笔者：这些打人的小朋友，你们觉得他们会变得不打人吗？

幼儿 B：我只希望他们慢慢学会好习惯，不要再学他们以前的那种习惯。

这是由于在这个学前融合的环境中，“融合”作为环境中每个人都遵守的一个“规约”，普通幼儿已经清晰地认识到教师希望他们在同伴交往中达到彼此接纳、良性交往的标准。每个幼儿都不愿意“承认”或表达自己不喜欢特殊幼儿，并且不能达到教师的要求。随着幼儿心理的发展，普通幼儿也能够通过“察言观色”对自己和他人的心理状态（如教师的期望、同伴的愿望、他人的情绪等）等做出交往因果性的预测和解释。

四　同伴拒绝的形成过程及影响后果

综上所述，普通幼儿对特殊幼儿的拒绝并非临时起意，而是在交往事件中不愉快体验累积而形成的。通过一次次的肯定、确认、再确认，逐渐认识到了特殊幼儿与自己的差异性，感受到了与特殊幼儿交往中的挫折与负担，使普通幼儿与特殊幼儿形成了逐步的分化。最后随着大班普通幼儿认知与社会性的发展，他们的交往会变得更加复杂，涉及的问题更加多元，同伴间交谈的话题与游戏方式更加多样，对交往的互惠性和友谊质量的要求更高。最终大班幼儿的社会性发展让他们在选择交往对象时会聚焦到相对固定的、具有相似特征的、可以轻松建立友谊关系的幼儿身上，并与他们最终形成固定的小群体。

总之，固定小群体的形成经历了“不稳定的分层—初步的分化—形成固定的同伴圈子”的过程（图 3－5）。同伴拒绝的影响后果如下。

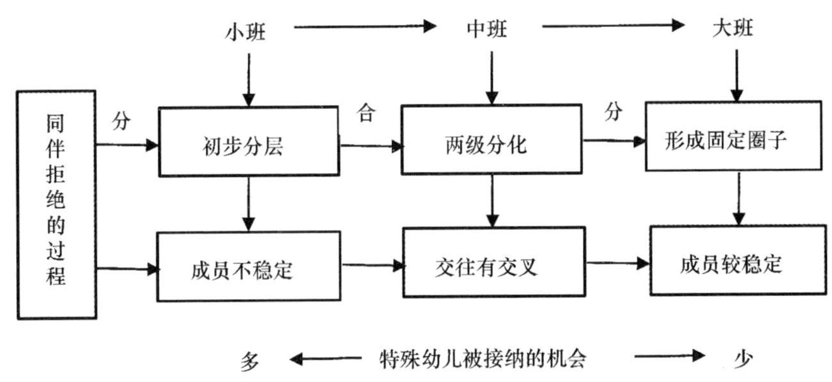

图 3－5　特殊幼儿被拒绝的过程

（一）同伴拒绝与“循环恶化”的交往行为

普通幼儿、特殊幼儿、幼儿教师与陪读家长就普通幼儿与特殊幼儿同伴交往问题均有自己的困惑和无奈。由于特殊幼儿的身心发展方面的局限性，普通幼儿与特殊幼儿之间的交往问题重重，例如特殊幼儿不能回应普通幼儿，特殊幼儿存在错误的交往方式，同伴冲突发生频率高，普通幼儿与特殊幼儿之间具有不平等、不稳定（小老师与小学生）的交往关系等。

幼儿教师认为幼儿间的同伴交往具有“小圈子”的特征，但也误将普通幼儿对特殊幼儿的“监督”或“管教”视为同伴交往。陪读家长更是抱怨自己的孩子没有朋友，没有普通幼儿愿意与特殊幼儿一起玩。

以上所有的问题会以“循环恶化”的状态长期存在于幼儿交往中。特殊幼儿身心发展的各方面问题，导致普、特幼儿双方都认为对方不愿意与自己交往，彼此之间的交往频率越低，彼此越是不交往，特殊幼儿就越学不会如何正确回应普通幼儿，如何使用适合的交往方式与普通幼儿互动，彼此间的矛盾和冲突越来越深，“小圈子”特征就会越来越明显，彼此距离越来越远。由于教师不能正确看待同伴交往问题，又会不断要求普通幼儿去“管教”和“监督”特殊幼儿，普通幼儿与特殊幼儿之间的关系只会越来越紧张。关系越发紧张，会再次让普通幼儿更加不愿意主动接触特殊幼儿（图 3－6）。

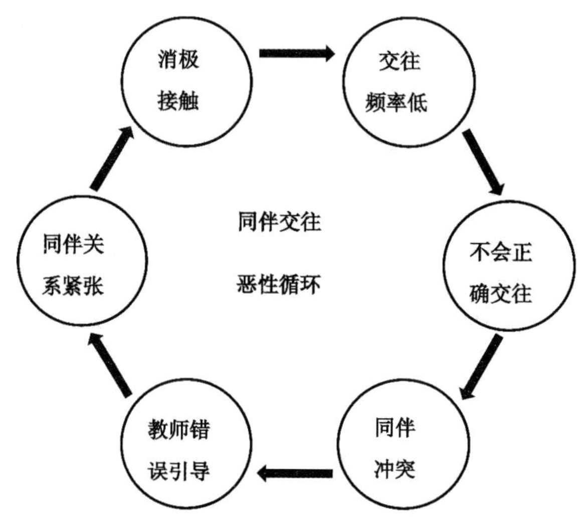

图 3－6　同伴交往的“循环恶化”图

（二）同伴拒绝与“剑拔弩张”的交往氛围

同伴交往的“循环恶化”使普通幼儿与特殊幼儿长期处于一种紧张的、“剑拔弩张”的氛围之中。一方面体现在普通幼儿以一种“高高在上”的消极符号姿态和“小老师”的角色“管教”和“监督”特殊幼儿，这是一种不稳定的、具有“上下级”管束性质的同伴交往关系。在幼儿的日常交往中，这种消极的符号与角色地位影响下的不平等互动，会让特殊幼儿在受“管教”和“监督”的过程中害怕与普通幼儿交往，让彼此的距离越来越远，也会引发高频率的同伴冲突。

另一方面体现在普通幼儿与特殊幼儿的交往差异中。特殊幼儿在身体发育、认知、思维、情绪情感以及社会适应性等方面与普通幼儿具有一定差异性。多数特殊幼儿在社会交往和沟通方面呈现出明显的滞后性，普通幼儿在交往中得不到特殊幼儿的回应，会误认为是特殊幼儿不想跟他们玩，从而更加主动远离特殊幼儿。这就逐渐形成了交往“小圈子”现象，让普通幼儿越来越不愿意与特殊幼儿交往。而当特殊幼儿对普通幼儿表达交往意愿时，由于不会正确表达交往的愿望，在原本普通幼儿就不愿意与特殊幼儿交往的情况下，特殊幼儿所采用的错误的“求关注”方式反而让交往更加糟糕。两个原因混合交织在一起，普通幼儿与特殊幼儿之间的关系和氛围也就越来越紧张。

综上所述，在当下的研究场域中我们发现，特殊幼儿与普通幼儿间的关系存在三层障碍（图3－7）。第一层障碍是幼儿间紧张的接触氛围层。这是在幼儿之间不稳定、不平等的“小老师”与“小学生”之间的同伴关系，交往“小圈子”，同伴矛盾等综合作用之下形成的障碍层。第二层障碍为幼儿同伴交往的恶性循环层，主要聚焦于普通幼儿与特殊幼儿在交往中出现的具体问题，各个问题之间又形成了一个恶性循环网，导致幼儿之间的交往问题长期存在于幼儿的日常活动中，严重影响着特殊幼儿的交往质量。第三层为同伴拒绝层。在幼儿同伴交往的恶性循环过程中，特殊幼儿逐渐受到普通同伴的忽视，不被普通幼儿所喜欢，直至走向同伴拒绝。消除普通幼儿与特殊幼儿之间的三层障碍成为学前融合教育中引导正确幼儿交往方式，实施交往干预的重要参考点。

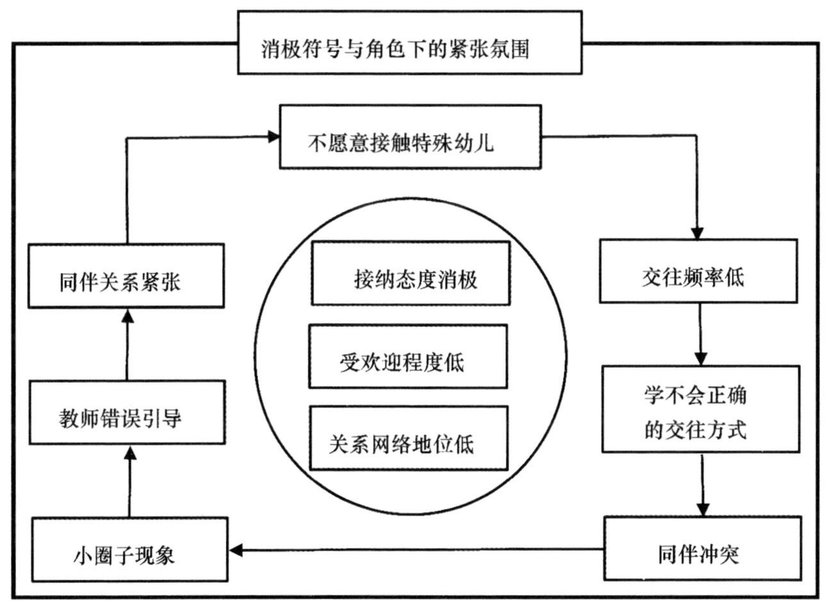

图3－7　普通幼儿与特殊幼儿同伴交往关系中的障碍

第四节　同伴拒绝的影响因素

一　幼儿园工作规划对同伴交往的忽视

教师表示，每天的工作已经够多了，没有额外精力去关注普通幼儿与特殊幼儿的交往问题。“我们都看在眼里，交往确实是普遍存在在孩子们之间的问题。”教师发现问题却不寻求解决之道，具有多方面的原因。

第一，“幼儿园任务多，先紧着要紧的干”。融合幼儿园不仅要落实国家对普通学前教育的要求，同时还要完成特殊幼儿的教育与康复任务。这使得幼儿园内的日常工作烦琐且多样。教师要完成每日的幼儿活动教学安排，照顾幼儿的日常饮食作息，要根据教学主题及时创设活动区角环境，要按时对特殊幼儿进行小组与个别化教学课程，还要及时处理家长或者幼儿出现的日常突发状况等。因此，在一日工作安排中，教师基本处于一种“马不停蹄”的忙碌状态。

> 天天下班前要交这个表、那个总结的，太多的事情了。我们每天上课的节奏又很紧张，每个老师每天都像被追着一样，哪个也没有一刻得闲。不仅有很多文字性的总结和计划要写，每个星期每个月教室里的环境创设、区角设置这些东西都是要花时间去做的。有时候真的精力有限。累的时候，多说一个字都觉得辛苦。（I – FB14 – 教师）

第二，“园领导没有强调过这个问题”。园长是保证幼儿园工作正常运转的指挥者。由此，园长需要对幼儿园内的融合文化、课程与教学设计、日常行政工作的管理、幼儿园的教师培训、家长的家园合作、与上级教育部门的沟通等任务进行全面考虑。同伴交往作为教室内的一个极为微观的问题，在教师没有作为重要问题进行反映时，园长很难对该微观问题进行重视。园长对该问题不重视，教师也就难以在繁杂的日常工作中关注此问题。

> 很少关注交往问题。因为每次我们研讨的内容都是课程、教学、课题这些大的问题。其实这个交往问题是一个很微观的内容，应该有一个系统去解决，或者应该融到课程或活动中。看看现在我们班的特

殊孩子，他们不闹事，没有情绪问题，愿意进来教室已经很不错。真正解决这个问题，觉得挺难的，上面没有要求，就先这样做着了，看见的时候肯定会引导的。（I－FA13－教师）

第三，“幼儿园的融合教育仍处于关注教学阶段，还没有到关注交往的阶段”。虽然两所幼儿园开展融合教育多年，但困扰该幼儿园的问题仍然围绕在课程与教学方面，即幼儿的课程与教学的安排与调整。教师认为当下仍然处于融合教育的初级阶段。该阶段的主要任务就是解决如何上好课的问题。只有上好课，融合教育发展才有前景，家长才会认同并愿意送幼儿入园。

每个老师都希望看到普通幼儿与特殊幼儿建立好的友谊关系。但是我们感觉在现在这个时期，我们还有很多问题没解决，例如，怎么建立课程体系，怎么去上好融合课等。我们每天都在研讨课程和教学。我们关注的还是融合环境中大框架的问题，这也是我们这个阶段要解决的问题。（I－FC18－教师）

总之，从上述资料来看，教师在面对同伴交往问题时仍处于“有心无力”的状态。同时，我们也可以看到，同伴交往作为学前融合教育中关乎融合教育质量的关键性问题，并未引起幼儿园中教师们的重视。该问题仍处于一个未解决以及难以解决的状态中。

二　普通幼儿对残疾的错误认知

在普通幼儿与特殊幼儿的同伴交往过程中，普通幼儿对残疾概念的理解程度，会对同伴接纳具有直接的影响。在对两所幼儿园的个案研究中，“残疾”或者“特殊幼儿”这些字眼似乎是并不能在公开场合使用的词语。因此才有了普通幼儿与特殊幼儿之间上管下的“小老师”与“小学生”的不平等角色关系。由于普通幼儿被赋予了“小老师”的角色光环，这样的角色定位在日常生活中一旦被教师合法化，普通幼儿就会将“教师”这一角色的特征带入与特殊幼儿的交往中。普通幼儿在“小老师”的角色影响下，也更多地看到“小学生”身上能力的“不足”。这直接影响了普通幼儿与特殊幼儿的交往。

他不会叠被子，每次老师都说他。（I－FA26－普通幼儿）

他不会自己盖被子，总是踹被子，踹下去了，然后老师再把他被子又盖上。（I－FA24－普通幼儿）

他不会回答老师的问题。（I－FC32－普通幼儿）

有的游戏他不能玩，因为他不会。（I－FB29－普通幼儿）

"小老师"的角色影响了普通幼儿对特殊幼儿能力以及对残疾概念的判断。除此之外，教师使用"好朋友"与"小学生"替换掉残疾的概念，还极大阻碍了普通幼儿对残疾概念的真正理解。例如，笔者问一名普通幼儿："你知道什么是残疾人吗？"幼儿回答："不知道，就是别的国家来的人吗？"同时，也会扭曲幼儿对"好朋友"的正确认识。

笔者：你喜欢跟班里的哪个小朋友玩？

普通幼儿：郭××（特殊幼儿）。

笔者：为什么你喜欢跟他玩？

普通幼儿：因为我们是好朋友。

笔者：你最喜欢跟他玩什么？可以给老师讲讲吗？

普通幼儿：公主游戏还有过家家。

笔者：怎么玩公主游戏？

普通幼儿：就是一个人当公主，一个人当王后和国王。

笔者：他是你的好朋友，你觉得好朋友是什么意思？

普通幼儿：就是和我们一起玩，我们要教的小孩。

除此之外，在访谈中，与其说是笔者与幼儿的访谈，不如说是普通幼儿对笔者表达对特殊幼儿的不满。

普通幼儿：我喜欢玩"小熊钻山洞"游戏。

笔者：和谁玩？

普通幼儿：和班里的同学们。

笔者：你不想和谁玩？

普通幼儿：嗯……（小声）不想和伤害我们的人玩。

笔者：谁会伤害你们？

普通幼儿：就是……

笔者：有小朋友会打人，或推人？

普通幼儿：是的，会推我们的一些小朋友，

笔者：不喜欢和这样的小朋友玩是吗？

普通幼儿：不喜欢和×××（班里的特殊幼儿）玩，因为他老是踢人。

笔者：他踢过你吗？

普通幼儿：踢过，特别疼，我哇哇地哭。（I－XFZJ－普幼－181017）

三 特殊幼儿交往技巧的缺乏

普通幼儿在幼儿园接受学前教育期间，社会交往是幼儿个体在幼儿园的主要活动之一。该时期幼儿的语言与日常关键性的概念正以惊人的速度发展，儿童的表达也日益丰富，开始能运用语言或较为抽象的符号来代表他们经历过和感兴趣的事物，并通过自己的方式与周围环境中的人、事、物建立连接。然而，特殊幼儿在身体发育、认知、思维、情绪情感以及社会适应性等方面与普通幼儿具有一定差异性。尤其是多数特殊幼儿在社会交往和沟通方面呈现出明显的滞后性。在同伴交往中，即便普通幼儿邀请特殊幼儿进入了游戏中，特殊幼儿也难以采用正确的交往方式维持与普通幼儿的互动。

我们叫他，他不答应，他不理我们。(I－MA23－普通幼儿)

他不会跟我们说话，他只会跟他妈妈玩。(I－FA25－普通幼儿)

他玩他的，我们玩我们的，他不会来找我们玩。（I－FB29－普通幼儿)

他喜欢坐在他自己的座位上，不理别人。(I－MB30－普通幼儿)

她一来到幼儿园就坐着，老师叫她，她都听不见。（I－FC32－普通幼儿)

他不跟我们玩，他喜欢自己玩自己的。(I－FA24－普通幼儿)

普通幼儿的访谈，较多地反映了特殊幼儿在交往中出现的各类行为问题。也正是这样的交往问题让特殊幼儿离普通幼儿越来越远。在观察中，不乏独自坐在一边，不与任何同伴进行交往的特殊幼儿。

> 他们通常就像一个完全绝缘于群体的人，总是用“冷眼”观察着周围的这一切，但又不选择加入，仅限于“远远地看着”。幼儿园多数的时候都充斥着孩子的欢声笑语，欢乐、沸腾、热火朝天等词语是幼儿间欢乐游戏的最好写照。特殊幼儿虽然身处这一片欢腾的世界，但是好像有一道无形的墙，把热火朝天的普通幼儿与特殊幼儿隔离开了。尤其在自由活动时间时，仿佛在这间教室里一半是热情洋溢的火红色，一半是冰冷如霜的冰灰色。(O－混合班级－幼儿)

特殊幼儿无法回应普通幼儿的交往意愿，且不具备基本的同伴交往技能，让普通幼儿在以后的交往中对其“望而却步”。久而久之，特殊幼儿越来越容易被普通幼儿忽视。

> 这是一节小班的区角游戏。小医院里分别有2位“医生”，1位“护士”和1位带“宝宝”前来就诊的“爸爸”。“医生”和“护士”们对“宝宝”进行了一系列的“听诊”“打针”“开药”等环节。“小医院”中的所有孩子都忙得不亦乐乎，以至于谁也没有注意到在“小医院”外面一直有一名特殊幼儿想要加入这个游戏，他不停地拿着“小医院”门口的“药瓶”晃出很大的声音。终于“小医生”和“小护士”看到了这个孩子。令人意外的是，所有人看了他一眼后，就不约而同地转过了头，继续自己的游戏。随后这个特殊幼儿来到了“小医院”另一边的“牙科”，“医生”正在帮“病人”检查牙齿。即便这个特殊幼儿处于交往空间之内，但却没有幼儿理会他，都是在继续自己的游戏。这个特殊幼儿被严重地忽视了。(O－小班－幼儿)

这个游戏结束后，笔者与区角中游戏的幼儿的对话，更使得笔者为特殊幼儿当前的处境而担心。

> 笔者：刚才有个小朋友他也想进去跟你们玩，你们看到了吗？
> 幼儿1：他叫嘉嘉。

幼儿2：看到了。

笔者：为什么你们没有让他进去呢？

幼儿1：进来了他也不会玩，就会捣乱。

幼儿2：我们玩的时候，他每次都这样，他自己转一会儿就会走的。

笔者：你们不想和他玩吗？

幼儿1：不想。

笔者：刚才看到了他为什么你们不理他呢？

（幼儿沉思很久。）

幼儿1：我们就是这样的，他跟我们玩不到一起去。

幼儿2：他是来捣乱的，我们不理他。我们希望他不要来给我们捣乱。

笔者：你知道他想来跟你们一起玩吗？

（幼儿不说话，两人相互对视笑了一下。）

幼儿1：他可能想来玩，但是他跟我们没有玩过。

幼儿2：他是想来玩，但他闯祸太多了。

由此可见，普通幼儿对特殊幼儿的日常行为表现较为清楚，在长期玩不到一起去的现状下，特殊幼儿似乎成了群体中的透明人。即便当特殊幼儿表达交往的意愿时，普通幼儿也早已在行动上拒绝了他们。

之所以会出现上述的情况，归根结底还是在于特殊幼儿不知道如何与他人交往。特殊幼儿虽然对于社会互动与交往的兴趣不高，但是并不意味着特殊幼儿没有交往的需要。普通幼儿对特殊幼儿长期的忽视，使得特殊幼儿的交往需要得不到满足。特殊幼儿甚至会为吸引他人注意成为“张牙舞爪”的“危险分子”，不知道如何友好地向对方表达交往和成为朋友的意愿，通常总是“弄巧成拙”。这些错误的交往方式包括：

情景1——游戏中的“求关注”方式：打断别人的游戏。今天户外游戏的玩具中新增加了滚筒，两个小女孩叶子和多多马上就将这个新玩具“占为己有”。多多躺在滚筒里，叶子轻轻地翻转着滚筒，不一会这个狭小的活动区域就传出了两人开心的笑声。但是她们两人没有看到远处特殊幼儿火火已经想要加入这个游戏很久了。火火站在远处一直在随着她们两人的笑声而笑着，对这个滚筒表现出很大的兴趣。这时候特殊幼儿火火来到正在转的滚筒前，一把就把滚筒按住了，大声说，“收玩具了，收玩具了”。叶子见状，头也没抬，用手把火火按在滚筒上的手拨开，并不耐烦地说：“你走开！走开！”火火似乎有些生气了，昂着头围绕两个女孩走了一圈，恋恋不舍地走开了。(O－大班－幼儿)

情景2——无聊时的“求关注”方式：不适当的攻击性与捣乱行为。一堂集体融合课结束了，教师组织所有的幼儿排队去厕所小便。特殊幼儿灰灰总是不愿意站到队伍中，这个时刻他似乎非常兴奋，从队伍的最前面跑到最后面。随后被老师一把抓住送回到队伍中。老师一走，他又从队伍中跳出来，身边没有一个小朋友理他。他看了一眼身边的同伴，来到一个幼儿身边想要插队进去，但是却被同伴“无情”地推了出来。他生气了，于是开始用手抓了一个同伴的头发，摸了另一个同伴的脖子，还推了一个小女生。他看到这几个孩子并没有理他，他又在狭小的队伍中从前跑到后，还把刚才排好的椅子全部又打乱了。终于一个小姑娘“忍无可忍”了，一把抓起灰灰的衣服，把灰灰带到了队伍中。灰灰成功地引起了这个女孩的注意，似乎听话了一些，跟着队伍去了厕所。(O－大班－幼儿)

因此，每当普通幼儿谈起特殊幼儿的某些不良行为时，访谈顿时就变成了对特殊幼儿无休止的“吐槽大会”。

汉汉他打我还老掐我，在我耳朵旁边大声吆喝。(I－MA23－普通幼儿)

他说他喜欢跟我一起玩，可是他每次跟我玩的时候都把我的手弄疼。(I－FA24－普通幼儿)

他上次砸我这里，把我的手砸疼了。(I－MA27－普通幼儿)

汉汉上次挠了文卓的后背，后背全挠红了（I－FB29－普通幼儿）

赫赫的特点就是耍赖。然后文文的特点就是老是想赢，玩游戏他都不按要求。还有站队的时候，老师让他去后面排队，他非不去，他老是插队，喝水也不排队总是直接跑到前面来，老师上次训了他一

顿，训一训他才会听话。(I－FA26－普通幼儿)

综上所述，特殊幼儿不会采用适合的方式表达交往意愿，同时，普通幼儿不了解特殊幼儿的交往需求。普通幼儿得不到特殊幼儿的回应，普通幼儿逐渐开始忽视特殊幼儿的存在，特殊幼儿逐渐在群体中变成了有形的"透明人"。这就像普通幼儿与特殊幼儿交往中的恶性循环，每一个融合班级中都存在和演绎着这样的循环。在没有教师干预和指导的情况下，随着幼儿的认知与思维等能力的提升，普通幼儿对特殊幼儿的排斥、忽视、异样的眼光只会日益严重。

四　教师对幼儿同伴交往的指导缺位

（一）教学中缺少互动设计

在教育场域中，教师所有的精力仍放在如何上好一堂课上。他们理想中的一堂好课是孩子们安安静静地坐着，没有人捣乱，没有人破坏规则，安静有序地结束一节课即可。课堂中的同伴交往更是被忽视，具体表现如下。

第一，所有孩子的座位呈半圆弧形排列，特殊幼儿与普通幼儿交叉而坐，以便于普通幼儿在活动中带动特殊幼儿。但活动中很少体现彼此的带动。第二，融合集体课的活动性较少。访谈教师后得知，这是由于特殊幼儿在班级内的比例较大，教师为防止特殊幼儿出现乱跑、情绪不稳定以及为了维持良好的课堂秩序而进行的选择。教师选择活动性不大的方式进行融合集体课的教学，明显的特征是，孩子们上课前坐下，一节课不需要起身活动，下课后才被允许离开座位。第三，融合集体课中，不论特殊幼儿是否需要辅助，所有的家长全部进入教室，以防止特殊幼儿乱跑乱闹。第四，教师在集体融合课中的控制性较强，课堂氛围紧张、沉闷。孩子乱动、乱说话、不按规则活动等行为都会被教师与家长严厉禁止。第五，课堂中，特殊幼儿的参与度低，幼儿间的互动少。因为互动就意味着课堂纪律的混乱，教师较少安排幼儿间互动的游戏。

以中班的语言课《铃儿在说话》为例，全班所有的幼儿坐成一个半圆形，每名特殊幼儿身后都有一名家长。在这一堂课中，教师总是过于关注每个孩子在课上的语言表达能力，幼儿能在语言主题之下表达自己的思想与感受即可，而对语言交往的能力关注度不够。在教学设计中忽视了让幼儿去感受语言交流的乐趣。该节课将生活中的不同铃声比拟成人说话的声音，从语言主题来看具有浓厚的互动特征。但教师在具体实施中，仍然只将整节课停留在对铃声主题的提问与回答的层面，如模仿铃铛的声音、说出能发出声音的物品名称、能描述图片中的物品并说出名称、能在提示下复述诗歌等。铃儿在“说话”，幼儿却没有任何对话与互动。这与融合课促进普通幼儿与特殊幼儿融合的主旨理念并不相符。

中班语言领域融合课教案——《铃儿在说话》

课前准备：

一、打招呼，与幼儿互动

师：小朋友们好。

幼：老师好！

二、游戏：请你像我这样做

教师双手举高：请你像我这样做。

幼儿双手举高：我就像你这样做。

以此类推，教师自由创编动作。

导入部分：

一、倾听铃声

教师播放电话铃声，引导幼儿倾听。

师：“小朋友们，仔细听，这是什么声音？”

师：“小朋友们很棒哦，那你们在哪里听到过这种声音呢？”

（此问题针对A组普通幼儿，引导幼儿自由回答，此问题没有固定答案。）

二、回想生活中的铃声

师：“什么东西会发出丁零的声音呢？”（提问B组、C组特殊幼儿。）

小结：“小朋友们真棒，可以想到这么多东西会发出丁零的声音。其实呀，这些东西它们都会说话，它们在告诉我们什么呢？我们一起来看看今天是谁来了，听听它们都说了些什么。”教师出示铃铛，发放铃铛，让幼儿感受铃铛的声音。

教学部分：

一、教师完整朗诵诗歌，引导幼儿倾听，依次出示图片，引导幼儿观察

提问：这是什么？

（此问题针对A、B、C组幼儿，引导D组幼儿伸出食指跟随教师说出物品的名称。）

如：门铃、电话、闹钟、自行车、风铃。

提问：每种铃声响起，我们要做什么呢？

（此问题针对A、B组幼儿。）

如：门铃响了要开门、电话响了要接电话、闹铃响了要起床、车铃响了要小心等。

二、播放课件，引导幼儿观察图片理解诗歌内容，学习诗歌

提问：这是什么？（此问题针对D组幼儿。）

它说了什么？（此问题针对A、B、C组幼儿。）

提问：谁能用诗歌里的话来说一说？

（此问题针对A、B组幼儿。）

（请D、C组的幼儿跟随教师用手指着图片朗诵。）

三、游戏：物品会说话

老师依次出示图片，请幼儿用诗歌里的话说说该物品在说什么。

（引导D、C组的幼儿跟随老师仿说。）

四、朗诵诗歌，引导幼儿用多种形式学习朗诵诗歌

采用师幼、幼幼对接朗诵方式，一方说前半句，另一方说后半句。

结合课件，师幼完整朗诵诗歌。

（教师指导幼儿进行完整诗歌朗诵。）

五、拓展幼儿经验

提问：生活中还有哪些物品会发出好听的声音？

小结：会说话的铃儿给我们的生活带来很多的方便，它们是我们的好朋友，希望大家能按照这些好朋友的提示来做事情。

活动延伸：

请幼儿回家找找家中有哪些物品会发出声音并作以分享。（SW－中班－190314）

（二）日常活动中“不说话、排整齐”的常规要求

幼儿交往在日常活动的零散时间内应该是高频率的。但是由于教师担心特殊幼儿导致秩序上的混乱，所以采取“高控制”的方式来保持日常活动中的秩序。期间不允许幼儿说话、离队等，任何“越轨”行为会被教师严厉禁止。

大班喝水时间，所有的孩子排成了一列长龙式队伍。老师发出指令。小朋友一前一后的把手和胳膊搭在前面一位幼儿的肩膀上。教师继续发出指令：“每一个拿完杯子，接完水的小朋友，端着杯子再排到队伍的最后面去喝水。所有的小朋友接完水后，再按照排的队伍放回杯子。”

期间有个特殊幼儿，接完水后就跑到队伍的右侧去了。老师发现后又把指令大声地跟他重复了一遍，孩子不高兴地排到了队伍最后面。所有的孩子没有交谈声，没有肢体上的互动，只有轻微“咕咚咕咚”喝水声。喝水活动结束。整个状态和氛围呈现教师的高控制性，所有孩子的一言一行均在教师的控制范围内，稍有“违规”的行为就会被马上制止。整个喝水的流程就像工厂的流水线一样，刻板、无趣。（O－大班－幼儿）

（三）教师在自由活动中“靠边站”“不作为”的行为表现

户外游戏时，是幼儿对自己交往与活动支配程度最高的时段，同时也是普通幼儿与特殊幼儿最有可能进行高频率交往的时期。然而，与此恰恰相反的是，有研究指出，在户外自由活动的时段中，特殊幼儿往往更不愿意与同龄人交往，也较少尝试与其他儿童交往，同时对其他人社会交往要求的反应也较差。[①] 其中一个重要原因在于成人在幼儿交往中的阻碍作用。安德森（Anderson）等人通过对幼儿园和学龄前幼儿交往行为观察的研究结果显示，被分配为自闭症幼儿提供辅助的成年人，往往不知道在操场的自由活动时间里自己该做些什么，错误的辅助行为甚至会干扰、阻止

① Marian Sigman and Eüen Ruskin, “Continuity and Change in the Social Competence of Children with Autism, Down Syndrome, and Developmental Delays”, *Monographs of the Society for Research in Child Development*, Vol. 64, No. 1, January 1999, pp. 139－143.

幼儿与同龄人之间的互动，导致自闭症幼儿与同龄人更加隔离。①

笔者对自由游戏时间特殊幼儿交往行为的观察同样印证了前人的研究结果。相比教师可以高控制的室内活动，在室外时，特殊幼儿被隔离和拒绝的频率更高。本书对教师的访谈和教师户外行为观察结果显示，自由活动时间是所有幼儿的游戏时间，同时也是教师的“休息”时间。教师忽视了对幼儿间交往的引导，导致户外自由活动时间成为普通幼儿与特殊幼儿彼此拒绝度更高的时间段。

> 上午的自由游戏时间，教师下完自由活动的指令后，幼儿们马上开心地散开。“小老师”已经完全不去理会他的“小学生”了。纵观整个操场，老师们有三三两两在与同事聊天的，与陪读家长讨论孩子的，看手机处理信息的，站在操场中间发呆的，还有总是在处处不让孩子干这不让干那的。在操场上，教师总是会把更多的精力放在普通幼儿身上，担心疯跑的普通幼儿会发生安全问题，自己就像一个“老妈子”，叮嘱这个，警告那个。特殊幼儿这个时候就“甩”给家长了，各自的家长看各自的孩子。家长会把自己的孩子看得牢牢的，以免受到剐蹭或者摔伤。这样看来，操场上普通幼儿与特殊幼儿分得更开了。(O－混合班级－幼儿)

教师并未意识到该时间段和场所的重要性，对于自己在操场上不作为、不指导的行为也并未觉察出任何问题。教师除了在幼儿户外游戏时间缺乏对幼儿之间交往的指导，在区角的自由活动时间，同样缺乏对幼儿活动的指导。

> 平时我们让“小老师”要多带着“小学生”。但在自由活动时间，需要给“小老师”们放松的时间。通常我们还会说，“你们想去找谁玩就去找谁玩吧”。这样普通孩子都会去找普通孩子玩了，特殊孩子还有家长在带着。(I－FA24－教师)

① Angelika Anderson, Dennis Wiüiam Moore, Rebecca Godfrey and Claire M. Fletcher-Flinn, “Social Skills Assessment of Children with Autism in Free-play Situations”, *Autism*, Vol. 8, No. 4, December 2004, pp. 369－385.

孩子们活动，我们也可以活动一下。在班里总是忙得马不停蹄，在孩子们玩的时候，我们也可以稍微松一口气，让自己出来放松一下。（I－FC19－教师）

五 家长对同伴互动不重视

（一）普通幼儿：“妈妈让我离他远一点”

幼儿生活的空间不仅仅是幼儿园，家庭环境也是幼儿教育不可缺少的一部分。但在融合教育环境中，家园共育且达成教育一致性方面，似乎仍具有很大的挑战。

从特殊幼儿需要辅助的角度来看，陪读家长可以及时帮助特殊幼儿获得教学与康复中的辅助。在当前融合幼儿园教师专业化发展不充分的情况下，陪读家长发挥了辅助教师的作用。在幼儿园中，他们一方面会积极参与特殊幼儿的教学，给自己的孩子提供辅助，在其他孩子需要帮助的情况下，他们也会提供支持。另一方面，家长可以在幼儿园教学之外帮助教师做一些生活杂事，如午餐时给孩子们分发饭菜，午休后帮助教师收拾床铺，放学时帮助教师打扫教室卫生等。但是当涉及陪读的“专业性”这一问题时，陪读家长做的却远远不够。教师们认为，陪读家长在幼儿园日常教学中的辅助作用是微乎其微的。

他们根本就不会辅助孩子，家长就是来看孩子的。你说如果只是来看孩子，在这里看和在家里看有什么区别，在家里还省钱，不用交学费。（I－FB16－教师）

有很多家长入园时，都会有一定的困惑：这个学校怎么会收这样的孩子？他们只是抱着试一试的心态把孩子送进来。有个小孩被咬了好几次，妈妈就很心疼，然后就跟这个小孩子说：“不要再跟他玩，离他远一点。”（I－FC19－教师）

他们（普通幼儿家长）顶多就说“他（特殊幼儿）笨一点，你聪明，你多去帮助他，他就能聪明一点”。这所幼儿园的普通家长大多数是外来务工的，他们的学历不高，顶多就是用大土话去跟孩子解释，但并不起太强的作用。（I－FA13－教师）

大部分教师认为家长并未发挥陪读的真正作用，反而在普通幼儿理解残疾概念、特殊幼儿以及同伴交往中起到了“阻碍”的消极作用。

> 还有一些家长，我们在上着课他们就在后面聊天、拍照。本来特殊孩子就很容易受干扰，环境一吵孩子就更乱了。他们来了还不如不来，有时候还耽误我们工作。(I－FB16－教师)
>
> 我们真不知道该怎么吐槽家长。有的家长只是坐在孩子后面什么也不做，就像看热闹一样，孩子从座位上跑开了，也不知道拉回来。有的家长坐在后面就是看手机，说是在这里辅助孩子，其实就是自己在那玩。还有特别心急的家长，总是自己帮孩子把事情都做了，孩子什么都没做。(I－FC17－教师)

在幼儿园中，虽然有很多家长选择在园陪读，但是特殊幼儿家长关注的重点仍是孩子的康复与上课情况。特殊幼儿是否会与他人交往互动，是否能与他人产生友谊，明显处于被家长忽略的领域。

> 上午课外活动时间，特殊幼儿白白想要玩跷跷板，跟妈妈指了指跷跷板的方向，母女两人就去了跷跷板旁边。但这个区域显然是被普通幼儿所遗忘的角落。滑梯旁边是天天的妈妈，她知道自己的孩子喜欢玩滑梯，她就靠在滑梯旁一直玩着手机，期间只抬了抬头确认孩子的安全。在另一旁的一个小男生宇宇选择去骑脚踏车，他还不能一个人独立去骑脚踏车，于是妈妈在一旁耐心地帮宇宇扶着车子让他慢慢骑，边扶边教他骑脚踏车的要领，提醒宇宇要注意的事项。好像这并不是自由游戏时间，而是感统训练一样，丝毫没有乐趣。这时，旁边飞快地闪过四五个普通幼儿合力骑脚踏车的身影，与这一幕形成了明显的对比。与此同时，还有几位陪读家长都在教孩子怎么玩玩具。期间操场上共有12位家长，没有一人有意识要引导自己的孩子参与到普通幼儿欢快的游戏中。(O－中班－家长)

（二）家长对同伴交往的原则：“孩子不被欺负就行”

在本书田野考察的幼儿园中，由于特殊幼儿的比例较高，家长参与幼儿园日常生活已成为融合幼儿园工作的重要组成部分，同时也是幼儿园对特殊幼儿家长的一个必要要求。在该幼儿园中，随处可见陪读的家长。因此，特殊幼儿在园期间除了接受教师的教育和指导之外，家长对幼儿的支持与影响也是极大的。

第一，“安全保育员”角色。家长在学前融合教育环境中似乎并不能像幼儿园所期待的那样为特殊幼儿提供全面的辅助。家长在幼儿园为特殊幼儿做得最多的是保证特殊幼儿不出现安全事故以及按时带着孩子去上各类个别化课程。很多家长仍不知道如何给孩子提供专业化辅助。这大大地降低了家长陪读的效果。

> 现在是集体教学的时间，某班级门口的过道上坐满了陪读的家长。家长们趁孩子上课的时间，有的在齐刷刷地在盘着腿玩手机；有几位妈妈在低声地聊着天，不时传来阵阵笑声；有几位家长靠窗站着，眼神直直地盯着教室的门，也许陪读耗尽了他们大部分精力；还有几位家长特别关心孩子在教室中的学习怎么样，干脆就站在楼道口的监控前面，认真地盯着监控的屏幕看着教室内孩子的表现；还有一位令我印象极深的妈妈，她在抱着一本很厚的书认真阅读着，还随时做着笔记……（O－混合班级－家长）

由此可见，当特殊幼儿不需要课堂辅助时，家长在幼儿园中会表现出“无所事事”，自然就会做一些与陪读无关的事项，例如玩手机、聊天等。“蹲守”在孩子教室门口也正如家长所谈到的，是一件“很无聊”的事情。当前学前融合教育中，并没有关于陪读家长专业性辅助的相关专业知识的培训，家长在幼儿园中也只是充当了“陪同者”和“安全保育员”的职责。

> 每天最无聊的时候就是在教室外等孩子的时候，实在不知道干什么，又不能走远了，一节课也就 20 分钟，哪里也去不了。下课了孩子找不到我，情绪肯定会出现问题。我就像被孩子捆绑在这里了。在课上怎么给他辅助我也不知道，什么时候给他辅助，辅助的度是多少，我都不知道，有时候坐在教室里挺尴尬的。很多时候我眼睛盯着孩子会出神，感觉我的生活都没有了意义。(I－FA09－陪读家长)

第二，“同伴交往的隔离者”角色。虽然该幼儿园为融合幼儿园，但是其日常活动安排仍然与普通幼儿园的活动安排保持一致。《幼儿园工作规程》规定，幼儿园每日户外活动时间不得少于 2 小时。在该幼儿园，上午与下午以及放学前的一段时间均为幼儿在户外操场上的自由活动时间。由此可见，除了教室内教师所组织的集体与个别化的教学活动之外，操场上幼儿的自由活动也是幼儿园教育的重要组成部分。如果说教室是幼儿接受教育的“第一课堂”，那么操场应该成为幼儿接受教育的“第二课堂”，并在该幼儿园融合教育文化的背景下逐渐形成独特的“操场文化”。

操场上的家长行为各异，通过对操场上家长行为的观察，可基本分为以下几个类型。

其一，安全保护型的家长。当特殊幼儿在操场上游戏时，家长延续了自己在教室内的“安全保育员”角色。此类家长只保证孩子在人多嘈杂的操场上不发生安全事故。

其二，不管不问型的家长。该类家长将自己的孩子带到操场之后就开始忙自己的事情。只要孩子不叫自己，他们要么玩手机、打电话、聊天等，要么坐在操场边的椅子上休息或发呆。总之，这类家长在操场上与孩子的距离较远，只要保证孩子在操场上活动就行。

其三，远远观望型家长。该类型的家长虽然与自己孩子的距离较远，但是眼光永远在孩子身上，远远地看着孩子，保证孩子在自己的视野范围内即可。

其四，过度教导型家长。该类型的家长在操场上大部分时间均陪同在孩子身边。他们会给特殊幼儿讲解玩具的玩法，比如教孩子如何骑三轮车，如何玩滚筒，等等。他们时刻不离开特殊幼儿的身边，会像老师一样示范、引导孩子练习，非常认真、负责地教孩子学习玩玩具。

从总体情况来看，在操场上四种类型的家长均有一些共同特点。

首先，忽视特殊幼儿在操场上与其他同伴的交往。家长对幼儿在操场上发生什么样的行为并不关注，只要不发生安全问题即可，引导幼儿同伴交往似乎并不是他们所关注的，或者是没有意识关注这一个问题。

> 我只觉得在操场上，孩子能玩就行了。没有想到过要引导他去和谁，和别人怎么玩这个问题。(I – FB10 – 陪读家长)

其次，在一定程度上阻断了特殊幼儿与同伴的交往。观察发现，如果家长总是一直与特殊幼儿形影不离，普通幼儿会自然而然将这名特殊幼儿排除在玩伴之外。当笔者问一名普通幼儿“为什么不跟××（母亲一直跟在身边的一名特殊幼儿）玩?”时，得到的答案是“他妈妈在，我怎么跟他玩啊?他喜欢跟他妈妈玩，我又不跟他妈妈玩，他妈妈也不跟我们玩”。而家长也从未认识到自己在孩子的同伴交往中起了消极的阻碍作用。

> 我只想教孩子怎么去玩这个玩具，我觉得我教会了我的孩子怎么玩这个玩具，他就能和别的小朋友玩了。但我总是觉得我的孩子不能跟别人一起玩，也不会跟别人玩啊。(I－FC13－陪读家长)

(三) 陪读家长的无奈：“我也有心无力”

部分陪读家长发现了普通幼儿与特殊幼儿同伴交往中的“小圈子”特征。但是由于家长普遍没有认识到同伴交往的重要性，很多情况下是一种有心无力的态度。

> 我没有权利一定要让“小老师”随时都陪着我的孩子。这对普通孩子不公平，他们已经在课堂和各种活动中付出很多了。有时候我只能眼睁睁看着人家的孩子在一起玩得可好了，而自己的孩子只能和我玩。有时候我教着教着都不耐烦，更别说让普通幼儿一直带着他了。有时我也觉得普通孩子挺可怜的，他们这个年龄不就是无忧无虑玩的年龄吗?但他们却还要对特殊孩子有责任。能不麻烦他们的时候，我就自己带着。(I－FA06－陪读家长)

家长除了对交往问题不重视之外，对于如何提升特殊幼儿的同伴交往也存在困惑。

> 特殊孩子肯定多不被接纳，但是我该怎么做呢?我也很疑惑，我甚至都不知道这个问题是不是一个很重要的问题，是否需要我花费精力去干预。(I－FC13－陪读家长)

家长对同伴交往的忽视，很大程度上与家长缺乏专业化辅助培训相关。在田野考察的两所幼儿园中，家长并未接受过任何关于如何辅助特殊幼儿的培训。家长作为特殊教育领域之外的群体，对于在融合场域中同伴交往符号与场域的运作规律也不甚了解，反而将同伴交往误解为可有可无的内容，也就形成了本书中呈现的“形态各异”的家长类型。这也间接导致普通幼儿与特殊幼儿交往不良。

第四章

普通幼儿与特殊幼儿同伴交往的本质特征

> 个体的自我概念，依赖于其生活的社区和在社会群体中所力图扮演的角色，同时还有赖于社会给予各种角色的认定和地位。正是地位，即社区对个体的承认，给予了个体以“人”的特质，因为人是有地位的个体。这种地位不是法律意义上的地位，而是社会意义上的。①
>
> ——［美］罗伯特·帕克

第一节　同伴交往与符号媒介的综合演绎

一　融合场域中“资本”运作的综合性产物

皮埃尔·布迪厄（Pierre Bourdieu）在对场域的界定中认为，社会空间是由人的行动场域组成的。场域可以描述为“一种由各种社会地位所构成的多维度的空间”②。场域概念最基本的要素是多面向的社会关系网络。场域中人与人之间的社会关系网络，主要依靠社会生活中不同个体所处的位置和地位，以及个体在其位置和地位的掌控下所握有的权力与资本力量的综合体。这些紧张的、处于各种力量博弈下的网络关系则决定着场域本身的生命力特征。③

---

① Robert E . Park, *Society* , New York: Free Press, 1995, pp. 285 – 286.

② ［英］迈克尔·格伦菲尔：《布迪厄：关键概念》，林云柯译，重庆大学出版社 2017 年版，第 9 页。

③ 高宣扬：《布迪厄的社会理论》，同济大学出版社 2006 年版，第 136 页。

（一）融合幼儿园是呈现幼儿不对等力量关系的综合场域

布迪厄指出："作为场域的社会空间，一方面是一种力量场域，而这些力量是行动者参与场域活动所必备的要素；另一方面，它又是一种斗争的场域，在不同力量的斗争中，行动者相互遭遇，并且依据他们所拥有的不同的位置和地位而使用不同的斗争方式，也具有不同的斗争目的。这种紧张的关系力量，实际上，是不同的行动者为保持或改造场域的社会结构而进行的贡献。"①

在融合幼儿园中，不同的行动者既可指向园长、教师、幼儿、陪读家长，也可以指向特殊幼儿与普通幼儿。在幼儿的两个群体中，从总体上看，他们拥有同样的身心发展规律性和一致性。但从具体的发展指标上，特殊幼儿仍然与普通幼儿在认知、思维、语言、感知觉、社会适应方面存在一定差异。他们在能力发展上的差异，导致特殊幼儿在知识学习水平、课堂参与及活跃度、幼儿园适应、人际关系提升等方面存在局限，也就导致了特殊幼儿在融合幼儿园这一大的环境中，对该环境中资源的掌控度以及调配度能力下降。与此相反，普通幼儿的优势一方面体现在可以快速掌握知识并精准地应用于实际中，另一方面在活动参与中可以有更多的参与机会与教师建立更牢固的师生关系。同时，在同伴互动中也可以选择更多的交往对象并与他人在交往中形成持久性友谊。这些所有的优势，让普通幼儿更适应融合幼儿园这一大环境，适应环境的后果就是可以有更多的力量或机会去获得这个环境中更有利于自己发展的资源。相比特殊幼儿在对幼儿园环境掌控和适应度上的局限和被动，普通幼儿显然是一个拥有更多资源和权力的群体。

布迪厄还指出，决定一个场域的，还有这个场域长久以来形成的"游戏规则"文化和每个群体的专门性利益。这些游戏规则和专门利益，是在这个场域中个体长久地运作所独有的结果，而那些无法达到游戏规则和专门利益"门槛"的个体，则无法感知这样的场域规律或享受这样的规则与利益特权。②

由此可见，对于特殊幼儿来说，在与普通幼儿的交往中，由于资源控制与权力范围的局限性，自然而然将特殊幼儿隔绝在规则与利益的"门

① 高宣扬：《布迪厄的社会理论》，同济大学出版社2006年版，第138页。

② 高宣扬：《布迪厄的社会理论》，同济大学出版社2006年版，第139页。

槛”之外。不对等的力量关系也就导致了彼此交往中“各自为政”的“小圈子”现象。所以，与其说是普通幼儿与特殊幼儿之间的互动不如说其实是两种不同力量的“斗争”。他们所处的角色和位置本就具有“高、下”之分（小老师和小学生），所以在各个综合要素的作用下，普通幼儿与特殊幼儿之间的同伴关系展现出“地位”不对等的紧张状态。

同时，他们各自交往的目的也不尽相同。普通幼儿的心理理论发展驱使他们以一种更能够获得教师表扬的行动意图去“帮助”——实际上是监督和管控——特殊幼儿。因此，普通幼儿与特殊幼儿的同伴交往是为了获得更多的教师表扬和自我成就感而进行的行动。而特殊幼儿在这一场域中，对这样的规则和利益是模糊的，他们与普通幼儿的交往一方面是被迫执行，一方面是自己的兴趣所致。所以不同幼儿间的交往手段、交往目的差异决定了普通幼儿与特殊幼儿的交往本就是不对等的力量关系。

（二）普通幼儿与特殊幼儿的同伴交往体现不同“资本”的“交锋”

场域充满着资本之间的相互竞争、比较和转换。场域持续运作也需要依靠资本之间的反复交换和竞争。因此，场域中不同社会地位、权力范围的差距更是不同资本竞争的结果。[①] 布迪厄在其社会实践理论中，根据各个市场中的竞争资本类别，将社会空间中存在的资本分为经济资本、文化资本、社会资本和象征资本。虽然布迪厄对资本的分类是在社会大环境的市场考察基础上产生的，但他的资本概念却同样可以为我们解释，普通幼儿与特殊幼儿在幼儿园中对环境中有利资源的控制力是如何渗透和影响到他们彼此之间的交往行为的。

从普通幼儿与特殊幼儿的身心发展水平差异、被赋予的角色差异、自我主动拓展的活动空间差异等可以看到，不同的“资本”形式也在融合幼儿园这一个小型的社会结构中存在着。

第一，“文化资本”。普通幼儿与特殊幼儿之间能力的差异、不同类别的奖励，以及被教师合法化的普通幼儿管教特殊幼儿的特权等，说明普通幼儿在“文化资本”的占有上具有绝对优势。

第二，“社会资本”。在“社会资本”中，特殊幼儿的劣势地位更加显著。普通幼儿的社会适应性和社会交往技能发展迅速，普通幼儿可以随时随地在任何的活动或游戏中发展和探索出更多的人际交往关系。普通幼

---

① 宫留记：《布迪厄的社会实践理论》，河南大学出版社 2009 年版，第 49 页。

儿经过一段时间的人际关系积累，可以随意地穿梭在不同的游戏团体中，普通幼儿在幼儿园的社会关系网络是复杂和多样化的，并且随着普通幼儿在与他人互动中的意愿变化、任务变化、情景变化等，社会关系也随之调整。在场域理论中，一个特殊的行动者，所掌握的社会资本的容量，取决于他所练习的或能调动的社会网络中每个成员的各种资本的总和。因此，在融合幼儿园的场域中，普通幼儿可穿梭于不同的社交网络关系网中，其“社会资本”占有量是巨大的。

相比普通幼儿，特殊幼儿的交往范围更加狭窄，交往对象更加局限，社交网络中同伴之间的关系也具有更大的不稳定性。由此，特殊幼儿也就无法在这样短暂存在的关系网络中获益。普通幼儿的“社会资本”占有量优势，正是普通幼儿经过长时间的交往维持的过程，特别是经过其长期经营、有意识笼络、反复磨合和协调才形成的。普通幼儿与特殊幼儿不同的“社会资本”占有量，让特殊幼儿无法“同等地位”的与普通幼儿对话和交流，这成为彼此间冲突和矛盾的重要导火索。

第三，“象征资本”。在“象征资本”的占有上，普通幼儿被赋予的“小老师”角色，让他们在整个幼儿群体中享有较好的声誉和威信。他们肩负监督特殊幼儿，并在某些场合“教育”特殊幼儿的职责，这是类似于一种成人对幼儿的特权方式。普通幼儿作为幼儿群体中并不成熟的一员，却被赋予了这样的特权。这种象征性“资本”，通过无形的方式瞬间拉开普通幼儿与特殊幼儿之间的交往距离，这比看得见的资本掌控具有更大的竞争力量。

总之，不同“资本”的占有决定着普通幼儿与特殊幼儿的权力和力量的差距，也就让融合幼儿园场域中，普通幼儿与特殊幼儿之间的同伴交往更加复杂和曲折。

二　场域中符号的象征与权力

人们之间的社会交往是用符号来解释或探知另外一人的行动方向或态度的。人们根据个体所处的情景、行动方向以及交往对象的不同来创造、选择和使用被赋予了特定含义的符号。这些根据环境特点创造与运用的符号均包含了特殊的含义与态度。① 因此，在探索一部分人与另一部分人的

① 宋林飞：《西方社会学理论》，南京大学出版社 2015 年版，第 251 页。

互动关系时，人与人之间符号的运用以及在该环境中符号被赋予的意义就成为重要的考察指标。[①] 在探索幼儿阶段的同伴交往这一动态化的问题时，具有某种特殊意义的象征性符号就有了特殊的含义。

（一）普通幼儿与特殊幼儿的同伴交往是对符号进行理解的过程

本书的研究问题聚焦普通幼儿与特殊幼儿的同伴关系，涉及普通幼儿与特殊幼儿不同发展水平的两大群体。从普通幼儿的身心发展特点来看，幼儿在该年龄阶段的言语与概念飞速发展，幼儿获得的感觉运动行为模式，在这一阶段已经内化为表象或形象模式，具有了符号功能，但是他们在概念和思维的发展方面仍具有局限性。[②] 虽然在融合幼儿园中，教师不断强调普通幼儿要与他们的特殊同伴建立良好的友谊关系，但普通幼儿对为什么要与他们建立良好关系，如何正确处理和建立与特殊同伴的关系，如何正确理解残疾概念等均还没有清晰和深刻的认知。因此，笔者在访谈到各个普通幼儿是否愿意接纳或者喜欢特殊幼儿时，普通幼儿会认为笔者同样是处于权威的教师角色，在心理理论发展的影响下，他们知道成人所期待的答案或者效果是怎样的。幼儿会挑选认为教师会喜欢的答案进行回答，例如“我喜欢他们”“他们是我的好朋友”“我总是帮助他们”等。但是由于幼儿身心的发展性、与同伴交往中互动的多元性和情感性需求在逐渐提升，以及随着幼儿年龄的提升对游戏的难度和趣味性的高追求[③]，普通幼儿口中的接纳与互动状况并不能真实反映学前融合教育背景下普通幼儿与特殊幼儿的同伴交往特点。要真正了解普通幼儿和特殊幼儿的实际交往状况，还需要回归到幼儿同伴交往的真实情景中，深入分析普通幼儿与特殊幼儿在日常交往中的一言一行。

幼儿在幼儿园的日常活动中，包含着各种各样的符号要素。这一阶段的幼儿开始能运用语言或较为抽象的符号来代表他们经历过的事物，但还不能很好地掌握概念的概括性和一般性，心理表象仍然是直觉的物的图像，还不是内化的动作格式。其认知活动仍具有相对具体性，还不能进行

---

① 林远泽：《姿态、符号与角色互动——论米德社会心理学的沟通行动理论重构》，《哲学分析》2017 年第 2 期。

② 张力锦等：《幼儿心理学》，浙江出版社 2015 年版，第 89—91 页。

③ 边玉芳：《什么才是好朋友——儿童理解友谊概念的发展》，《中小学心理健康教育》2013 年第 13 期。

抽象的思维运算，具有只能前推，不能后推的思维不可逆性和刻板性。加之语言能力仍具有局限性的特点，因此，幼儿间的交往与成人的纯语言式交往呈现明显的差异。对成人来说，语言的交往是双方互动中使用频率最高、最广泛、最直接的一种交际方式。但幼儿由于语言、情绪、情感、需求等表达的局限性，相比使用语言的互动，他们在互动中使用面部表情、手势、姿态、眼神、说话的音调音量等符号的频率更高。尤其是语言的表达能力越弱，年龄越小的幼儿，他们之间的交往更是具有丰富的符号特征。本书所涉及的对象包括语言、认知、人际交往能力发展落后的特殊幼儿，他们更是难以进行纯语言式的人际互动，在普通幼儿与特殊幼儿的交往和互动中，体现着复杂的符号互动过程。①

本书所涉及的两所幼儿园中，普通幼儿与特殊幼儿之间所采用的符号具有极为鲜明的特征，例如“押解式”和“暴力式”的姿势对话、很“丧”的表情动作、“尖声怪调”的语言表达、交往中的“圈子”等。在该特有的符号特征之下，当探索普通幼儿与特殊幼儿在日常交往的具体行为表现时，拒绝、不喜欢、被忽视、分层、分化、隔离等消极交往行为特征逐渐浮现。这就形成了融合教育背景下普通幼儿对特殊幼儿同伴交往符号的综合演绎。在这个过程中，普通幼儿之所以所用“押解式”和“暴力式”的行为姿势处理与特殊幼儿之间的关系，是源于普通幼儿对特殊幼儿认知和理解的缺乏，不知道如何根据特殊幼儿的身心发展特点与其建立良好的同伴关系，只能采用最简单暴力的“控制性”动作来减少特殊幼儿的不良行为。面部表情中所展现出的“抓狂”“愁眉苦脸”“委屈”等正说明了普通幼儿与特殊幼儿交往中消极的情绪反应，反映出该场域中幼儿交往中的负面情绪特征。普通幼儿对特殊幼儿所使用的“尖声怪调”的语气和语言符号则是普通幼儿对特殊幼儿情感程度的表达，消极的情感倾向才会在语言互动中呈现出“不耐烦”“命令”等色彩。对以上所有符号的释码就是普通幼儿对特殊幼儿的拒绝。因此，普通幼儿与特殊幼儿互动中所使用的符号就有了拒绝或者忽视的象征性意义（图4－1）。

---

① 王智莉：《幼儿园中的“好朋友们”——大班留读幼儿朋友圈同伴文化研究》，硕士学位论文，四川师范大学，2018年，第88页。

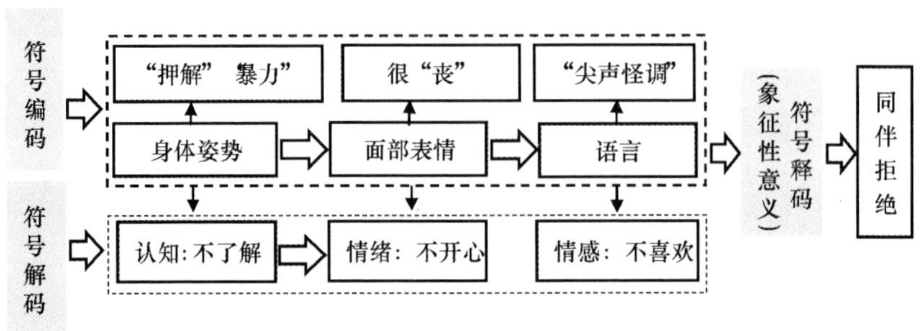

图4－1　同伴交往的符号特征

（二）象征性符号诠释普通幼儿与特殊幼儿的同伴交往秩序

人类最基本的沟通通过身体姿势予以实现。如果一种姿势在动作发出者的身上和所针对对象的身上引起对等的反应，那么这种姿势就成为一种被赋予了交往意义的象征性符号。之所以这种象征性符号能够引起动作发出者与交往对象共同理解的反应，是由于这种符号是被合法化并得到了普遍认同的一种交往形式。在同一个环境背景下，通过感知与理解这些象征性符号，就可以理解他人下一步的行动倾向。人类的互动是以符号的使用、解释作为媒介来探知另外一个人的行动。这个媒介更类似于在人类行为中的刺激与反应之间插入一个解释的过程。同时，不同的人会运用不同的符号以表达自己的交往目的，并通过符号的形式告知他人自己的身份、权利与位置等。因此，符号是体现、解释人类社会秩序之下不同人的行为模式的重要媒介。

本书中，普通幼儿与特殊幼儿在交往中所使用的象征性符号，也是在融合幼儿园这一场域中，普通幼儿作为“小老师”角色的一种权力性、秩序性的象征。在本书涉及的两所融合幼儿园中，教师均采用了“同伴支持”的策略，让普通幼儿和特殊幼儿结成“一对一”的帮扶，希望能力好的普通幼儿能够发挥榜样的力量引导特殊幼儿的发展。教师只告诉了普通幼儿要做特殊幼儿的榜样或“小老师”，却未告诉普通幼儿应该如何正确发挥“小老师”的带动作用。普通幼儿只能根据自己的理解或者模仿成人与特殊幼儿建立帮扶关系。其中，由于普通幼儿不了解特殊幼儿在认知、情绪、行为等方面的差异特征，当特殊幼儿总是表现出“越轨”行为时，手足无措的普通幼儿只能以最简单粗暴的方式阻止特殊幼儿的违规行为。当普通幼儿阻止成功后，他们作为“小老师”的成功体验再加上教师的奖励性强化，就会让普通幼儿更加以“小老师”这一角色而感到成就感。由于每天普通幼儿自己就耳濡目染教师在幼儿园中权威的优势，当他们被冠以“小老师”的头衔，自然而然地就习得了这样的权威。

然而，对于如何使用教师的权威，幼儿是难以理解的。他们只能通过对成人的模仿，采用一种训斥型的、高高在上的姿态处理与特殊幼儿的关系。这也就导致了普通幼儿长期认为“小老师”要管着“小学生”，“小学生”是会经常犯错的个体，要用“小老师”的权威压制、监督“小学生”等现象。这也就出现了在观察中笔者所看到的，普通幼儿一脸严肃地“训斥”犯规的特殊幼儿。当特殊幼儿在自己的训斥下遵守规则后，普通幼儿则喜笑颜开，享受着“小老师”权力所带来的成就感和荣誉感。因此，普通幼儿的符号性表达也是各自在幼儿园场域中身份与权力的象征。

三　幼儿的符号化思维和行为中的权力分层

符号化的思维和行为是人们生活中最富代表性的特征。在本书中，融合幼儿园作为一个微型的社会系统，在融合文化以及教师教育教学方式的影响下，也形成了特有的符号印记。例如，普通幼儿与特殊幼儿同伴交往中“押解式”“暴力式”的姿态符号，“抓狂”的“表情符号”，以及“尖声怪调”的语言符号等。角色理论认为，个体之所以会在交往中使用具有特殊意义的象征性符号，是由于交往中每个人所扮演的角色和所处的地位是不同的。个体会采用特殊的符号来告知对方自己所扮演的角色。因此，在本书中普通幼儿为体现“小老师”的角色，采用了大量的符号化行为（如呵斥的语言、严肃或威严的表情等）以彰显自己的角色扮演。

在中国传统的文化背景下，师生间的伦理关系体现着中国传统社会的人伦精神。教师有很多的权力和不容置疑的权威性。教师之所以处于重要地位，是源于传统文化中社会大众对教师担负着社会引领者和导向者的职责的深刻认知。在传统观念中，教师就是一种崇高的功能定位，应成为社会的导师、民众的良知、精神的领袖。[①] 虽然现在不断追寻新型教师观和

---

① 南钢：《中国传统社会的教师形象、角色和责任》，《广西大学学报》（哲学社会科学版）2014 年第 5 期。

师生观，但是教师所代表的知识性权威形象仍在代与代间潜移默化地传递。尤其对于认知水平较低的幼儿来说，教师就是一种“神圣化”的角色形象。

当“小老师”的角色被赋予到普通幼儿身上时，社会文化中师道权威的社会文化烙印自然就在幼儿对成人的观察和模仿间得以强化。普通幼儿看到了教师与幼儿之间角色的差别、权力的不同，但是却没有办法获得关于教师的专业性知识。普通幼儿只能“像模像样”地模仿老师的样子，将“小老师”与“小学生”之间的关系简单地理解为一种管理与被管理的关系。在这样的形式下，特殊幼儿应该“听命”于普通幼儿。不同幼儿之间的支持与辅助成为普通幼儿为了彰显“小老师”权威的一种不平等交往关系。普通幼儿与特殊幼儿交往中充满了层层阻隔和障碍，同伴冲突此起彼伏。在各种不平等的符号作用下，“小老师”和“小学生”逐渐“貌合神离”，渐行渐远。“小老师”们由于能力和发展特点的相似性以及对交往和游戏的需求相对一致，最终就出现了特殊幼儿难以融入的，以普通幼儿为核心的“小圈子”。普通幼儿与特殊幼儿之间不平等的同伴关系，也就成了学前融合教育背景下幼儿们约定俗成的“规则”，是一种“上”管“下”的等级秩序。这样的秩序与规则是普通幼儿与特殊幼儿交往过程中，杂糅了各类符号的消极作用建构而成的。当普通幼儿维持“小老师”秩序的符号和行为方式被教师所强化或默认时，这样的秩序和规则就得到了这个环境的允许并传播开来，成为这个环境中普通幼儿与特殊幼儿们所遵守的一种理所当然的知识体系，并被内化到了幼儿们的交往中。这也就出现了同伴交往的“圈子”问题、分层与分化等问题。

普通幼儿与特殊幼儿之间特有的秩序和等级的形成，仍然与融合教育场域中幼儿的“资本”量密切相关。布迪厄认为，场域是由不同社会要素联系而成，不同的社会要素在复杂的社会联系中都具有特定的位置，并以不同位置在场域中发挥着作用。在不同的位置中，具备各种社会资源和权力资本，社会成员因为占有不同位置而获得不同的社会资源和权力资本。[①] 在融合环境中，普通幼儿具有一定的能力“资本”，被教师期待以支持特殊幼儿的方式发挥“小老师”的作用，普通幼儿在“小老师”的这个位置上获得了一定的权力“资本”，即管理和监督特殊幼儿的权力。

① 高宣扬：《布迪厄的社会理论》，同济大学出版社 2004 年版，第 71 页。

在被赋予的权力之下，普通幼儿与特殊幼儿之间就出现了权力的分层。

普通幼儿为了维持“小老师”的权力和地位，让这个场域也成为了普通幼儿与特殊幼儿的力量博弈空间。普通幼儿要利用各种策略来维护自己在这个场域中的权力位置，就以“小老师”的角色特点形成了他们这个群体所特有的行为方式，即互动中出现的符号。这些符号是由普通幼儿行动中一系列的经验汇集而成的，是普通幼儿与特殊幼儿间交往的等级和规则惯习在普通幼儿身上的内化形式，指导着普通幼儿认识特殊同伴、评判事件以及交往行为等，让符号成为一种思维方式，存在于不平等的同伴交往之中。

四 隐藏在教师权威下的“知行背离”式交往

普通幼儿与特殊幼儿在对交往的认知和实际行为表现中，具有认知与行为相互矛盾的表现（图 4－2）。而这种“知行背离”的矛盾在彼此之间的角色与符号所引导的交往中，会逐渐加深普通幼儿与特殊幼儿之间的同伴冲突。同伴冲突越频繁，认知与行为之间的背离现象会更加显著。

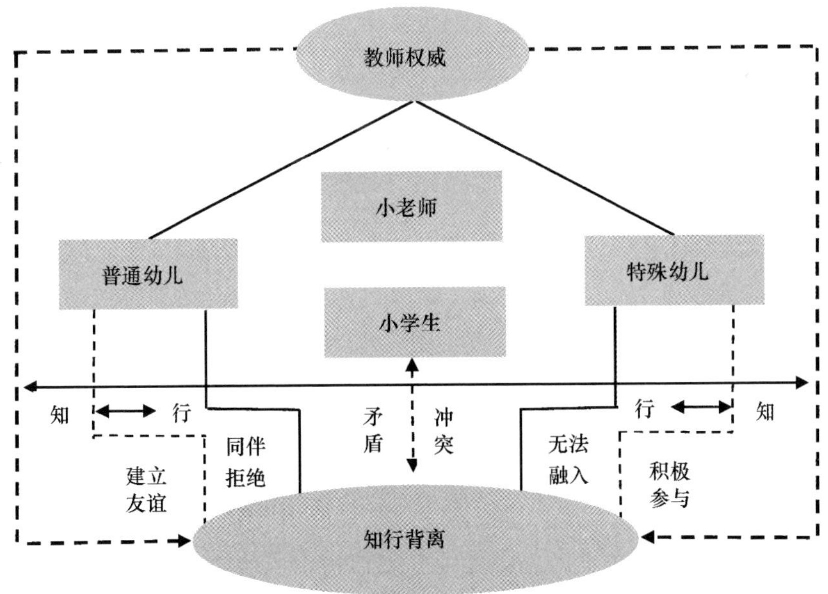

图 4－2 普通幼儿与特殊幼儿“知行背离”的交往特点

（一）教师权威下普通幼儿与特殊幼儿对同伴交往的“积极”认知

在学前融合教育环境中，促进普通幼儿与特殊幼儿之间积极交往，达到融合的目的，是该场域中教师对所有幼儿的要求和期望。教师为了能够迅速达到该要求，以一种概念式灌输的方式，将普通幼儿与特殊幼儿之间的关系界定为“好朋友”或者“小老师和小学生”。在对这一融合目标的认知方面，普通幼儿深知在该环境下教师对他们的交往要求。同时，普通幼儿也在日常学习与生活活动中，发现当他们对特殊幼儿实施帮助时，教师会及时给予奖励的规律。因此，普通幼儿在教师的权威面前，会对特殊幼儿呈现出一种积极的同伴接纳态度，并在特殊幼儿偏离规则时及时进行辅助或制止违规行为。普通幼儿愿意完成“小老师”或“好朋友”的这一角色责任，是与他们明确知道教师希望他们能与特殊幼儿之间建立持久性友谊的目的相联系的。同时，教师每天都在强调和强化“小老师”和“小学生”这样监督式的关系，会让普通幼儿误认为这是一种积极的行为。所以，当笔者问到普通幼儿对特殊幼儿的看法时，普通幼儿均认为自己每天都在帮助特殊幼儿。对于特殊幼儿来说，教师与同伴的积极引导是特殊幼儿每日幼儿园活动中的重要组成部分，特殊幼儿也能够按照教师的要求，在日常的活动参与中达成与普通幼儿同伴互动的目标。因此，无论是普通幼儿，还是特殊幼儿，在对彼此双方的交往认知方面均具有积极的行动倾向。

（二）权力分层导致实际交往行动中的“消极”表现

在幼儿园的实际活动中，教师并不能随时随地将建立持久性友谊互动关系的目标落实。所以，在教师视线所不能及的区域或活动中，普通幼儿仍会根据自己交往或游戏的需求，倾向与自己具有同样的游戏需求或游戏热情的同伴组成不同的社交网络“小圈子”。普通幼儿组成的“小圈子”通常是持久且人员固定的。特殊幼儿很难进入普通幼儿的游戏圈子，难以与比他们发展水平更高的普通幼儿在同一水平开展游戏活动。因此，在普通幼儿的实际行为中，同伴拒绝极为频繁。对于特殊幼儿来说，虽然在教师的引导和同伴的帮助下，可以完成在教育活动中的互动目标，但是当教师与同伴的支持撤销时，特殊幼儿仍然达不到能够主动与其他同伴建立持久互动关系的能力水平。同时，对于特殊幼儿来说，社交技能的缺乏，无法正确表达自己的交往意愿，导致被他人拒绝的情况较多，在缺少辅助的情况下，更倾向于独自玩耍。因此，在学前融合场域中，融合幼儿园实现了接纳特殊幼儿入园，与普通幼儿一起参与教育的物理性融合目标，但是在缺乏教师支持的情况下，特殊幼儿仍难以被同伴接纳并纳入社交网络之中。

第二节　同伴交往与角色的博弈

乔纳森·特纳（Jonathan H. Turner）认为，个体在进行互动时，之所以会做出一定的姿势和暗示，如话语、身体姿势、嗓音的抑扬顿挫、服装、面部表情以及其他身体语言等，是因为个体对自己的角色领会在起作用。[①] 个体采取交往中的符号以便于让自己置于某一角色之上，以调适自己的交往方式去利于合作。并在与他人的交往中，通过符号告知对方自己在扮演何种角色。因此，环境中的他人也均是在进行着明确的角色扮演。[②] 角色互动中意义的实现，正是双方身份或角色相互对应或者对抗的结果，没有了身份和角色也就没有了互动的意义。[③] 因此，角色与互动的关系尤为密切，人与人的互动也均是在交往双方共同遵守的角色规范基础上进行的。

在本书中，普通幼儿与特殊幼儿之间由于能力和权力资本的差异，出现了身份符号的上下等级特征。同时，普通幼儿与特殊幼儿之间的行为规范也形成了特殊的交往行为范式。普通幼儿不断维持自己身份的等级和权威，在融合教育这一场域中也就体现出了不同角色之间的博弈特征。

一　同伴之间“避而远之”的角色关系

罗伯特·帕克（Robert Park）的角色理论认为，无论何时何地，每个人都在有意无意间扮演着某种角色，角色与社会的结构位置密切相关。[④] 在融合幼儿园的环境中，普通幼儿与特殊幼儿之间是最自然的一种关系，作为幼儿群体，他们在幼儿园这一微型社会的结构位置中应具有平等性。

在彼此作为同伴的关系层面，本书发现普通幼儿与特殊幼儿作为同伴

---

① ［美］乔纳森·特纳：《社会学理论的结构》，邱泽奇、张茂元译，华夏出版社 2008 年版，第 363 页。

② 谢立中：《西方社会学经典读本》，北京大学出版社 2008 年版，第 136 页。

③ 赵毅衡：《身份与文本身份，自我与符号自我》，《外国文学评论》2010 年第 2 期。

④ Robert E. Park, *Society*, New York: Free Press, 1995, p. 212.

难以形成平等的高质量友谊关系。这是因为同伴群体虽然支持特殊幼儿能与普通同龄人在互惠的学习共同体中互相学习获得收益，但是幼儿同伴交往文化中所包含的共同的理解、价值观和信念，以及幼儿从日常生活经验中建立起来的社交活动和关系模式，如理解交际意图、共同注意、社交互惠、亲社会行为等方面，特殊幼儿存在较大缺陷。他们通常很难交到朋友，被其普通同伴给予更低频率的朋友提名，经常被同伴所拒绝，处于班级社交网络的边缘地位。① 难以合作互动，对他人社会交往的要求反应不灵敏，被同伴看作是古怪的、幼稚的个体，是取笑的“完美靶子”（perfect targets for teasing），② 特别容易被宽容仁爱的同伴所忽视，而被偏狭恶意的同伴嘲笑或欺负，③ 特殊幼儿的同伴交往状况不容乐观。甚至有研究显示，在整个幼儿时期，有很大比例的特殊幼儿的社交能力难以得到提高。④

本书中所出现的同伴交往“圈子”文化恰好说明了普通幼儿与特殊幼儿建立游戏关系的难度。普通幼儿在学前教育阶段随着社会性的发展，对同伴交往的需求逐渐升高，他们希望自己与玩伴之间的交往方式是交互、多元且频繁的，交往的内容是充满趣味性、具有适当难度和极具“冒险”精神和挑战意义的。在交往的时间维度上，他们希望自己与同伴能够保持游戏的持续性。在交往空间的维度上，他们希望游戏的地点是具有延展性的，可以在教室或者室外游戏场地的任何地点。而上述普通幼儿对交往中同伴的要求，特殊幼儿是难以达到的。特殊幼儿在认知、语言、思维与社会性等方面发展的迟缓或者情绪上的不稳定性等让普通幼儿与特殊幼儿逐渐形成不同的“阵营”，也就难以形成良好的同伴关系。普通幼

① 宁亚飞、刘春玲：《5—6 岁普通幼儿对特殊需要幼儿的接纳状况》，《中国特殊教育》2018 年第 4 期。

② Cynthia Waugh and Joan Peskin, “Improving the Social Skills of Children with HFASD: An Intervention Study”, *Journal of Autism and Developmental Disorders*, Vol. 45, No. 9, May 2015, pp. 2961 – 2980.

③ Pamela J. Wolfberg, Kristen Bottema-Beütel and Mila DeWitt, “Including Children with Autism in Social and Imaginary Play with Typical Peers: Integrated Play Groups Model”, *Brain Research*, Vol. 743, No. 1 – 2, January 2012, pp. 162 – 170.

④ Michael J. Guralnick, Robert T. Connor, Brian Neville and Mary A. Hammond, “Promoting the Peer-related Social Development of Young Children with Mild Developmental Delays: Effectiveness of a Comprehensive Intervention”, *American Journal on Ment Retardation*, Vol. 111, No. 5, September 2006, pp. 336 – 356.

儿与特殊幼儿没有教师的引导，比较容易“渐行渐远”，让普通幼儿对特殊幼儿“避而不及”。

二　“好朋友”观念与行为中的角色冲突

个体在任何社会关系中总有特定的地位，同时也始终存在与此地位相符的一整套权利、义务及角色行为规范。没有无角色的地位，也没有无地位的角色。普通幼儿与特殊幼儿在融合教育环境中被赋予理想的“好朋友”角色，是一种同等地位的角色。但是越来越多的研究显示，普通幼儿与特殊幼儿之间难以形成持久的友谊关系。他们在被教师赋予理想化的同伴关系后，不平等地位使这一套互动观念以及角色行为势必表现出矛盾与冲突。

在本书所涉及的幼儿园中，当笔者问及普通幼儿与特殊幼儿之间的关系时，普通幼儿多采用“好朋友”一词形容与特殊同伴的关系，例如“我们都是好朋友”“我们是相亲相爱的一家人”等。这样的结果必然是教师在融合教育环境中对普通幼儿的理想化期待。普通幼儿能够较好地“识别”教师在日常教育中的教育期待。教师希望普通幼儿能够与特殊幼儿成为好朋友，并将这一要求作为日常的口头要求灌输给普通幼儿。普通幼儿为了获得教师的奖励，也愿意表现出对特殊幼儿的友好。这就导致了当幼儿眼中的“权威”出现时，如教师、园长、笔者等，普通幼儿会在口头上认定特殊幼儿与自己是“好朋友”关系。虽然普通幼儿在口头上会承认特殊幼儿的好朋友角色，但这只是普通幼儿在教师的要求下假想的特殊幼儿与自己的关系，是一种观念上的认知。

在自由活动时，没有“权威”的监督，学前融合环境下同伴接纳的真实状态就会呈现出来。本书研究结果显示，普通幼儿在面对特殊幼儿同伴时呈现积极的观念意愿与实际交往消极行为的矛盾性特征，具有消极接纳的态度倾向和消极互动的行为倾向。出现这样的矛盾性特征有多方面的原因。从宏观的层面来看，中国融合教育的发展背景与西方融合教育的发展背景具有文化差异性。从中国融合教育的发展现状来看，社会大众对于融合教育的认识仍是有限的。[①] 同时，当前中国融合教育的发展并未达到

① 邓猛、苏慧：《融合教育在中国的嫁接与再生成：基于社会文化视角的分析》，《教育学报》2012 年第 2 期。

全社会积极参与与认同的高级阶段。虽然融合幼儿园中对融合文化极为重视，但是对于幼儿来说他们不知道融合教育之所以然。从中国学前融合教育的发展来看，虽然已有一批幼儿园积极尝试融合教育模式，但当前仍处于融合教育发展的初级阶段。学前融合教育在这样的大背景下并未形成一定的规范和系统的体系。① 如何在融合教育环境中引导幼儿间彼此接纳和交往尚未得到应有的关注。② 从普通幼儿的发展来看，由于大的社会环境与学校环境中对融合文化以及实践体系的缺乏，普通幼儿尚不能较好地理解自己当下处于怎样的环境和文化中，融合教育、残疾等概念是什么，为什么要与特殊同伴成为好朋友等，他们只能在自己的发展水平之上僵化地接受教师所灌输的“好朋友”观念。

在这个被教师所灌输的“好朋友”角色之下，并非一切都如教师所期待的其乐融融，反而会出现继发性的同伴交往问题，如对“好朋友”概念的扭曲，“他是我的好朋友，我不喜欢他”。幼儿之间的同伴冲突在该角色之下也并未减少，普通幼儿拒绝特殊幼儿，特殊幼儿攻击普通幼儿的案例仍然是困扰教师的一大难题。

三　“小老师”与“小学生”的不平等角色权利与义务

角色理论指出：“地位不同于可以占据它的个体，只不过是权利和义务的集合……角色体现了地位的动态性一面。个体被社会性地置于某一地位，并通过与其他地位的关系实现对它的占据。当个体行使构成地位的权利与义务时，他就是在扮演角色。”③ 融合幼儿园中“小老师”和“小学生”分别就是普通幼儿与特殊幼儿在行使权利与义务时，各自所履行的角色扮演模式。这种模式是否是融合教育环境中的有利互动模式呢？

西方的融合教育在丰富的实践中总结和开发了各种适用于融合教育环境的教育实践策略，西方特殊教育领域将这些来自实践的有效策略称为“最佳实践方式”④。金 - 西尔斯（King-Sears）列举了十项融合教育“最

① 邓猛、赵泓：《新时期我国融合教育现状和发展趋势》，《残疾人研究》2019 年第 1 期。

② 王琳琳、韩文娟、邓猛：《普通幼儿眼中的残疾：一项融合幼儿园的质性研究》，《中国特殊教育》2019 年第 7 期。

③ ［美］乔纳森·特纳：《社会学理论的结构》，邱泽奇、张茂元译，华夏出版社 2008 年版，第 332 页。

④ 蒋邓鋆：《同伴辅导策略的理论解释及其在融合教育中的应用》，硕士学位论文，华东师范大学，2011 年，第 2 页。

佳实践方式”[①]，例如，合作学习、差异教学、同伴支持、直观教学等，在这十项“最佳实践方式”中，合作学习和同伴支持需要同伴扮演积极的引导性角色。在实施中，需要具有高发展水平的学生扮演“小老师”辅导低能力的学生学习，高能力者作为低能力者学习的脚手架帮助其学习知识。[②] 在同伴支持下进行的合作学习常常也被认为是提高特殊学生学业成绩[③]、课程参与度[④]、社会交往能力[⑤]，帮助双方获得发展的有效手段。

在学前融合领域中，幼儿园的教育者在实践中也发现了同伴支持对于提升特殊幼儿各方面发展的重要意义。因此，在日常的教学活动中，将“小老师”和“小学生”的角色分别分配给普通幼儿与特殊幼儿。普通幼儿作为“小老师”需要照顾作为“小学生”的特殊幼儿的方方面面，如知识学习不会时要提供帮助，当特殊幼儿不能自理生活时要提供帮助，当特殊幼儿违反集体纪律时要及时给予纠正，等等。然而，在真实的教学实践中，“小老师”和“小学生”的角色任务和实施方式却出现了极大的偏差。普通幼儿将“小老师”的任务解读成特殊幼儿的“监督者”“看管者”。当特殊幼儿出现偏差时，普通幼儿不知道该如何应对，于是僵化地模仿成人管教特殊幼儿的样子去呵斥、攻击、任意摆布或者生拉硬拽特殊幼儿。由此导致的同伴冲突案例极为常见。担任“小老师”的普通幼儿甚至在特殊幼儿面前呈现一种“居高临下”的优越感。特殊幼儿在这一段关系中缺少行动的动机和积极性，普通幼儿会代劳其一切事务，“小老师”角色甚至成为普通幼儿在其他同伴面前“炫耀”的一种资本，不能真正体现同伴支持中高能力者应该发挥的积极性和模范性作用。由此导致

---

① King-Sears M. E, “Best Academic Practices for Inclusive Classrooms”, *Focus on Exceptional Children*, Vol. 29, No. 7, Dcember 1997, pp. 1 – 24.

② 冯秋涵、邓猛：《合作学习及其在特殊教育中的应用》，《现代特殊教育》2019 年第 3 期。

③ Cynthia A. Rohrbeck, Marika Ginsburg-Block, John W. Fantuzzo and Traci R. Miller, “Peer-assisted Learning Interventions with Elementary School Students: A Meta-analytic Review”, *Journal of Educational Psychology*, Vol. 95, No. 2, June 2003, pp. 240 – 257.

④ John W. Fantuzzo, Gwendolyn Y. Davis and Marika D. Ginsburg, “Effects of Parent Involvement in Isolation or in Combination with Peer Tutoring on Student Self-concept and Mathematics Achievement”, *Journal of Educational Psychology*, Vol. 87, No. 2, June 1995, pp. 272 – 281.

⑤ Lauren Rio Heller and John W. Fantuzzo, “Reciprocal Peer Tutoring and Parent Partnership: Does Parent Involvement Make a Difference?”, *School Psychology Review*, Vol. 22, No. 3, December 1993, pp. 517 – 534.

的同伴冲突、交往排斥等现象在日常教学中也极易发生。

归根结底，这种现象是普通幼儿的身心发展特点与能力水平的不足与教师期待过高之间的矛盾所造成的。处于该阶段的普通幼儿，对同伴和任务的认知仍受到思维发展水平的限制。① 他们不能理解教师予以“小老师”角色的真正目的是什么，如何正确实施“小老师”职责。他们只能通过自己有限的理解和对成人的模仿去履行这一职责，在履行职责的过程中又难以分辨特殊幼儿行为的正确与否，何时应该提供和终止支持，如何区分“小老师”角色与真正的教师角色之间的关系，如何在特殊幼儿出现问题时采用科学的处理方式等。在中国的文化体系中，教师一直以权威的身份出现，教师与学生之间是有明显距离的，教师主要职责就是阐明事理、监督学生，学生要服从老师的管教。② 普通幼儿在对成人教师的观察模仿中，极易只看到权威的一面，而看不到在这一权威身份背后科学性的教学行为。在日常的同伴相处中，久而久之，普通幼儿与特殊幼儿在管教与不服从管教，冲突与矛盾中形成了“上管下”的不平等同伴关系，普通幼儿无法做到全身心接纳特殊幼儿。

第三节　同伴交往与社会结构中的残疾刻板印象

个人是社会整体的组成部分。从个人的角度来看，个人属于社会整体的一分子，与社会整体是不可分割的。从社会角度来看，社会整体也在某种程度上依赖于每一个人的发展与建构。从这个层面来看，社会是由具有特定功能的个人所组成的整体。社会与个人并不是独立的两个事物，而只是表示同一事物的个体方面与集体方面。因此，个人的发展与行为模式总是与个体所生活的社会结构特点以及文化氛围等相互作用的。

一　社会分类秩序中的残疾文化与价值观

（一）显著的残疾污名化特征

在查尔斯·霍顿·库利（Charles Horton Cooley）的社会观理论中，他强调社会观是一个整体论，整个社会过程全部都是相互联系的。文化作

① 张力锦等：《幼儿心理学》，浙江出版社 2015 年版，第 89—91 页。

② 李德显：《师生权力与角色分析》，《教育理论与实践》2000 年第 2 期。

为社会发展进程中的重要组成部分，与人们的行动方式势必也是彼此影响的。① 普通幼儿与特殊幼儿同样是社会生活中作为行动者的一个特殊群体，他们同伴交往的行为模式，从社会结构的层面来看，深受社会氛围和社会文化的深刻影响。在人类社会中，身体缺陷（包括身体残障和疾病）引发的问题不仅仅停留在生理层面，更多的后果将会涉及社会文化层面以及整体社会结果层面。② 传统观念中社会大众对残疾的传统认知与价值观，在幼儿这一不成熟的社会群体中同样也会有深刻的反映。

不可否认的是，即便通过社会支持体系让残疾人回归主流社会、平等参与社会生活已经成为当代社会共享的价值观，但残疾人因其缺陷的存在，仍然极易诱发公众依据先验认知赋予其“怪异”“晦气”“危险源”等消极社会隐喻和“傻子”“聋子”等负面标签称谓。③ 由残疾人负面刻板印象引发的偏见、歧视等残疾污名现象仍是社会中的常态。这对于残疾人走向社会，参与社会生活造成极大的障碍。他们仍无法正常地融入社区生活，不能顺利地扮演与其年龄、性别、文化相应的社会角色，从而沦落为社区生活的“边缘人”。“丑陋”“低能”“不健康”“不吉利”“危险”等这些被赋予了社会贬低性，甚至侮辱性的标签仍是残疾人身上的“伤疤”。

实质上，残疾污名更多地反映了社会结构中社会大众对异常群体的潜意识分类。这是一个群体将人性的低劣强加给另一个群体的过程，反映了两个社会群体之间一种单向“命名”的权力关系，以此来巩固介于普通人与残疾人之间“正常—异常”的分类边界，其结果使残疾人在生活中备受权利剥夺与社会拒绝。④

（二）传统残疾文化的现象表征

残疾在传统观念中的污名化特征并非是原本就存在的一种社会现象。它是受社会分工的影响，残疾人由于生产效率低下导致的地位丧失，进而权利丧失的逐步演化过程。同时，在中国的文化背景下，虽然

---

① ［美］查尔斯·霍顿·库利：《人类本性与社会秩序》，包凡一、王湲译，华夏出版社 2020 年版，第 24—25 页。

② 黄剑：《“边缘人”角色的建构——身体缺陷者社会歧视的文化社会学分析》，《江西师范大学学报》（哲学社会科学版）2009 年第 1 期。

③ 关文军、颜廷睿、邓猛：《社会建构论视阈下残疾污名的形成及消解》，《中国特殊教育》2017 年第 10 期。

④ 黄剑：《“边缘人”角色的建构——身体缺陷者社会歧视的文化社会学分析》，《江西师范大学学报》（哲学社会科学版）2009 年第 1 期。

传统儒家思想极其重视教育，提倡“建国君民，教学为先”“有教无类”等思想，但是针对残疾人的系统的学校教育在几千年的漫长封建社会里一直没有诞生。儒家虽然对残疾人有同情与仁爱之心，但实际上将他们排斥在教育之外。“有所养”而非“教育”，一直是中国历代以来对待残疾人的主要方式。① 直到19世纪末鸦片战争后，由于西方传教士的直接参与，针对残疾人接受教育的学校与机构才得以出现。② 在中国，残疾仍是一个饱受争议的负面印记。人们仍然习惯于忽视残疾人作为普通个体的一般特征，往往仅突出残疾人最为“特殊”和与众不同的部分，并将其进行重点处理和描绘，逐渐让残疾的“异类”角色在公众话语系统中得到强化和传播，甚至用它代替残疾的全部特征（如将智力落后称之为“傻子”，将肢体残疾称之为“瘸子”，将精神残疾称为“疯子”等标签化称谓等）。残疾总是被人们的先验认知打上“行为怪异”“丑陋”“罪恶”“因果报应”等社会文化的污名烙印。③ 甚至脱离科学的认知，认为残疾是上天对个人、家庭甚至是一个家族的惩罚。中国文化背景下，对于残疾的理解和认知在很大程度上以一系列悲剧模型的解释为特征。

在当前人们的固有观念中，对残疾迷信与宿命论的解释仍在社会上占有一定分量。这种带有浓厚封建色彩的观念经常掺杂在一起，将残疾人等群体强行贴上贬低性、侮辱性的污名化标签，直到今天我们仍能看到这些影响时不时地出现在大众视野中。④ 因此，日常生活中人们总是对“残疾”一词避而不谈，有残疾成员的家庭也尽量避免残疾人员频繁出现在社会大众的视野中，阻碍他们平等地参与社会生活。再加上“残疾无用论”的消极认知也仍在有意无意地控制着人们的想法、行为与态度，并在代与代之间潜移默化地传递和延续。⑤ 种种原因，使得融合教育开展之时，在接纳、理解、支持等方面，推进缓慢。

---

① 刘全礼：《个别教育计划的理论与实践》，中国妇女出版社1999年版，第56页。

② 邓猛、苏慧：《融合教育在中国的嫁接与再生成：基于社会文化视角的分析》，《教育学报》2012年第1期。

③ 关文军、颜廷睿、邓猛：《社会建构论视阈下残疾污名的形成及消解》，《中国特殊教育》2017年第10期。

④ 王琳琳、韩文娟、邓猛：《普通幼儿眼中的残疾：一项融合幼儿园的质性研究》，《中国特殊教育》2019年第7期。

⑤ 关文军、颜廷睿、邓猛：《社会建构论视阈下残疾污名的形成及消解》，《中国特殊教育》2017年第10期。

二　传统残疾文化与价值观对同伴交往的影响

将特殊幼儿与普通幼儿安置在融合环境中的主要原因之一，是假定同伴关系可以为特殊幼儿提供未来生存与发展所必需的独特、重要的社会发展经验。[①] 身处于融合环境中的特殊幼儿可以在与普通幼儿融合中进行有意义的观察学习，增加与同伴的社会性互动，在与同伴的游戏中提升社会技能、认知能力等。相比在隔离的特殊教育教室，特殊幼儿在普通幼儿的班级中将获得更多的发展。对于普通幼儿来说，融合的学前教育经历，可以为幼儿提供认识世界多样性的机会，并促进普通幼儿对残疾的现实性认识。

融合教育理论的生成与发展是建立在西方社会的政治、经济、文化基础之上的。该思想是社会发展到一定阶段的产物。[②] 从社会发展的宏观视野来看，美国民权运动，更远可追溯到文艺复兴、法国启蒙运动等西方资本主义发展时期的社会运动，表达那一时期人们对于自由、社会平等等价值观念的追求，为融合教育的发展提供着牢固的社会文化基础。[③] 在这样的社会文化影响下，对残疾人的教育、生活、社会参与等问题的平等、公正的理念必然成为人们所普遍关注的一个现实，是西方社会文化发展的结果，也是特殊教育发展规律的自然体现。[④]

中国的融合教育是在仁爱、正义、和合等优秀传统文化以及经济、教育等实际条件的基础上，由中国特殊教育工作者根据国情探索出的实施特殊教育的一种形式，是一种具有中国特色的、实用主义的融合教育模式。自20世纪80年代以来，融合教育越来越成为中国特殊教育领域的热门话题，对中国特殊教育理论与实践逐步产生深刻的

---

① Samuel L Odom and William H Brown, *Social Interaction Skills Interventions for Young Children with Disabilities in Integrated Settings*, Baltimore: Paul H. Brookes, 1993, p. 57.

② 邓猛、苏慧:《融合教育在中国的嫁接与再生成：基于社会文化视角的分析》,《教育学报》2012 年第 1 期。

③ 邓猛、朱志勇:《随班就读与融合教育——中西方特殊教育模式的比较》,《华中师范大学学报》(人文社会科学版) 2007 年第 4 期。

④ 邓猛、苏慧:《融合教育在中国的嫁接与再生成：基于社会文化视角的分析》,《教育学报》2012 年第 1 期。

影响。[①] 但中国的融合教育仍未达到高度专业的发展阶段，对融合教育的探讨仍聚焦在较为宏观的层面，尤其是对融合环境中更加微观和更加具有迫切性问题的探讨较少。同伴交往就是在融合环境中尚未被全面了解的一个微观问题。现有的教学实践体系中，普通学生群体与特殊学生群体之间同伴关系干预经验仍然缺乏，再加上传统残疾观仍在社会中潜移默化地传递，让普通幼儿与特殊幼儿之间难以建立高质量的同伴交往关系。

在学前融合教育环境中，拒绝、忽略残疾幼儿的现象仍经常出现在幼儿的日常交往中。普通幼儿与特殊幼儿之间良好的接纳关系与高质量友谊是需要幼儿双方在不断与环境的互动与反思中构建的，需要建立在普通幼儿对特殊幼儿充分理解的基础上逐渐形成。现有研究显示，普通幼儿对特殊幼儿的认知和理解是严重不足的，其对残疾的相关问题的理解仍限于对传统的三大类残疾类型特征的简单描述。这与日常生活中人们总是避免提及残疾或刻意回避相关概念，消极残疾观的无意识传递等社会因素密切相关，反映了社会文化对残疾的刻板印象。[②] 因此，同伴交往看似是行为问题，实际上是个体构建对对方理解、认知与接纳的心理过程，这让普通幼儿与特殊幼儿之间的同伴交往更具缓慢和复杂性特征。

第四节　普通幼儿与特殊幼儿的同伴交往模型

本书运用符号互动论、角色理论、场域理论，从不同层面为全面考察普通幼儿与特殊幼儿的同伴交往提供了重要的理论视角。通过将普通幼儿与特殊幼儿之间的同伴交往以场域、角色和符号的性质进行解释，发现普通幼儿与特殊幼儿之间的同伴交往本质体现在以下几方面。

第一，普通幼儿与特殊幼儿之间的同伴交往是融合场域中不同符号媒介综合演绎的过程，是不同幼儿所持“资本”运作的综合性产物。不同幼儿的“资本量”之间存在差异，这是由普通幼儿与特殊幼儿的能力水平高低所决定的。这种由能力的高低导致的“资本”量的差异让普通幼

① 邓猛、刘慧丽：《全纳教育理论的社会文化特性与本土化建构》，《中国特殊教育》2013年第1期。

② 王琳琳、韩文娟、邓猛：《普通幼儿眼中的残疾：一项融合幼儿园的质性研究》，《中国特殊教育》2019年第7期。

儿与特殊幼儿之间交往的互动符号具有显著的象征性和权利指向。这种象征性的符号也是他们彼此之间交往秩序的体现，即普通幼儿与特殊幼儿之间不平等的关系，也是学前融合教育背景下幼儿们约定俗成的“规则”，是一种“上”管“下”的等级秩序。交往的等级秩序带来的是幼儿在思维和行为中的权力分层。但是当教师的权威出现在对幼儿的交往行为中时，教师权威占据优势地位，普通幼儿会在自我认知以及教师的要求下，对特殊幼儿持积极的接纳态度和交往意愿，但当权威撤销时，同伴冲突会随即出现。从认知与行为的矛盾性来看，体现了普通幼儿与特殊幼儿交往的知行背离特点。

第二，普通幼儿与特殊幼儿的交往体现处于不同权力位置上的角色之间的博弈。当普通幼儿与特殊幼儿以平等的“同伴”身份出现在交往中时，由于能力的不对等，兴趣的不吻合等因素的影响，彼此之间“避而远之”。当教师将普通幼儿与特殊幼儿之间的关系概念化地限定为“好朋友”角色时，会带来对“好朋友”概念的误解。“好朋友”只是普通幼儿与特殊幼儿彼此之间关系的表象，这种表象是在教师的要求与权威中产生的，具有显著的积极的观念意愿与实际交往消极行为之间的矛盾特征。当普通幼儿与特殊幼儿被赋予“小老师”与“小学生”的角色时，会由于这两种角色的不对等地位而出现不平等的角色权利与义务。在“居高临下”的“小老师监督”与“苦不堪言”的“小学生反抗”之间加重了同伴冲突的可能性。

第三，个人属于社会整体的一分子，与社会整体是不可分割的，社会结构中仍然存在并持续传递的传统残疾文化，让普通幼儿与特殊幼儿之间的社会分类更加明显。同伴交往看似是行为问题，实际上个体在社会文化的影响下构建对对方理解、认知与接纳的心理过程，这使普通幼儿与特殊幼儿之间的同伴交往更具缓慢和复杂性特征。

综上所述，符号、角色、社会结构之间相互影响，在其综合作用的交织下形成了普通幼儿与特殊幼儿同伴交往的模型。其中，幼儿在交往中的符号演绎和角色博弈之间相互依存，彼此影响。社会结构作为宏观社会文化的因素，在文化背景下产生的传统残疾观让残疾的“异类”角色在社会分类中被边缘化，这样的文化氛围和对残疾的传统认知又不断强化和影响着普通幼儿对特殊幼儿的接纳与互动，让彼此互动中符号演绎的权力分层以及角色博弈更加强烈。因此，符号、角色与社会结构在彼此的循环中共同构建了学前融合教育背景下普通幼儿与特殊幼儿的同伴交往模型（图4－3）。

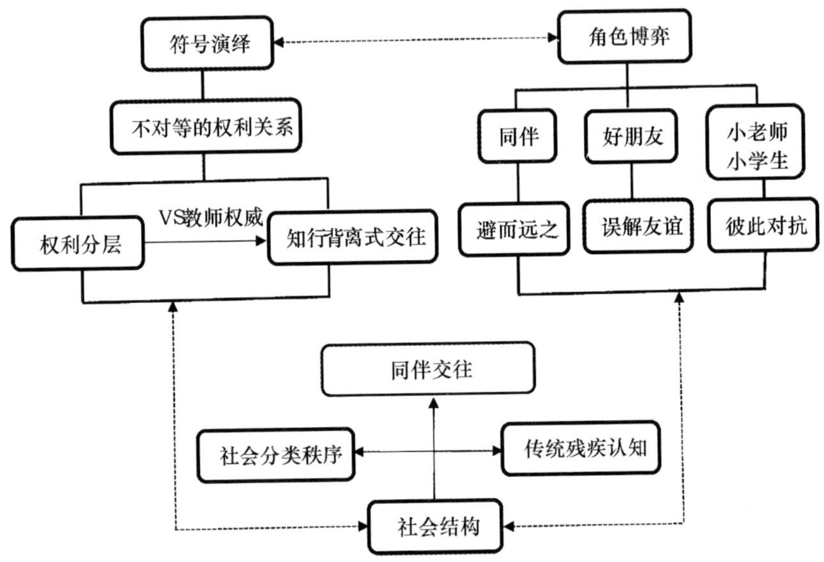

图4－3　普通幼儿与特殊幼儿的同伴交往模型

第五章

同伴交往中消极符号与角色的消除机制

学校首要任务是在合作和互助的生活中培养儿童，在他们身上培养相互依存的自觉性；实际上是帮助他们调整自己，把这些精神贯彻到公开行动中。①

——［美］约翰·杜威

第一节 幼儿同伴交往的发展阶段

从人的关系本质来看，人作为一种社会性的存在，涵盖了各类社会关系的总和。人在社会环境与他人形成人际关系的过程中，其个性特征、道德品质、社会性等多元能力得以形成，并持续影响着个体一生的发展。因此，虽然主导个体身心发展的生物性因素是个体发展的前提和基础，为人的全面发展提供可能，而社会性因素则让这一可能性成为现实，并成为个体日常生活中的重要组成要素。

对于学前教育阶段的幼儿来说，在幼儿园中与其他同伴之间的互动往来是构建幼儿社会性发展的最初样态。幼儿之间的同伴交往是其社会性发展的重要组成部分，该要素与幼儿的认知发展、体格发展共同构成了幼儿心理发展的三大维度。成功的同伴交往不仅能促进幼儿的正确交往行为，进一步提高幼儿交往的技能，而且有助于幼儿交流经验、传递信息、沟通情感。同时，良好的同伴交往也会带动幼儿知识的自我建构，具有超越智力发展的优越性。总之，良好的同伴交往状态中形成的交往技能、交往历

---

① ［美］约翰·杜威：《学校与社会·明日之学校》，赵祥麟等译，人民教育出版社2006年版，第81页。

程等会伴随幼儿身心发展的提升而影响其一生。

从已有的研究来看，幼儿的身心发展遵循一定的阶段性和规律性。不同的年龄阶段，其同伴交往所面临的发展任务也具有一定的差异。爱利克·埃里克森（Erik Erikson）将人的发展划分为八个心理社会阶段。这些阶段依次出现的顺序是由遗传决定的，个体顺利度过每一阶段，对于形成相应的社会适应和良好品质具有积极的促进作用。处于3—6岁年龄段的幼儿正在经历主动对内疚的冲突。他们需要战胜内心的羞怯怀疑、内疚、才能获得发展的主动性。① 而这个阶段也是幼儿在幼儿园度过的一个重要的人生阶段。相比在家庭中与父母的单一性互动，幼儿入园后会遇到更多的同伴，随着教育活动的开展以及交往范围和交往方式的不断拓展，他们与其他幼儿之间的互动频率、互动持续的时间等也在随之增加。因此，3—6岁成为促进幼儿同伴交往能力发展的关键期。② 有研究者从幼儿不同年龄阶段交往行为的变化进行幼儿同伴交往阶段的划分，南希·艾森伯格（Nancy Eisenberg）的研究显示，3岁的幼儿已经有了同伴的意识，并能够在游戏中准确定位其同伴并与其结为固定的伙伴关系；4岁的幼儿能够形成同伴之间的彼此认同感，并根据同伴与自己的情绪变化调整互动方式；5岁的幼儿则可以与同伴保持长时间的互动并能拓展更广阔的交往范围。③ 为更好地辨识幼儿同伴交往中各个阶段的主要特征以及发展性矛盾，本书根据已有研究，将幼儿的同伴交往进行了以下阶段的梳理。

一　幼儿的“前交往”阶段

婴儿在3—6个月期间就能够通过“咿咿呀呀”的声音、微笑以及触摸与观望等行为方式，表现出对他人的关注反应。在0—2岁的年龄阶段跨度中，虽然该时期幼儿的同伴交往还并未上升至社会性发展的层面，但与上述他们与同伴之间互动的简单的肢体语言相比，却是迈向同伴交往领

---

① ［美］爱利克·埃里克森：《身份认同与人格发展》，王东东、胡蘋译，世界图书出版公司2021年版，第50—78页。

② 李艳菊：《幼儿同伴交往能力发展及其影响因素研究》，硕士学位论文，华东师范大学，2008年，第31页。

③ Nancy Eisenberg, Richard A. Fabes, Mia Nyman, Jane Bernzweig and Angel Pinuelas, “The Relations of Emotionality and Regulation to Children's Anger-related Reaction”, *Child Development*, Vol. 65, No. 1, February 1994, pp. 109 - 128.

域的第一步。在这个时期，幼儿的同伴交往可根据他们交往的对象和互动方式分为以下两个阶段。

（一）以“物”交往阶段

该阶段幼儿处于身心发展的最初时期，他们互动方式、互动范围、互动能力以及认知能力发展的局限性，让这个时期的幼儿交往只能拘泥在自己生活的环境中。因此，该阶段的交往并未直接将交往对象聚焦于同伴，而是他身边所朝夕相处的各类物件，例如玩具、生活用品等。这与婴幼儿“泛灵论”的思维特点相适应，即在这个时期的婴幼儿眼中，生活中的所有事物都跟人一样是有生命、有意识、活的东西，他们会把玩具当作活的伙伴，与它们游戏或交谈。① 在日常生活中，也可以明显观察到该年龄阶段孩子经常在玩玩具时发出或着急，或开心，或生气的声音，甚至出现成人难以理解的行为。例如，突然将某一件玩具扔至远处。即便多名同年龄阶段的婴幼儿处于同一空间时，他们彼此之间的互动也是很少的，通常他们都是独自进行自己所感兴趣的活动。偶尔的互动也仅局限于争抢、提供玩具或被其他同伴的某一行为所吸引而进行的关注等。这是由于这一阶段的幼儿还未发展出对同伴交往的基本认知，身心发展的局限性让他们的思维水平仅局限在单一的、自我的思维模式中，认为一切物体是与自己一样的“生命”存在，成为自己可以交往的对象。他们甚至有自己的话语体系，能够和物体进行“沟通”和“交流”，形成“人—物”之间的交往体系，具有独立性、封闭性、暂时性特征。

1. 独立性

该阶段幼儿的交往空间是相对独立的，主要由幼儿自主控制。他们会形成自己的思维和活动空间，构建着以物品为中心的交往格局。幼儿自己会乐于其中，不愿意主动与其他幼儿进行同伴交往。

2. 封闭性

在以物体为中心的交往阶段，幼儿的思维空间是排外的。即便有其他幼儿干预，也会尽量维护自己的交往空间，形成相对区域化的交往环境。由于受外界影响较小，幼儿之间的互动性自然较少。

3. 暂时性

以物为中心的交往阶段，维持时间不会太长，这主要是幼儿专注力不

① 林菁：《皮亚杰的儿童“自我中心”理论述评》，《学前教育研究》2001 年第 2 期。

稳定造成的。当自己与物品之间交往关系建立后，简单而重复的交往方式很快会被幼儿“玩腻”了，于是会重新去构建新的交往环境，寻找新的物品参与其中或者直接离开做其他事情，因而交往时间相对较短且不固定。

（二）单一交往阶段

幼儿随着年龄的增长以及对游戏需求的增加，开始关注身边的同伴与自己之间的互动乐趣。虽然可以根据同伴的行为做出明确的互动反应，但是这一阶段幼儿仍处于同伴交往相对单一、沟通简单且短暂的交往行为方式中。与上一阶段与物互动的交往特点相比，幼儿开始将互动关注力聚焦于与他一样的幼儿身上，将交往的对象进行了“人与物”的明确划分。该阶段的同伴交往行为已经出现需要“反馈”的重要交流信息，逐步形成了正式的交往行为特征，具有简单性、交互性、重复性的特征。

1. 简单性

该阶段幼儿的交往形式相对单一，主要是由于他们并没有掌握太多的交往技巧，不懂得如何去和别人交往。有时只是喊一声、笑一下、摸一下等简单的交往行为方式，以引起对方交往的意图。同样，对方回应的交往方式也相对单一。由于幼儿没有形成同伴交往应有的反馈机制，基本是下意识的随机反应给予反馈，反馈的形式是简单而真实的。

2. 交互性

该阶段幼儿之间的交往行为已经需要有反馈机制的作用来满足交往的心理需求，并且在这种交往行为中，具有一定支配和强制性的行为也会发生。当幼儿之间开始交往时，交往者就是带着心理满足的目的去实施的，与被交往者的情绪、态度、行为的表达以及双方交互的结果，共同形成一种“你来我往”的交往状态。同时，幼儿对对方所做出的行为给予的反应也更加及时和准确，开始呈现同伴之间相互影响的现象。

3. 重复性

受简单相互作用式交往的心理需求影响，幼儿之间往往形成一种持续交往行为，以满足一方或双方的交往需求。多次重复同样的话，做同样的动作，就是为了能够尽可能多满足自己的游戏或互动的乐趣需求。而对方良好的交往行为反馈，又会增加这种交往行为的重复发生，从而形成一种良性互动行为。

二　相互作用的交往阶段

幼儿进入3岁之后，其认知水平、活动需求等持续提升，该阶段的幼儿正式进入同伴交往的“初级阶段”，标志着幼儿开始进入复杂的社会性交往阶段。在该阶段中，虽然幼儿单独游戏的频率仍然较高，但是在某些互动中，幼儿交往已经出现了具有明显社会化的交往行为，即具有角色意识的交往行为。一些更复杂的社会性互动行为以及对他人的模仿行为等也会逐渐增加。随着社会互动的增加，幼儿在互动中的角色也会根据活动内容和形式的复杂变得更加多元。例如，出现“躲藏者”和“寻找者”的角色对立和互补关系的理解。同时，在互动的肢体语言方面，已形成了系统的互动表现方式。例如，当互动具有积极的情感表现时，幼儿手舞足蹈、开心大笑、大量语言迸发、持续眼神注视等肢体语言成为他们表现互动情感的重要方式。

该阶段作为幼儿正式进入同伴交往的一个转折性阶段，是与幼儿心理相对成熟相适应的。当简单、单一的交往反馈无法满足幼儿交往需求时，幼儿之间就会逐步探索新的交往方式，甚至互相去满足对方心理需求，从而形成更加丰富、稳定而且持久的交往关系。这种相互补充、相互作用的阶段，就成为幼儿同伴交往相对稳定的交往关系阶段。因此，该阶段幼儿的同伴交往具有互补性、社会性、稳定性的特征。

在角色的互补性方面，幼儿为了形成更好的交往环境，让交往双方都获得更加快乐的游戏互动体验，他们会根据对现实生活中角色的观察和理解，形成相互补充的游戏角色。通过角色的对立或互补关系，在互动的游戏或活动中彼此相互反馈，形成双方的心理与互动的满足。

在活动的社会性方面，在交往互补的同时，社会性角色应然生成。社会中的各类元素开始进入幼儿的互动中。例如，幼儿经常爱玩的“过家家”游戏，就是幼儿通过对现实生活以及成人互动的观察与模仿而形成的最简易的社会性交往活动。在这样的活动中，角色意识、角色分工、交往技能、语言表达等突飞猛进，这也体现了幼儿同伴交往向逐步成熟发展的特征。

在同伴交往的稳定性方面，当幼儿确定了游戏同伴后，其交往关系相对稳定，每当其同伴出现时，他们均会迅速进入交往状态。幼儿之间也会形成固定的交往群体。在交往内容上，更拓展到协作、竞争等多元层面，同伴互动更具有趣味性。同伴与同伴之间的关系也更加紧密。无论是人员结构，还是角色地位均相对稳定，不易改变。这种稳定的同伴交往成为幼儿之间形成良好友情等稳定情感的重要基础。

三　社会性的交往阶段

4—6岁幼儿之间的互动已经成为他们日常生活中的重要行为方式。幼儿之间的互动与信息交流更多地体现在游戏活动中。随着年龄的逐渐增长，在交往环境中独自的、旁观的、无所事事的行为逐渐减少，具有合作、竞争性质的游戏活动逐渐增加。他们的互动更加流畅与频繁，并在活动中逐渐加入了彼此社会性学习的成分。他们在这个阶段的交往中，语言、认知、协商、问题解决、自我决定等能力均可以在彼此的分工合作中得以发展。通过学习、观察、模仿以及互动中进行社会化学习也是该阶段幼儿发展的重要内容。

这个阶段也开始出现交往的差异性现象。虽然幼儿在教师指导或者独自游戏中均能够围绕同一个活动主题进行互动和协商，但并不意味着所有的幼儿都可以获得相应良好的交往关系。庞丽娟在对幼儿同伴交往的考察中发现，幼儿随着社会性发展的提升，会出现四类典型的同伴交往关系。(1) 一般型幼儿。该交往类型的幼儿近半数。他们在互动中不会特别友好，但也不会过于拒绝他人，在其他同伴评价中也不会被特别喜欢或特别忽视。(2) 被忽视型幼儿。该类型幼儿通常难以主动融入同伴交往中，性格内向，独自游戏的频率较高。交往行为表现较为消极和被动，但也很少出现违规性行为，是一个相对孤立存在，却也是容易被同伴所“遗忘”的一个群体。(3) 被拒绝型幼儿。该类幼儿通常表现较为外向，甚至出现相对的暴力性破坏行为或攻击行为。在交往中，占据一定的强势地位，经常与他人发生冲突。但并不意味着这一类幼儿的能力很弱，相反，他们多活泼好动、聪明会玩。但由于在互动中行为的差异性，同伴常常予以拒绝。(4) 受欢迎型幼儿。该类型的幼儿在幼儿群体中是较少的一类。他们在与同伴的交往中，遵守交往规则，关注同伴反应，具有较强的交往能力，能够与其他同伴保持和谐、愉快的交往关系，并带给对方快乐的交往体验，在同伴群体中具有较高的社交地位，并对班级的整体社交网络具有一定的影响力。①

---

① 庞丽娟：《幼儿同伴社交类型特征的研究》，《心理发展与教育》1991年第3期。

综上所述，幼儿的同伴交往具有显著的阶段性发展规律，特殊幼儿的同伴交往同样遵循该规律。但由于特殊幼儿身心发展的差异特点，势必会表现出一定的滞后性。随着幼儿同伴交往逐渐进入高度发展的阶段，社会性交往的基本要素，如分层、权力、机会、参与等，也开始体现在幼儿同伴交往中。因此，对于普通幼儿与特殊幼儿交往技能的培养、同伴关系的引导应成为融合教育环境下学前教育阶段的重要教育内容。

第二节 普通幼儿与特殊幼儿同伴交往的必备要素

幼儿的同伴交往作为一个与幼儿身心发展具有密切联系的概念，其发展遵循阶段性的发展规律。同时，同伴交往作为幼儿实现社会化发展的重要途径，其涉及的要素极为广泛，包括认知、语言、态度、自我意识、交往技能等，幼儿同伴交往的这些关键性要素，是幼儿与同伴之间形成良性互动的重要“桥梁”，将主导着交往行为的顺利进行，最终影响持久性友谊的形成。

一 基础前提：个体对自我与同伴的正确认知

认知是交往的前提。幼儿之间的社会性交往，从本质上来看，也是不断进行自我认识与认识他人的过程。幼儿既要有自我认知的能力，也要有对同伴认知的基础。在心理学中，认知包括感觉、知觉、记忆、思维、想象和语言等，具体来说，人们获得知识或应用知识的过程开始于感觉与知觉。个体对同伴的认知，就是个体对同伴属性和特性的认识，如感觉到他的肤色、身高、性别、胖瘦、情绪，甚至同伴的能力、行为与性格特点等。幼儿对同伴所有特点的认知集合，也就自然而然涉及作为同伴的他人对自己的态度好不好、自己喜不喜欢与他交往等。因此，在互动过程中，这些基本的界定与认知将是主导幼儿是否决定与同伴建立互动关系的重要影响因素。

对于在身心发展方面具有极大差异的特殊幼儿来说，普通幼儿和特殊幼儿相互之间的认知情况是同伴交往的前提，也是交往能否顺利的决定条件。普通幼儿对特殊幼儿在能力、性格、情绪等各个方面的基本认知，将决定普通幼儿是否愿意与特殊幼儿建立交往关系。例如，如果普通幼儿认为特殊幼儿能力不够，不能与自己共同完成合作任务，并且无法带给自己游戏的趣味性时，在自然的环境下，普通幼儿很难主动将特殊幼儿纳入自己的游戏互动区域中来。甚至普通幼儿对特殊幼儿在身体、行为、情绪方面差异性的错误解读和认知，会把特殊幼儿异类化，从而导致在相互交往过程中出现排斥，甚至是抵触心理。长此以往，普通幼儿与特殊幼儿之间的相互了解程度会越来越低，而建立良性互动的概率也会越来越低。因此，如何在普通幼儿和特殊幼儿之间建立清晰的自我认知以及科学的同伴关系认知，促进彼此之间相互接纳和欣赏，就显得尤为重要。这将成为双方建立同伴互动的重要基础和前提条件。

二　关键媒介：以游戏和任务建立幼儿学习共同体

当普通幼儿可以正确看待特殊幼儿与自己在身心发展方面的差异性与滞后性，特殊幼儿不再害怕、逃避与拒绝普通幼儿的交往时，说明交往双方已经对彼此形成了正确交往理念，并具备了可以进行继续同伴互动的条件。而采用什么样的方式或手段让双方共同处于一个交往活动或情景中，既加深和强化幼儿双方的彼此理解与接纳，也能够让普通幼儿与特殊幼儿之间形成牢固的伙伴关系，是进一步促进普通幼儿与特殊幼儿正式建立交往关系的重要环节。

对于学前教育阶段的幼儿来说，通过游戏和日常的合作性任务引导幼儿建立学习共同体以达到同伴交往的目的是最佳的实践方式。这是由于，游戏是幼儿的基本活动形式，幼儿可以在游戏活动中丰富学习经验，习得社会知识技能，更容易获得情感、态度和价值观的认同。[①] 在幼儿的成长发育过程中，游戏不仅仅是“玩耍”或“娱乐”的代名词，也是人类自由本性和完整人格得以呈现的途径和证明，游戏意味着“人的诞生”和“人性的复归”[②]。幼儿在幼儿园中接受的教育也是以游戏为主要载体的。在游戏中幼儿可以通过彼此对话来了解对方，习得交往的基本技能。在完成游戏和日常任务过程中，幼儿的思想相对单纯，会全身心地沉浸于游戏和任务之中，而忽视普通幼儿与特殊幼儿之间的发展差异，并会为共同完

① 杨晓萍、李传英：《儿童游戏的本质——基于文化哲学的视角》，《学前教育研究》2009年第10期。

② 李鹏举：《儿童游戏本质新视角——基于人性的解读》，《基础教育研究》2011年第11期。

成游戏和任务而相互帮助和相互促进。同时，也会反作用于双方的相互认知关系，加强同伴交往中的相互信任和相互协助，有利于同伴交往关系进一步稳定和升华。在游戏中提升普通幼儿与特殊幼儿之间的同伴交往，是对幼儿进行社会性教育最自然、最有效、最受幼儿欢迎的一种教育方式。正如李学斌对幼儿的游戏精神进行的描述："儿童游戏是人类童年期生命发展不可或缺的本体性活动，其意义丰饶而多元。它是宣泄、是释放、是补偿、是平衡、是学习、是发展、是体验、是发现、是享受、是创造、是探索……是身体能量的激越和高涨。"①

除了游戏之外，幼儿在园的日常活动任务，如洗手、喝水、就餐、散步、自由活动、教学活动的过程中，会出现大量的交往空间，给幼儿提供自由交往的机会。在这些交往空间中，幼儿之间的交往是真实且自然的，教师可及时运用随机教育和个别教育，对幼儿之间的彼此互动、互助进行目的性引导。

三　必要条件：重复演练交往的机会

群际接触理论认为，群际间的接触可减少一个群体对另一少数群体的偏见和歧视，极大促进群际交往和改善群际关系。② 对于幼儿来说，幼儿的身心发展特点决定了当幼儿之间的互动频率减少时，他们的同伴交往质量也会随之下降。因此，当普通幼儿与特殊幼儿建立了良好的交往意愿，并已经有了同伴互动的经历时，就需要进一步巩固和强化幼儿的交往行为和互动关系，让普通幼儿与特殊幼儿之间的互动方式和行为模式成为幼儿生活、学习和游戏中的常态。因此，教师要创造更多重复演练同伴交往的机会。只有在普通幼儿与特殊幼儿的头脑中不断地描绘一种交往的美好愿景和更多的愉快体验时，同伴交往才能作为一种固定模式存在于幼儿的思维中并变得清晰。重复不是无用功，每一次重复的过程都会使这种愿景比先前更加生动立体。当交往的美好记忆和体验转化为现实的时候，幼儿对于交往的图像清晰、准确的程度与交往的外部行为才会形成正比。

除此之外，普通幼儿与特殊幼儿之间相对持久和牢固的信任关系，也

---

① 李学斌：《儿童文学的游戏精神》，博士学位论文，华东师范大学，2010年，第47页。

② 高承海、万明钢：《群际接触减少偏见的机制：一项整合的研究》，《心理科学》2018年第4期。

必须通过重复地演练来不断巩固和深化。只有把这种相互依赖和相互信任变成他们心理上的相互需求，转化成他们彼此之间的相互支撑，这样才能够形成稳定的同伴交往关系。

四　重要步骤：改变幼儿的传统交往方式

特殊幼儿在与同伴建立互动关系以及在理解同伴互动文化方面与普通幼儿之间存在差异。普通幼儿和特殊幼儿之间，传统的交往方式是一种互助式的同伴交往，这很容易形成一种固定化的思维模式和情感态度，并对普通幼儿与特殊幼儿之间的交往形成持久性影响。这种固化的交往方式不仅难以让普通幼儿与特殊幼儿之间形成高质量同伴交往所追求的“平等、共享、参与”特点，也难以让普通幼儿与特殊幼儿之间的友情得到提升和升华，难以形成真正的友谊。普通幼儿与特殊幼儿之间的同伴交往只能流于表面的互动形式，难以进行同伴交往深层次精神方面的交流。同时也会让交往一方在互动中长期占据强势地位，一方长期处于被动接受的状态，这与普通幼儿与特殊幼儿之间真正的相互接纳、建立友谊的目标相差甚远。

因此，在普通幼儿与特殊幼儿的交往过程中需要注入不同的交往“刺激性”要素。这些“刺激性”要素可以是多种教育性媒介，比如绘本、戏剧等具有创新性的交往途径和方法。让这些要素伴随教育活动的开展影响普通幼儿与特殊幼儿之间的交往方式、交往角色与地位等，并在交往活动中能够通过发挥不同幼儿的不同专长，而让普通幼儿与特殊幼儿之间不断加深对彼此的认知和认同感，建立新的交往认知过程，并且形成一种良性交往的循环机制，为真正构建平等、尊重、理解的同伴交往关系提供坚实基础。

五　强化方式：交往成功的愉悦体验

每一个幼儿都会被成功完成某一任务后所获得的成就感而吸引。这种成功的体验，就是幼儿在完成了某项合作任务或取得教师所期待的成绩后获得的一种自我满足的积极愉快情绪状态。成功的积极情绪体验将会留在幼儿的思维和记忆中，并成为个体未来行动的一种主动驱动力，让幼儿可以克服游戏或活动中的困难与障碍，形成一种巨大的、积极主动的内部力量。

幼儿期是个性形成和发展的关键时期，成就感能够促使幼儿积累良好的自我体验，形成稳定的自我评价，建立积极的成败归因，激起幼儿探索的积极性，从而促进幼儿自信心的形成和发展。在幼儿的同伴交往领域，幼儿在与他人合作完成任务并获得成人肯定的过程中，就是获得交往成功体验的过程。这对于下一次的积极主动合作将会成为一种重大的强化力量。

同时，在普通幼儿和特殊幼儿的同伴交往过程中，成功体验是双向的。对于普通幼儿来说，能够帮助到与自己不一样的同伴，对自己来说是一种能力上的认可，也是一种心理上的满足。得到别人的感谢，也是一种成功的体验，是自己自信心的一种成长。对于特殊幼儿而言，在同伴交往过程中，特殊幼儿也获得了成功的体验，他的成功在于能够与普通幼儿进行交往，能够完成自己不可能完成的游戏和任务。这些突破性的感受，对于特殊幼儿而言，就是一种自我超越的成功体验，也是建立自信心，树立健康成长心态的重要组成部分。因此，对于引导普通幼儿与特殊幼儿交往的教师来说，需要正确把握幼儿的交往时机，并给予及时的鼓励和肯定。

六　有力保障：创设“交往友好型”的交往环境

幼儿的认知发展、社会性发展等多方面的能力，均是其在与周围环境的互动关系中得以发展和形成的。因此，幼儿交往环境中的氛围营造、环境布置、活动空间安排、活动材料、师生关系以及教师的指令发出方式与活动的目标等均与幼儿能否在环境中自由、愉悦、主动地与他人建立同伴关系密切相关。

以交往氛围为例，氛围在社会学中是指由社会群体关系所营造的一种空间感受、个体关系的亲密度或个体之间相互影响等对个体所形成的心理影响。如果在幼儿进行交往的空间中，空间环境创设是单一且严肃的，教师与幼儿之间的关系呈现出一种权威、管制且严厉的“上下级”特点并且具有严格的奖惩制度时，幼儿会从环境的空间设置以及与教师的交流中感受到在这个空间的约束性和严肃性，自然也就不能与其他同伴展开更加自由的肢体、语言等多方面的互动，甚至呈现唯唯诺诺、缺乏安全感的状态。同伴交往在这种环境中，是难以形成的。

相反，如果幼儿所处的是一个让其倍感舒适、安全的环境，幼儿之间的思维、语言与活动就会更加自由和开放，这样的环境氛围最适合于幼儿之间建立互动关系。这种“交往友好型”的交往环境，可以让幼儿放下心中的戒备和不安全感，化解心理的顾虑，不必考虑交往行为的对错或结果的奖惩。他们会与不同的同伴建立互动交往关系，并使整个集体的互动范围更加广阔，互动氛围更加热烈、欢快，幼儿之间的互动和交往方式更具创造性。

从普通幼儿与特殊幼儿的身心发展差异来看，普通幼儿在与特殊幼儿的交往中，极易因为特殊幼儿的一些差异性行为或情绪表现而对其产生回避或拒绝的交往行为，甚至因为特殊幼儿的某些攻击性、破坏性行为而产生害怕的消极情绪。特殊幼儿也会因为普通幼儿长期的交往拒绝行为而出现对普通幼儿的抵触情绪。因此，对于学前融合教育环境中的幼儿来说，营造“交往友好型”的交往环境，对于消除普通幼儿与特殊幼儿之间在交往中形成的心理压力具有重要的影响作用，并成为影响普通幼儿与特殊幼儿同伴关系持久性的关键要素。

第三节　同伴交往中消极符号与角色的消除机制

在本书所考察的融合幼儿园中，普通幼儿与特殊幼儿之间存在大量影响其同伴交往发展的消极符号，并在此基础上形成了不平等的角色关系。从上一节对普通幼儿与特殊幼儿高质量交往的必要因素分析中可知，在学前融合教育环境下，确保普通幼儿与特殊幼儿之间建立良好的同伴关系，需要具有以下必备要素。

首先，需要普通幼儿与特殊幼儿分别建立起对彼此以及自己的正确认知，了解交往对象的身心发展特点以及交往需要、社交行为模式，在此基础上幼儿之间才能主动形成接纳意识和主动交往意愿，从而形成同伴交往的良性开始和基础性前提，而不仅仅是按照成人的要求，将交往看作一项需要完成的任务去刻板地履行。第二，普通幼儿与特殊幼儿建立起良好的认知关系后，需要教师设置科学、合理的交往媒介，让幼儿在交往媒介中建构学习和互动的共同体，深刻感受他人与自己均是团体中的一员，建立团体归属感，以巩固和加深普通幼儿与特殊幼儿之间的互动关系。第三，教师要积极创设可以让普通幼儿与特殊幼儿练习交往的机会。如果交往频率减少，他们之间的交往关系也会随之分解。第四，需要改变普通幼儿与特殊幼儿之间的传统互动关系，这是普通幼儿与特殊幼儿同伴交往中的重要步骤，以防止单一、固定的交往模式让幼儿产生交往的厌倦感。第五，要注重对普通幼儿与特殊幼儿成功交往后的成就感体验。当普通幼儿与特殊幼儿通过高质量交往完成任务后，教师要及时把握鼓励的时机，让幼儿感受到成功的同伴交往带给自己的成就感和愉悦体验，这将成为下一次同伴交往的重要强化。最后，需要建立强有力的保障条件，即教师需要创设有利于普通幼儿与特殊幼儿同伴交往的环境，使幼儿在“交往友好型”的环境氛围中，积极主动地开展交往。

根据以上六个要素的实施目标以及前后的阶段性变化，我们可以发现在促进普通幼儿与特殊幼儿的同伴交往要素中，实际上，形成的是三层同伴交往的“保护层”（图5-1）。

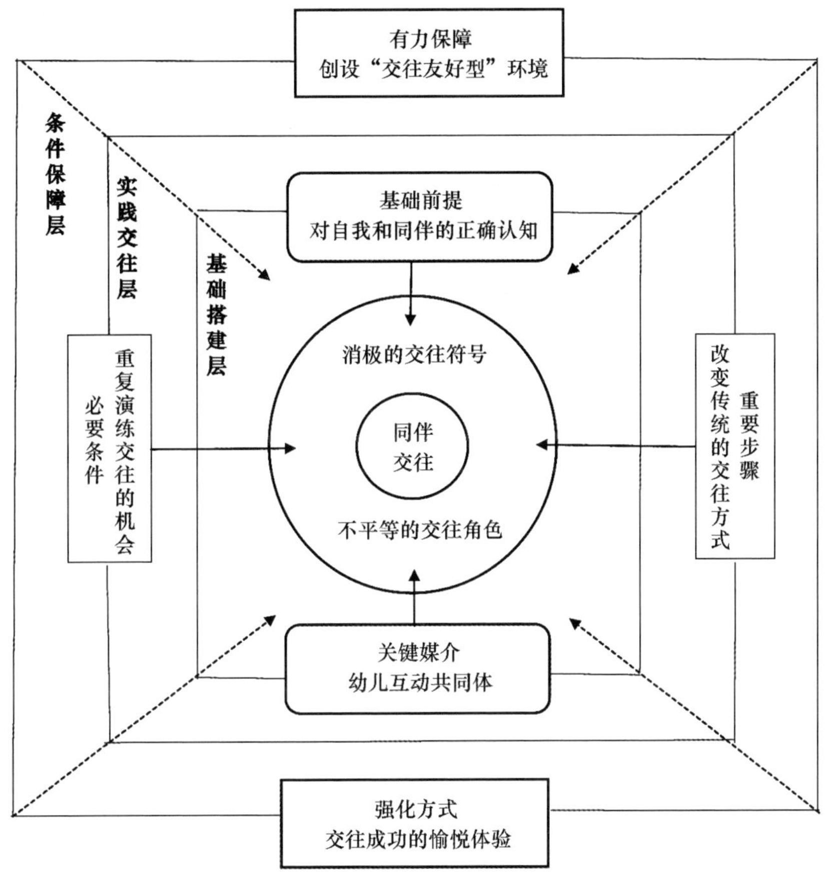

图5-1　普通幼儿与特殊幼儿同伴交往中消极符号与角色的消除机制模型

第一层为基础搭建层。该层次还尚未直接进入普通幼儿与特殊幼儿的日常交往行为中，而是为保障接下来幼儿之间的顺利交往提供基础。其中，普通幼儿与特殊幼儿之间彼此的正确认知和学习共同体的建构就是为后续进行日常生活中的交往而提供的重要前提，是开始同伴交往的基础性层面。

第二层为实践交往层。在该层次中，各项要素均分布在普通幼儿与特殊幼儿的真实交往情景中。是将前一层次的交往基础与前提落实到现实生活中的重要一环。在该同伴交往的实践层次中，通过对交往行为和技能的不断练习和深化，从而让普通幼儿与特殊幼儿的同伴交往走向高质量、深层次的水平。

第三层为条件保障层。该层次一方面为前两个层次的同伴交往要素实施提供有效的条件保障，另一方面也是让普通幼儿与特殊幼儿的同伴交往得以维持，最终形成友谊的重要组成条件。是从外部环境的视角，对前两个层次所出现的交往行为的进一步巩固和强化。

综上所述，在学前融合教育环境中，教师有效消除普通幼儿与特殊幼儿之间的消极交往行为，需要从以上三个层次六个要素出发，选择科学、恰当、合理的教育媒介，开展同伴交往干预，方可实现融合幼儿园中普通幼儿与特殊幼儿的高质量同伴交往。

第六章

学前融合环境中同伴交往的干预方式

教育是教育者与受教育者之间的一种相互交流、相互理解、相互影响的双边活动。通过教育让儿童充分调动主观能动性，促进其自由成长。①

——［德］卡尔·雅斯贝尔斯

第一节　绘本与幼儿的同伴交往

一　绘本概述

（一）绘本的定义

绘本是通过图画和文字两种媒介的交织、互动讲述故事的一门艺术。它使用丰富多元的艺术手法、美术造型、色彩、形式等视觉符号来凝聚情感、塑造张力。日常生活中的种种限制或常识都可以作为一种脱离现实的符号，在绘本中被艺术性地“解构”或“重构”，从而让读者在绘本的微观世界中以“超现实”的审美之眼，重新审视自我、审视世界、审视生命。②

（二）绘本的特征

图画、文字与叙述构成了一本绘本必不可少的三个基本要素。正是绘本中这三个要素各具特点的丰富表现，形成了绘本这类书籍的基本特征。

---

①［德］卡尔·雅斯贝尔斯：《什么是教育》，生活·读书·新知三联书店 2021 年版，第 19 页。

② 王琳琳、班婧：《从解构到重构：艺术视角下培智学校绘本教学》，《现代特殊教育》2020 年第 7 期。

1. 语言简洁

绘本读物的主要受众是儿童。因此，必须要用最简洁的语言表达完整的故事内容，以便儿童理解。比如经典绘本《母鸡萝丝去散步》，全书只有44个汉字，故事简单、明快、有趣，特别符合幼儿心理发展特点。作者用细腻的笔触描述幼儿眼中的世界，充满想象和童趣。该绘本用明亮温暖的黄色与红色为基调，营造出欢乐、美好的童话世界。绘本文字很少，充分体现了绘本的根本特征：1+1>2，也就是图画加上文字远远超出二者单独的力量。

方卫平在谈及图画与文字的互动特点时曾指出："当图画与文字共同配合来完成一个叙事任务时，图画参与到了一个具有时间性的叙事过程中，而文字及其内涵则得到了一种空间化的形象呈现，这使得绘本中的图与文都不再局限于单纯的视觉或语言艺术，而是从彼此的媒介方式中吸取能量，从而构成一种特殊美学形态的文学样式。"① 例如，在绘本《黎明》中，全书主要依赖由小到大的画面诗意地呈现黎明前的湖畔风光，而字数却是极少的。但是即便如此，书中的文字依然起到了画龙点睛的作用，让我们在图画中感受到一种高雅的诗意。由此可见，绘本的文字虽然简洁，却是绘本表达其艺术美学的重要元素。②

但是，绘本的语言简洁不等同于字越少越好，相反，给幼儿看的绘本有时候反而需要一些重复性的词句以加强记忆。③ 例如，日本作家西卷茅子的绘本《我的连衣裙》中写道，"当一块雪白的布从天上飘下来，小兔子把它做成了漂亮的连衣裙"，随后，小兔子说："做好了，做好了，啦啦啦，啦啦啦，我穿上漂亮吗？"翻到下一页，会发现穿着雪白连衣裙的小兔子走在一片花田里。小兔子说："我喜欢走在花田里。"再翻到下一页，"哎呀，连衣裙变成花朵花样了。"接着，小兔子走在雨中，连衣裙变成雨点的花样。小兔子走在麦田里，连衣裙又变成了草籽花样。每一次故事情节的变化都会出现幼儿喜欢的重复性语言："做好了，做好了，啦啦啦。"每一次小兔子连衣裙变化出新花样时，幼儿都可以像小兔子那样表达这句趣味性的儿童语言。真正优秀的绘

---

① 方卫平：《享受图画书：图画书的艺术与鉴赏》，明天出版社2016年版，第26页。

② 苏书巧、陈蕊：《幼儿园绘本阅读教程》，河北少年儿童出版社2020年版，第12页。

③ 苏书巧、陈蕊：《幼儿园绘本阅读教程》，河北少年儿童出版社2020年版，第12页。

本，就像《我的连衣裙》一样，文字看似简单，却是经过作者反复推敲而使用的最贴近儿童的语言。

2. 图画形象

大多数经典绘本都是由画家手绘完成。不同的绘本因其内容不同需要使用不同的绘画手法，不同的故事主题也需要不同的绘画材料。比如《桃花鱼婆婆》采用彩色铅笔绘图，蓝色的构图搭配上点点粉红色，把略带忧伤又充满希望的故事表达得淋漓尽致。朱成梁的《团圆》则采用大红油彩，充分表现了中国的文化传统和人文情怀，让春节故事充满了中国味。当然，不同的作品类型也需要不同的绘画风格。比如写实主义的作品《小鲁的池塘》和类似儿童画风格的作品《大卫，不可以》，都是在描写儿童生活的故事，采用的是类似儿童画这样看似稚嫩的画法，更容易被儿童理解和接受。《我有一个梦想》和《海伦的大世界》等人物传记类绘本则往往采用丙烯及油画颜料等创作，以求真实表达人物的外貌和形态。

3. 故事生动

绘本都是由文字和图画共同组成的，文字和图画相互补充的叙述形式使故事的生动性得到更好体现。《母鸡萝丝去散步》便是最具代表性的作品之一。孩子们边翻看这本书边听大人将简洁的文字朗读出来的时候，绘本中蕴含的智慧与幽默，狐狸的狡诈、母鸡的聪明等就浮现在幼儿面前，让这个美好灿烂、幽默有趣的故事以动物的拟人化表达，走进儿童的心灵。

正如加拿大儿童文学理论家佩里·诺德曼（Perry Nodelman）所言："一本图画书至少包含着三个故事：一个是文字讲述的故事，一个是图画暗示的故事，还有一个是文字与图画相结合而产生的故事。"①方卫平也表达了自己的观点："两者结合后所产生的故事是一定要通过与读者对话、互动才能完成的。在这一过程中，儿童得到发展的就是建构意义的能力，而绘本因儿童自身对故事的重新建构而变得更为生动和有趣。"②

① ［加］佩里·诺德曼、梅维丝·雷默：《儿童文学的乐趣》，陈中美译，少年儿童出版社2008年版，第22页。

② 方卫平：《享受图画书·图画书的艺术与鉴赏》，明天出版社2016年版，第15页。

（三）绘本的分类

绘本是融合了文字、图画和故事等诸多要素的儿童文学样式，它涵盖了不同的主题、内容，以服务于不同的读者。不同学者按照不同的分类标准，可以将绘本划分为不同的类别。

1. 一般绘本和无字绘本

按照绘本中叙述文字的有无，可以将绘本分为一般绘本和无字绘本。一般绘本是由文字和图画共同完成叙述任务的绘本。无字绘本顾名思义也就是作品正文不出现任何文字的绘本。这类绘本通过画面完成叙事，强调画面之间的连续性。例如，雷蒙·布力格绘制的《雪人》就是专门为还不识字的低龄幼儿设计的无字绘本。

2. 故事类绘本与非故事类绘本

按照绘本叙事性的强弱，可以将绘本分为故事类绘本和非故事类绘本。故事类绘本也就是大家较为常见的，由一个故事情节贯穿始终的绘本形式。故事类绘本由于内容来源的不同可以分为改编类绘本和创作类绘本。改编类绘本即根据文学名著、童话故事、神话传说等改编的绘本；创作类绘本则由作家独立创作完成。非故事类绘本没有统一的故事情节，而是通过某种形式的文字表达结合图画去表达某一主题，如安东尼·布朗的《我爸爸》《我妈妈》，通过散文式的叙述表达刻画了爸爸妈妈的美好形象。

3. 按主题划分

按照绘本表达的主题内容的不同，可以从幼儿成长的需要出发进行主题分类，例如自我认识、家庭、社会与小区、社会上不同职能的人士、幻想、品德、情绪、食物、交通、自然环境、动物与植物、国家文化等；也可以以幼儿主要学习和发展的领域作为分类标准，如语言能力、想象力、注意力和观察力、审美能力、哲学启蒙、人际交往、智慧开启、创作评鉴、亲情体味、国际理解等。

以人际交往类绘本为例，该类主题绘本主要围绕幼儿的人际交往、社会生活两方面进行创作。对幼儿来说，社会生活主要体现在幼儿园与家庭中。绘本《抱抱》《大卫上学去》等，可启发幼儿适应家庭与幼儿园的生活。人际交往类绘本则告诉幼儿该如何与朋友、亲人、老师等相处。该类主题绘本是用来进行同伴关系干预的最佳绘本，表 6－1 对该类绘本进行了举例介绍。

表 6－1　**同伴交往主题绘本**

编号	绘本名称	内容提要	主题
1	《别取笑我的好朋友》	兔子蹦蹦结交了新朋友苏奇，然后与老朋友青蛙跳跳感情破裂又重归于好的故事	发展同理心、友好接纳他人
2	《弟弟的世界》	讲述了一个无法融入他人世界的自闭症弟弟的故事	发展同理心、接纳弱势群体
3	《大脚丫跳芭蕾》	贝琳达虽然有一双异常大的大脚而被排斥在舞蹈舞台之外，但是她勇敢坚强，坚持不懈，等到机会来到的时候终于如愿以偿被观众热烈欢迎的故事	尊重别人，不嘲笑别人
4	《古利和古拉》	古利和古拉在森林遇到大鸡蛋，通过合作解决困难，最终做出大蛋糕的故事	学会合作
5	《可爱的小雀斑》	一个小姑娘因为满脸雀斑总遭到别人的嘲笑，她用遍了各种方法去掉雀斑，但都不管用，最后通过一系列的生活经历和他人的鼓励，获得了自信，接纳自我	接纳自己，欣赏自己，自信乐观面对生活
6	《没有耳朵的兔子》	兔子因为没有耳朵而受到其他兔子甚至狐狸的歧视，他却和一只长着长耳朵的小鸡成了好朋友的故事	接纳他人、坚持做自己
7	《你很特别》	讲述了“胖哥”在木匠的鼓励下发现自身闪光点的故事，与正确认识他人、正确认识自己的主题贴切	正确认识自我与他人
8	《我有友情要出租》	主人公大猩猩因为孤单寂寞想出了“出租友情”的办法，出租方式是“一小时五块钱”	友情无价
9	《小黑鱼》	讲述一条小黑鱼和一群小红鱼团结合作战胜海怪的故事	学会合作

二　绘本对学前融合教育中同伴交往的促进意义

（一）建构普通幼儿对特殊同伴的正确认知

绘本主题丰富多元，其中就包括围绕特殊儿童展开的绘本主题。该类绘本主要描述特殊儿童的真实生活故事，蕴含了融合教育的多元与差异、平等理解、尊重支持等价值观，能够帮助普通儿童增进对特殊儿童的认识、理解和接纳。这类绘本也被称作“融合绘本”（Inclusive picture books）。①

范秀辉的研究发现，绘本是帮助幼儿正确认知残障者的最佳媒介。②特殊儿童主题绘本对于特殊儿童而言如同一面镜子能够照见自己；对于普通儿童、家长和教师像是一扇窗户，能够更加直观了解特殊儿童。共读特殊儿童主题绘本，有利于让儿童了解到无论残疾人面临何种挑战，都同样能够拥有快乐、成功的生活；有利于让儿童发现绘本中的残疾人克服残疾与恐惧的坚强与韧性；有助于儿童意识到每个人的与众不同等。以上内容可从不同层面提升儿童对残疾人的接纳与欣赏，促进所有儿童之间的友谊和宽容。表6－2是一些适用于普及残疾知识的绘本。

表6－2 **残疾知识普及绘本举例**

编号	绘本名称	残疾类型	内容提要
1	《安静也可以美丽》	听力障碍	小静是一名听力障碍儿童，她听不见音乐，却喜欢收集乐器。正是她对声音的美好向往，当她收到了妹妹送给她的一个陶笛时，展开了一个听障女孩对声音的想象世界
2	《好好爱阿迪》	唐氏综合征	阿迪是个唐氏综合征孩子，反应慢，总喜欢跟着邻居孩子琪琪玩耍。他对琪琪很好，对小动物很温柔，他会在沼泽中找睡莲，找青蛙卵，是个体贴的玩伴。但他们相处时也有矛盾：琪琪被纠缠时的不耐烦，阿迪被其他人指指点点或讥笑时的不自在等
3	《海伦的大世界》	听力障碍	健康的海伦·凯勒因为一场疾病变得聋哑后在老师安妮·苏利文的引导和帮助下，重新找回了自信和坚强，获得大学文凭，并成为作家
4	《看不见》	视力障碍	一个“看不见”的男孩，试着从家里走到公园，他不用视觉，而是用其他感官来接触他生活的环境
5	《轮椅上的梦》	肢体障碍	玛吉特双脚不方便，需要坐轮椅，但是她会做很多事情，她一点也不觉得自己和正常的孩子有什么不一样

① 江小英：《融合教育背景下残疾学生同伴关系及绘本干预研究》，博士学位论文，北京师范大学，2017年，第31页。

② 范秀辉：《普通幼儿对身心障碍同伴接纳态度之干预研究》，硕士学位论文，重庆师范大学，2012年，第55页。

如何运用绘本进行残障知识普及呢？以《好好爱阿迪》为例，该绘本以生动形象的方式介绍了唐氏综合征儿童的身心发展特点：宽脸颊、小眼睛、眼距宽、眼睑倾斜等。在该绘本中，阿迪还具有自理能力较低、动作发展不协调的问题。在此基础上，教师不仅可以引导幼儿通过绘本阅读全面认识和理解唐氏综合征同伴，而且也可以通过故事情节的跌宕引导普通幼儿感受生命之多元。该绘本就是以这样的方式，在幼儿的心中留下对唐氏综合征幼儿最深刻的记忆与理解。

（二）提升普通幼儿对同伴的接纳度，增进同伴互动

绘本以纯真、幼儿感兴趣的方式对不同残疾类型进行描述，可以让幼儿更加沉浸到内容中，增进对不同残疾的基础知识的了解。将绘本用于学前教育阶段特殊幼儿的同伴交往干预，不仅可以提升普通幼儿对特殊幼儿的接纳态度，还能够极大增进二者之间的同伴互动，提升同伴交往质量。①

以《好好爱阿迪》绘本为例，绘本巧妙引导读者学会欣赏并尊重每一个与众不同的生命。书中自我为中心的男孩阿强对阿迪极为嫌弃、排斥，从心理、语言和行为上都表现出对阿迪的排挤、厌烦，不愿意与其相处。女孩琪琪对阿迪的态度则经历了一个转变的过程：厌烦、疏远—不自在、自责—亲近—称赞、鼓励—理解、欣赏—亲密、接纳。故事的结尾温馨感人，给人积极正面力量的同时，也给予读者深刻启发。

第一，幼儿学会与不同的人相处，学会看待事物的不同角度，是成长不可或缺的一部分。懂得包容、理解、接纳与欣赏差异的幼儿拥有更高尚的品德与健全的人格。第二，面对反应慢的、特别的同伴，幼儿可能产生害怕、厌烦等消极的情绪反应，需要成人及时的关注与指导。第三，琪琪的改变是因为妈妈在她心里播撒下一颗友善的种子，时机成熟，这颗种子就会生根萌芽，开出善念之花、结出善行之果。由此可见，教师的恰当引导，能够促使幼儿建立起对特殊幼儿正确且全面的认识，激发其积极的情感，带来行为的改变。第四，人们很难对不了解的人产生同理心，通常需要频繁的接触来了解对方的想法或行为，才能和对方产生共鸣与互动。绘本故事就是用这样简单又优雅的方式为幼儿传达差异性和接纳的观念。

① 范秀辉：《普通幼儿对身心障碍同伴接纳态度之干预研究》，硕士学位论文，重庆师范大学，2012年，第75—77页。

（三）有利于普通幼儿对特殊幼儿产生同理心

绘本故事可激发普通幼儿对特殊同伴关怀、尊重和包容的情怀。例如，海豚出版社出版的“与众不同的朋友”系列原创绘本，全套六册，每册一个小故事，每个故事的小主人公都是一名特殊儿童，包括唇裂儿童、自闭症儿童、视障儿童、唐氏综合征儿童等。每本书的故事后面都附有延展阅读，可以帮助普通幼儿学会和特殊幼儿的相处之道。在教师的示范和引导之下，幼儿很容易在对特殊幼儿理解的基础上发展出对弱者的保护、协助情愫，对班级中的特殊同伴表现出同理心和体贴心，并在行动上包容他们的“不完美”，开始欣赏和认同特殊幼儿的优缺点，逐渐能以尊重和接纳的态度与特殊同伴互动交往。

三　绘本促进同伴交往的实证研究

（一）绘本对普通幼儿同伴交往的干预研究

绘本干预的积极作用在教育界已经被众多学者肯定。近年来，越来越多的学者将干预目光放在了学前幼儿的同伴关系上，并采用观察法、实验法及行动研究等方法进行证实，结果如表 6 – 3 所示。

表 6 – 3　**近四年内绘本对幼儿同伴交往干预研究**

作者/年代	研究主题	研究方法	研究结果
陈冬艳/2017	绘本对中班幼儿同伴交往策略影响的实验研究	观察法、实验法	干预后中班幼儿对同伴交往积极策略的运用明显增加①
张萌/2017	中班幼儿同伴交往策略和交往能力的绘本干预研究	实验法	绘本有效促进中班幼儿同伴交往策略和同伴交往能力发展②
张婷/2018	大班幼儿同伴交往策略及交往能力干预研究——以绘本阅读教学为例	观察法、实验法及问卷调查法	绘本阅读教学能促进幼儿交往的主动性，提升幼儿充分应用语言、动作等进行交往的能力③

① 陈冬艳：《绘本对中班幼儿同伴交往策略影响的实验研究》，硕士学位论文，河北师范大学，2017 年，第 27 页。

② 张萌：《中班幼儿同伴交往策略和交往能力的绘本干预研究》，硕士学位论文，天津师范大学，2017 年，第 26—28 页。

③ 张婷：《大班幼儿同伴交往策略及交往能力干预研究——以绘本阅读教学为例》，硕士学位论文，河北师范大学，2018 年，第 22 页。

续表

作者/年代	研究主题	研究方法	研究结果
况艳/2018	绘本教学促进5—6岁幼儿同伴交往能力发展研究	教育实验	同伴交往主题绘本能促进大班幼儿同伴交往能力，增强幼儿的社交主动性，提升语言交往能力以及解决冲突的能力①
金梦/2019	绘本教学对中班幼儿同伴交往能力影响的实验研究	实验法、问卷调查法、测量法	绘本教学实施后，实验班对特殊幼儿的亲社会行为显著增加②
潘婷/2019	交往主题绘本对中班幼儿同伴交往能力影响研究	实验法	幼儿在社交主动性、语言和非语言交往能力、社交障碍、亲社会行为等4个方面的提升均较为显著③
李宗娜/2020	绘本主题活动促进小班幼儿同伴交往能力实验研究	实验法	能够促进小班幼儿的同伴交往能力；增加小班幼儿亲社会行为，提高语言和非语言能力，增强社会主动性，改善社交障碍④
张俊/2020	以绘本讲故事培养大班幼儿同伴交往能力的研究——以交往类主题绘本为例	观察法、问卷法、实验法	交往主题绘本阅读活动对幼儿同伴交往能力的提升有积极作用⑤
林娴/2020	运用绘本改善被忽视幼儿同伴交往状况的行动研究	行动研究法、同伴提名法、访谈法、观察法、文献法	改善了被忽视幼儿同伴交往中被忽视状况，改善了社交地位，提高了同伴接纳度⑥

① 况艳：《绘本教学促进5—6岁幼儿同伴交往能力发展研究》，硕士学位论文，贵州师范大学，2018年，第31—36页。

② 金梦：《绘本教学对中班幼儿同伴交往能力影响的实验研究》，硕士学位论文，河北师范大学，2019年，第36页。

③ 潘婷：《交往主题绘本对中班幼儿同伴交往能力影响的实验研究》，硕士学位论文，上海师范大学，2019年，第43—48页。

④ 李宗娜：《绘本主题活动促进小班幼儿同伴交往能力的实验研究》，硕士学位论文，天津师范大学，2020年，第18页。

⑤ 张俊：《以绘本讲故事培养大班幼儿同伴交往能力的研究——以交往类主题绘本为例》，硕士学位论文，河北大学，2020年，第41页。

⑥ 林娴：《运用绘本改善被忽视幼儿同伴交往状况的行动研究》，硕士学位论文，淮北师范大学，2020年，第56—57页。

从研究对象来看，针对学前幼儿的同伴交往干预研究涉及了大、中、小班幼儿。研究方法主要采用前后测准实验研究和行动研究，也有部分研究采用质性研究，同时辅以问卷调查、访谈、观察等研究方法收集资料。虽然在研究方法、对象上有差异，但研究结果大致相同。研究均表明，经过绘本干预后，幼儿的同伴交往能力显著提高。具体表现为交往的主动性增加，交往策略增多，应用语言的能力及解决冲突的能力加强。绘本对被忽视幼儿同伴交往状况的改善最为明显。研究结果证明，以问题诊断为依据所设计的绘本主题活动提高了被忽视幼儿在同伴中的社交地位，增进了同伴关系，提升了同伴接纳度。

（二）绘本对特殊儿童同伴交往的干预研究

杨雕在“促进残疾儿童同伴关系改善的实践研究——以‘互助·友爱’小组为例”研究中以“互助·友爱”小组为例，通过8次小组工作和8次个案服务的综合干预，结果显示，周围同伴对待肢体残疾儿童的态度实现了从消极到积极的转变，肢体残疾儿童消极、主观否定性的自我认知得以修正，自卑、胆怯等消极心理和行为得到调适，肢体残疾儿童的同伴关系有了量的改变和质的提高。①

庞颖在《绘本阅读对智力障碍儿童同伴冲突行为干预研究》中采用单一被试实验研究和访谈法，在培智学校选取2名五年级同伴冲突行为较多并且喜欢绘本阅读的中度智力障碍儿童进行为期35天实验干预。研究结果表明，“同理心”绘本阅读与“互助技巧”绘本阅读能有效降低智力障碍儿童同伴冲突行为，且“同理心”绘本阅读干预后再进行“互助技巧”绘本阅读干预，智力障碍儿童同伴冲突行为降低效果更显著。②

郑雪清在《促进普通学生对身心障碍同伴接纳的行动研究——基于绘本教学的实践探索》中，运用教育行动研究的方式展开研究。该研究选用8本绘本，设计8节教学活动，开展了半个学期的绘本课程。研究发现，绘本干预能在认知、情意和行为三个层面增加普通学生对

① 杨雕：《促进肢体残疾儿童同伴关系改善的实践研究》，硕士学位论文，云南大学，2016年，第49—50页。

② 庞颖：《绘本阅读对智力障碍儿童同伴冲突行为干预研究》，硕士学位论文，辽宁师范大学，2018年，第67页。

身心障碍同伴的接纳度。①

范秀辉在《普通幼儿对身心障碍同伴接纳态度之干预研究》中采用行动研究法，测查普通幼儿通过实施绘本教学是否可以改变对特殊同伴的态度。研究结果发现，绘本教学活动使普通幼儿对身心障碍同伴在认知、情感和行为三个方面的接纳态度有正向反应。从绘本教学活动设计与实施以及绘本教学对幼儿的影响两个方面，发现绘本是帮助幼儿正确认知身心障碍者的较好媒介。分享与讨论是建构幼儿认知身心障碍者的有效学习方式。绘本教学能建构普通幼儿对特殊同伴的正确认知并提升对特殊同伴的接纳程度，增进普通幼儿与特殊幼儿的良性互动。②

四　基于同伴交往的绘本教学实施

（一）学前教育阶段融合教育绘本挑选原则

关注幼儿之间身心发展的差异，是教师在选择绘本时要考虑的首要因素。绘本教学实施前教师要对教育对象的需求、学习能力进行全面了解，以保证幼儿对所选绘本有良好的理解。在学前融合教育环境中，由于教学对象的特殊性，并不是所有的绘本都适合特殊幼儿阅读。因此，在挑选绘本时，不仅要考虑普通幼儿的需求，也要考虑特殊幼儿的能力水平。

融合幼儿园中的特殊幼儿普遍存在不同程度的认知障碍，缺乏早期的认知经验和早期阅读经验；感知速度比较慢，范围狭窄，注意力集中时间短，容易分散，以无意注意为主，对形象生动、色彩鲜艳的事物感兴趣；记忆速度慢，容量较小；语言发展比较迟缓，词汇量少；以直观形象思维为主，缺乏灵活性等特点。挑选绘本时需要遵循以下原则。

1. 画面主体明显，清晰简洁，色彩鲜明

绘本在保证内容适宜的同时，也要保证绘本内容的丰富、精彩。这样才能全面调动幼儿的注意力和主动性，全身心投入到教学参与中。同时，在绘本的外观方面，对纸质、装帧等也有艺术性和美观性的要求，以保证幼儿能够在开心、愉悦的艺术性氛围中进行学习。此外，绘本教学之所以在低年级的教学过程中如此受推崇，主要就是其图文结合的教学方式能够

---

① 郑雪清：《促进普通学生对身心障碍同伴接纳的行动研究——基于绘本教学的实践探索》，硕士学位论文，南京师范大学，2020 年，第 61—65 页。

② 范秀辉：《普通幼儿对身心障碍同伴接纳态度之干预研究》，硕士学位论文，重庆师范大学，2012 年，第 75—76 页。

引起学生的学习兴趣。因此，图画清晰简洁、色彩鲜明应是教师选择绘本时的首要考量要素。

2. 文字简短，对话简单直白，易读上口

从幼儿的身心发展特点出发，教师要考虑的绘本内容难易程度包括情节丰富程度、语句繁杂程度和文字长短程度等。特殊幼儿由于在认知、思维等方面具有一定的局限性，文字较长、画面复杂的绘本难以激发特殊幼儿的阅读主动性和兴趣，更难以理解绘本的内容。因此，故事短小且内容简单，同时具有一定的重复或预测性语言文字形式的绘本更适合于特殊幼儿阅读。

3. 内容有悬念，充满故事性和趣味性

教师在学前融合教育环境中进行绘本选择时，既要考虑幼儿的年龄发展特点和身心发展水平，同时还要注重绘本内容的趣味性。故事性强且内容曲折有张力的绘本更能够调动所有幼儿的阅读和活动积极性。同时，故事中的悬念设置会让幼儿们对绘本抱有一种持续的期待，会成为绘本后续阅读和教学的强大动力。

4. 内容贴近幼儿的生活实际

特殊幼儿虽然在身心发展方面具有一定的迟滞性，但却具备基本的生活经验。鉴于此，为了能够让特殊幼儿对绘本内容进行全面的参与和理解，绘本内容应选择与普通幼儿和特殊幼儿的日常生活密切相关的题材，这样更能激发幼儿们的共鸣，并能够与日常的交往行为相联系，运用到现实的情景中。

（二）融合幼儿园绘本教学方法

1. 互动式分享讲读法

互动式分享讲读是以启发式问题推动阅读进程的绘本教学方法。该方法鼓励幼儿尽情表达自己的读书感受，在与他人分享读书感悟时获得情感支持。[①] 互动式分享阅读强调“分享”比“阅读”更为重要。无论阅读治疗还阅读活动的开展都倡导互动性，绘本教学更是如此。

其中，“互动”指的是绘本教学者、绘本与幼儿之间的互动，引导幼儿仔细观察绘本中图画的细节，大胆猜测故事情节的发展，认真思考绘本中人物内心所思所想，勇于表达对人物态度和行为的看法。“分享”指的是幼儿之间或者师生之间一起平等交流阅读感受，倾听和尊重每个人的感受、理

① 江小英：《融合教育背景下残疾学生同伴关系及绘本干预研究》，博士学位论文，北京师范大学，2017 年，第 116 页。

解、欣赏和评价，不以教师的分析代替幼儿的解读，不以模式化的解读代替幼儿的思考，不以集体讨论代替个人阅读体验，增强幼儿对绘本中人物的情感经历和价值取向的感悟和理解，让绘本中的故事和幼儿的内心联系起来，与他们的生活经验勾连起来。“讲读”是指成人与幼儿共同阅读绘本，包括采用讲述、朗读、讨论、探究、鉴赏等多种元素与方式。同时，由于绘本是图文结合起来讲述故事，讲读过程中，教师也需要根据自己对图画和文字的理解，即兴地运用自己的语言对故事进行讲解和描述。

2. 情景表演法

3—6 岁的幼儿处于表现欲强烈的阶段，他们乐于在同伴面前展现自己的能力和想法。因此，教师应适时给予幼儿充分自我表现的机会。幼儿将绘本中的故事演绎出来，可增强其对绘本故事的感受、想象、体验和模仿，想象力和创造力得到发展，口语表达能力提升。同时，在合作中小朋友们也可以互相交流、互相磨合，享受和同伴合作的乐趣，体验与同伴一起达成目标的喜悦感，进而提升同伴交往能力与积极性。

3. 游戏法

游戏是促进幼儿掌握知识最有效的教学方法。以《我的妹妹听不见》绘本教学为例，教师借助绘本主题，设计相应游戏，儿童选择适合的角色分工开展盲体验障碍游戏，让普通幼儿亲身去感受“看不见”“听不见”“说不出”等场景带来的种种障碍，并分享有障碍情况下的心理感受。

当幼儿真正融入游戏中时，他们不仅是身体上感觉到不适应，心理也会产生强烈的不安全感，由此，教师再加以引导：“你们现在感受到的难受其实是特殊孩子们终身摆脱不了的，能够看得见、听得见很幸运对不对？如果你们成了他们，你希望别人怎样对你，你就怎样对待别人。”通过丰富多样的障碍游戏后，再结合绘本《瑞奇的烦恼》让幼儿们感受到在困难面前拥有不屈精神的重要意义，明白对别人友善就是对自己友善的道理，感他人所感，积极培养同理心，增进包容，悦纳他人，悦纳自己。

4. 绘画法

儿童的认知特点决定了其更易认知与记忆具体形象的内容，因此，一些可视化工具，如流程图和思维导图等均可作为幼儿学习的支架。上海市浦东新区顾路小学语文教师徐洁便提出了用“思维导图读绘本”的方法。例如，在教学《母鸡萝丝去散步》时，根据母鸡萝丝的散步路线，我们可以画出她的散步流程图。在《可爱的小雀斑》进行教学时，就可以用顺序结构流程图清楚地展示小草莓小时候从自卑到自信的心情变化（图6－1）。

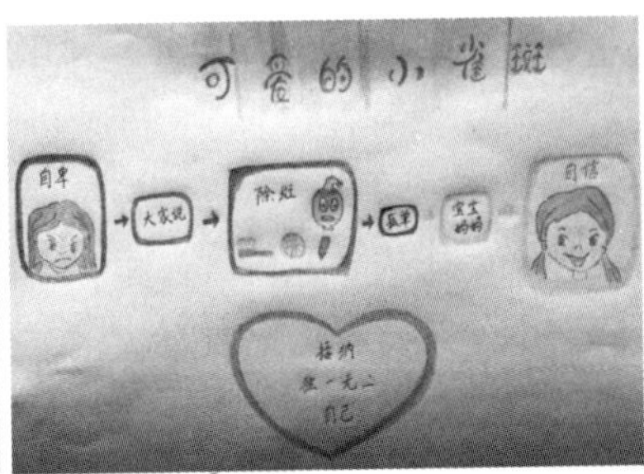

图6－1　《母鸡萝丝去散步》《可爱的小雀斑》流程图①

再比如用另外一种顺序式的流程图所绘制的《生气汤》（图6－2）。前面一个三角由下而上，颜色越来越深，代表着霍斯的火气越来越大；后面一个三角由上而下，颜色越来越淡，代表着霍斯的火气逐渐消退。用从下而上、从上而下的顺序结构流程图，能很清楚地看出霍斯的情绪变化。

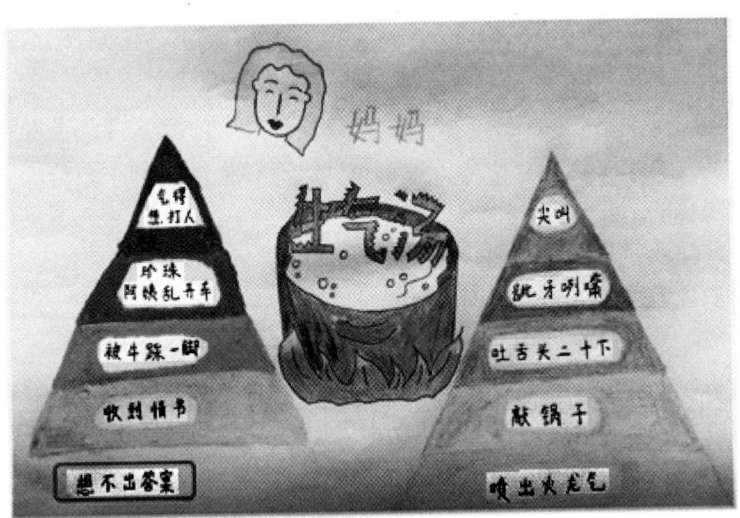

图6－2　《生气汤》思维导图

① 图6－1与图6－2的流程图均来自“绘本教学”公众号中上海市浦东新区顾路小学语文教师徐洁便分享的《思维导图，三步厘清绘本思路》。

5. 幼儿园五大领域融合教学法

《幼儿园教育指导纲要（试行）》中指出："引导幼儿接触优秀的儿童文学作品，使之感受语言的丰富和优美，并通过多种活动帮助幼儿加深对作品的理解和体验。"将绘本与幼儿园五大领域教学相结合，成为幼儿园主题教学的组成部分，是在幼儿园持续而高效开展绘本教学的一种方法。通过将绘本内容融合进入五大领域的主题，引导幼儿在欣赏性阅读的基础上开展教育性阅读活动，不仅能帮助幼儿更好地理解和体会绘本内容，也为幼儿教育活动提供丰富的素材，促进幼儿多方面发展。①

（三）绘本教学中教师对同伴交往的指导原则

1. 分层次提问，保证全体参与

教师的提问通常面对的是全班幼儿，但学前融合教育中普通幼儿与特殊幼儿的差异较大，他们的知识水平不同、能力不同、理解水平不同，所以有些问题对于普通幼儿来说可能过于简单，而对特殊幼儿来说可能过于复杂。因此，教师要注意提问的层次，结合不同幼儿的不同特点，提出层次不同、难度不等的问题，使每个幼儿都乐于主动参与活动、积极回答问题。比如，在绘本《大脚丫跳芭蕾》教学中，在讲到"贝琳达喜欢跳舞，她每天去舞蹈学校认真地练舞。她跳舞的时候，姿态优雅、脚步轻巧灵活。可是，贝琳达有个大问题"时，我们提出了"贝琳达喜欢干什么？仔细看图，猜猜看，她有什么大问题？什么地方比较特别？为什么脚大会是她的大问题呢？"几个具有不同难度层次的问题，就满足了不同能力层次的幼儿需求，保证了所有幼儿的课堂参与度。

2. 提倡同伴互助，增进同伴了解

特殊幼儿的身心发展水平较低，在课堂中需要大量的教育支持来确保他们的课堂参与度以及教学目标达成度。在融合教育的班级中，特殊幼儿的学习应是自主学习、合作学习、师生互动、生生互动的融合。在阅读教学中，同伴共读是一项有效的同伴支持手段。同伴共读可以是同桌共读，也可以是小组共读。同伴互助可扫清词语障碍，互通学习方法，增强理解能力，习得阅读技巧和策略，提高阅读流畅度，易于获得良好的阅读体验。此外，阅读后的同伴反馈也可以促进幼儿批判性思维能力的发展。同伴合作学习在融合幼儿园中的重要性不言而喻。

---

① 苏书巧、陈蕊：《幼儿园绘本阅读教程》，河北少年儿童出版社 2020 年版，第 193 页。

3. 创设情境，引发幼儿积极思考

情境教学通过创设生活展现情境、实物演示情境、图画再现情境、语言描述情境、音乐渲染情境、表演体会情境等，在教学实践中陶冶、净化学生情感，让学生的认知在调节性、动力性、感染性、强化性、定向性、适应性、信号性方面得到更好的调节。① 好的情境创设既要为幼儿的学习提供认知停靠点，又能激发其学习热情，这是情境的两大功能，也是促进幼儿有意义学习的两个先决条件。当幼儿的阅读进入情感角色时，幼儿往往会从读者变成绘本内容的主角，在教学时可以根据幼儿的情感状态设置与绘本内容和情感表达相对应的游戏场景，让幼儿利用相应的素材及场景通过游戏的方式演绎全文。在情景游戏中，幼儿会遇到情景中的多项问题，但是他们会通过自己的方式处理这些疑问，并将游戏完成。在此过程中，幼儿既提升了解决问题的能力，也更加深入地探究和分析了绘本内容。②

4. 创造机会，提供展现平台

大部分普通幼儿对特殊幼儿的不接纳源于对该类群体的不了解。因此，在绘本教学过程中，教师可以根据特殊幼儿的特点设计教学环节，为特殊幼儿提供更多展示自我的机会和平台，让普通幼儿发现特殊幼儿的闪光点，从而理解和接纳他们，同时也能增进特殊幼儿的自信心。

5. 及时鼓励，促进同伴交往

从马斯洛（Marslow）的需要层次理论来看，每个人都喜欢夸奖与赞美，适度的夸赞能够激发对方的热情、建立自信心。学前幼儿同样具有自尊与自我实现的需求。物质奖励可以促进普通幼儿的接纳行为，精神奖励也能增进普通幼儿与特殊幼儿的交往。教师根据幼儿的这一心理特征，在课堂中可适当运用教师赞扬、同伴赞扬的方式增强幼儿的自信心与同伴关系。例如，在开展《你很特别》绘本教学活动时，教师设计问题“大家可以从我们班级里面找，我们身边有没有像伊莱的同伴，在你失落的时候、心情不好的时候，给你很多鼓励和安慰”。当幼儿们纷纷表示他人对自己的鼓励后，教师此时便可以对那些给予同伴鼓励和帮助的幼儿以表扬和鼓励。

---

① 李吉林：《情境教育理论探究与实践创新》，北京师范大学出版社 2019 年版，第 45 页。

② 张菊香：《融合教育活动中绘本教学方法的探讨》，《散文百家》2020 年第 6 期。

五　基于同伴交往的绘本教学案例展示

大班绘本教学活动《野兽国》

<table>
<tr><td>上课时间</td><td>2019 年 4 月 9 日</td><td>上课地点</td><td>大班活动室</td></tr>
<tr><td>课时安排</td><td>共 3 课时
本节课为第 2 课时</td><td>授课教师</td><td>主教教师：小花老师
辅助教师：方方老师</td></tr>
<tr><td>学生分析</td><td colspan="3">本班幼儿共 20 人，其中普通幼儿 13 人，自闭症幼儿 7 人。根据幼儿综合表现能力，课堂常规表现和绘本故事实际情况，将本班幼儿分为 3 组。其中 A 组普通幼儿 13 人，能够准确把握课堂信息，顺利与教师开展交流和配合；B 组为特殊幼儿 4 人，认知能力较好，但参与课堂较为被动；C 组为特殊幼儿 3 人，认知能力弱，教学活动中主动参与性较差。</td></tr>
<tr><td>教材分析</td><td colspan="3">《野兽国》以简单诗意的语言讲述了调皮男孩迈克斯的故事：他与妈妈大闹了一场，没吃晚饭就被关进了自己的房间。于是，迈克斯通过想象，开始了一次远航。他驾着小船出发，千辛万苦终于来到野兽国。在那里，迈克斯统领了那些暴躁狂乱的野兽，在疯狂玩闹之后，他开始想念那些最爱他的人，最后他放弃了野兽国国王的王位，回到了最爱他的亲人那里。</td></tr>
<tr><td rowspan="2">教学目标</td><td>A 组</td><td>B 组</td><td>C 组</td></tr>
<tr><td>1. 领会绘本故事意义，阐述故事要点。
2. 准确地扮演绘本角色，并充分展示角色特征。
3. 独立完成绘本阅读和讲解。
4. 厘清绘本人物关系，并简要复述绘本故事。</td><td>1. 在教师指导下，能够完成对绘本角色的理解和把握，能与其他同伴合作扮演相应角色，表达基本到位。
2. 在教师帮助下，能够完成绘本阅读和讲解。
3. 能够简要复述绘本故事。</td><td>1. 在教师指导下，基本完成对绘本角色的理解和把握，扮演相应角色。
2. 在教师帮助下，基本完成阅读。
3. 能够简要地复述绘本中部分故事。</td></tr>
</table>

续表

课时说明	第一课时：了解故事背景 第二课时：麦克斯进入野兽国的故事 第三课时：麦克斯回家
教学重难点	教学重点：同伴交往的态度、情绪、方式、表达等能力培养 教学难点：儿童对表演野兽特性的把握、理解和展示
教具准备	《野兽国》电子课件、《百兽狂欢》音乐、动物头饰、国王王冠与披风等

教学过程	
主教教师	辅助教师
一、课前热身 引导幼儿，随音乐自由活动手、脚、全身，在空间里自由移动身体，共享空间。	播放活动音乐，引导幼儿做热身运动。
二、教学导入 教师：上一周，我们就讲到了这里。迈克斯乘着他的小船到了野兽国，到了野兽国他见到了可怕的野兽，上一周小朋友表演了野兽，但是小朋友表演的野兽不够让人害怕，并且很多野兽都长得一样。因为小朋友只表演了长着尖尖爪子的野兽，这一周，小朋友可以发挥想象力，你也可变成一个歪脖子的野兽，你可以变成一个弯着腰的野兽，你还可以变成一只只有一条腿的野兽，你还可以变成一个小刺猬野兽。现在小朋友就想一想怎么表现出不同的野兽造型。	播放《野兽国》电子课件前半部分内容，帮助幼儿开展前情回顾。
（两位教师示范合作野兽造型。）	协助表演。
教师1：我们表演什么野兽呀？ 教师2：要不我们表演刺猬野兽？ 教师1：好啊，刺猬野兽应该有尖尖的刺。 教师2：还应该小小的。 教师1：我们应该一个在前一个在后。 教师2：我在你左边吧，这样我们可以做一只更大一点的野兽。 教师1：好，我们试试吧。	佩戴对应野兽的头饰，通过语言、动作、表情等展示野兽特征。

续表

（教师表演结束。） 教师：所以当小朋友不知道该和同伴扮演什么野兽的时候，就跟你的小伙伴互相商量一下。 （各组小朋友分组表演和展示野兽造型。） 教师：小朋友们表演了这么多野兽，野兽们要休息一会了。现在我们原地请坐，继续听小花老师讲迈克斯到了野兽国之后又有什么好玩的故事发生呢。	说明野兽特征，展示同伴协助的交流过程。
三、新知学习——体验同伴交往的感受，学习同伴交往的方法 （一）初遇野兽 教师：迈克斯乘着小船到了野兽国，看到了第一头大野兽。这一只野兽是一个大龙怪，接着越来越多的野兽要来了，他又见到了更厉害的狮子怪、犀牛怪、山羊怪和长头发的鸭子怪。迈克斯和野兽之间会发生什么样的故事呢？老师要给小朋友表演一下接下来的故事了。 （教师示范接下来的故事之后，让小朋友自由表演迈克斯初遇野兽的情境。） （表演的顺序为：教师做示范表演——教师表演迈克斯，野兽由小朋友表演——全部由小朋友扮演。）	引导幼儿体验式表演。
角色分配如下： 幼儿1：老鹰怪 幼儿2：山羊怪 幼儿3：老虎怪 教师1：迈克斯 教师2：旁述 情节：迈克斯到了野兽国，见到了一只老鹰怪，山羊怪和老虎怪。	播放《野兽国》电子课件后半部分内容，协助主教老师表演相应怪兽。
（扮演三只野兽的幼儿依次出场。） 迈克斯从来没有见过野兽，三只野兽也从来没有见过迈克斯，于是三只野兽商量了一下，说：“这个小孩是谁啊，看他长得这么可爱，我们一起去吃掉他吧。” （幼儿可自由发展情节） 山羊怪和老虎怪：好啊，好啊，吃掉他。 山羊怪：我们怎么抓住他呢？ 老虎怪：你从后面，我们两个在前面，一起抓住他吧。 野兽慢慢地靠近了迈克斯。 这时候，迈克斯被吓得瑟瑟发抖，不敢说话。但是他却好像突然有了魔法一样，向着野兽大喊一声：“不许动。我是勇敢的迈克斯，我一点都不害怕你们。” 教师旁述：迈克斯让野兽们不许动，他觉得野兽太高了，他想让野兽坐在地上，于是他说：“你们都给我坐下。”野兽们乖乖地坐在了地上，一动不敢动，他成了野兽国的国王。	协助主教老师，为幼儿佩戴对应怪兽的头饰。 引导幼儿依次出场，并鼓励幼儿自由表演。

续表

<table>
<tr>
<td>（二）国王“应该这样做”
教师小结：迈克斯让野兽全部都听他的话，迈克斯就成了野兽国的国王。但是当了国王之后的迈克斯觉得特别无聊，他不知道国王每天应该干什么，他就想了一个办法，他让野兽们帮他设计国王的造型。
一位教师扮演迈克斯，教师示范“他人肢体雕塑”的做法。
教师：我轻轻拉起老师的一只手，另一只手插着腰，一只腿往前迈。我设计的国王造型完成了。他像不像国王？
（引导幼儿通过与同伴合作一起完成“他人肢体雕塑”练习。）</td>
<td>观察幼儿表演过程的细节内容，收集生成内容。</td>
</tr>
<tr>
<td>（三）野兽狂欢
教师：接下来又发生了什么故事呢？这个时候，迈克斯对野兽们都施了魔法，让所有的野兽都听他的话，野兽们乖乖地坐在了地上。这个时候，迈克斯开始下令了：“野兽们，你们要一直跳舞，我不说停，你们不许停！”
教师：现在啊，老师又要来表演野兽了，我来扮演野兽，方方老师扮演迈克斯。
（教师示范迈克斯与野兽狂欢的场景＋定格练习。）
幼儿1：我现在是国王，我命令你们不停地跳舞，不许停。
音乐起：全部幼儿自由舞蹈，感受全班合作的乐趣。
教师：停。
全班幼儿肢体定格。</td>
<td>协助主教老师完成“他人肢体雕塑”的做法，并做解释和强调要点。
指导幼儿开展练习。</td>
</tr>
<tr>
<td>（四）结束部分
教师：迈克斯和野兽们跳舞从白天跳到了晚上，从地上跳到了树上。跳了三天三夜，这个时候迈克斯说“停”，你们不许再跳了，我想休息了。但是在这个时候迈克斯有点难过了，为什么他会难过呢？
幼儿：因为他想家了
幼儿：想妈妈
…… ……</td>
<td></td>
</tr>
<tr>
<td>教师：他离开家已经很多很多天了，妈妈一个人在家里。迈克斯在野兽国也跳了，也玩了，这个时候，他独自坐在一个小房子里。他想他的妈妈了，他想妈妈做的好吃的饭菜，她想念妈妈的拥抱。于是，他跟野兽们说“我要离开野兽国了”，但是野兽们已经和迈克斯成为非常好的朋友了，野兽们不想迈克斯回家，他们对迈克斯说：“迈克斯你不要走，跟我们一起做朋友。”但是迈克斯说：“不行，我要回家找妈妈了。”这个时候，魔法又发生了，迈克斯坐上回家的小船，过了一天一夜，迈克斯直接到家了。当他到家之后，他发现，妈妈给他准备的饭菜还在桌子上热着呢。原来妈妈一直都在等迈克斯回家呢。小朋友想一想，当迈克斯见到妈妈后，迈克斯会跟妈妈说什么？</td>
<td>协助主教老师完成相应表演。

播放音乐。</td>
</tr>
</table>

续表

幼儿1：妈妈我回来了 幼儿2：妈妈我想你 幼儿3：妈妈我爱你 幼儿4：见到妈妈好高兴 幼儿5：妈妈辛苦了 ……　…… 四、布置作业 1. 给妈妈画一幅画。 2. 在图书角阅读绘本故事。	观察记录幼儿情绪和发言情况。 观察记录幼儿情绪和发言情况。

（教案来源：山东省临沂市平邑县城东幼儿园　陈玉花）

第二节　教育戏剧与幼儿的同伴交往

一　教育戏剧概述

（一）戏剧与儿童

戏剧和儿童具有一种天然、和谐、紧密的关系，儿童具有戏剧扮演的天性。有研究指出，儿童最初的扮演活动出现在1岁半到2岁之间，2岁半以后出现与同伴合作的社会性戏剧游戏，在游戏中，儿童之间的参与性与互动程度明显增多，能吸引更多的儿童进入游戏。[①] 他们会构建自己与同伴合力击退怪兽的情境，幻想与同伴一起变成“小仙女”踩在云朵上飞行，创造“妈妈”带“宝宝”去医院打针的故事，尝试“猪八戒”踩到西瓜皮的风趣幽默……在儿童的成长中，戏剧与儿童如影随形。

（二）戏剧与教育

戏剧能激发儿童自发性学习兴趣的特点，使戏剧与教育的关系得以不断拉近，让戏剧本身所固有的教育属性尤为显著。因此，长久以来，在人类发展的历史长河中，戏剧就被赋予了教化臣民之功能。在具有悠久戏剧传统的西方国家，戏剧教育在各国的教育体系中均占据重要位置。例如，在古希腊雅典，戏剧教育是雅典公民教育的重要组成部分，政府甚至给公民发“观剧津贴”。[②] 在中国，古代“六艺”中的礼、乐、射、御、书、

① 黄婉圣：《教育戏剧中幼儿的“具身”存在及教师支持》，硕士学位论文，南京师范大学，2015年，第34页。

② 周慧华、宋宝珍：《西方戏剧史通论》，浙江大学出版社2008年版，第10页。

数中也包含丰富的戏剧教育元素。但戏剧教育理论系统化始于英、美教师在20世纪时的教学实践。它源于法国教育家卢梭的两个教育理念："在实作中学习"（learning by doing）和"在戏剧的实作中学习"（learning by dramatic doing）。[①]

美国教育家约翰·杜威主张实作学习理论，便引用了戏剧的方法进行教学实验。这一理念于1896年在杜威任教的芝加哥大学的一所实验学校得以实践。杜威时常发表有关戏剧教学的报告，引起很多学校效仿将戏剧与教育相结合的教学方式。[②] 早期，英国的哈莉特·芬蕾-强生（Harriet Finlay-Johnson）的《戏剧方法之教学》、卡德威尔·库克（Cadwell Cook）的《游戏方法》、彼得·史莱德（Peter Slade）的《儿童戏剧》、布莱恩·威（Brain Way）的《以戏剧成长》等皆对戏剧在教学中的使用做以论述，但并未形成系统体系得以推广。[③] 因此，在20世纪80年代以前，大多论著将戏剧在课程教学中的使用称为教育性戏剧（educational drama）、发展性戏剧（development drama）、戏剧课程（drama curriculum）、戏剧教学（drama teaching）等。[④] 直到1970年桃乐丝·希思考特（Dorothy Heathcote）与英国BBC电视广播公司，在"公共巴士"（Omnibus）系列节目中，制作了名为"三台织布机等待着"（Three Looms Waiting）的戏剧教学影片之后，她的戏剧教学理念得以在英美澳加等国扩展。她融合了前人的戏剧教学方法，被约翰·霍奇森（John Hodgson）及马丁·班哈姆（Martin Banham）整理编辑在合集中，这类教学方式被称为"教育戏剧"（Drama in Education）。[⑤] 后来，凯文·勃顿（Gavin Bolton）将希思考特的戏剧教学方法整理，出版了《迈向教育戏剧的理论》（Towards a Theory Drama in Education）一书，教育与戏剧的关系正式结合，从此教育戏剧得以问世，并成为世界各地教育系统中炙手可热的教育方式。[⑥]

---

① 郭香妹等：《教育戏剧跨学科教学课程设计与实践》，中国戏剧出版社2017年版，第27页。

② 张晓华：《教育戏剧理论与发展》，台北：心理出版社2015年版，第36页。

③ 张晓华：《教育戏剧理论与发展》，台北：心理出版社2015年版，第45—68页。

④ 徐俊：《回望与反思：近二十年大陆教育戏剧相关研究述评》，《戏剧艺术》2017年第2期。

⑤ 张晓华：《教育戏剧理论与发展》，台北：心理出版社2015年版，第17页。

⑥ 王琳琳、邓猛：《西方教育戏剧的发展沿革与实施》，《比较教育研究》2019年第3期。

> 在人类历史发展的过程中，戏剧是一种自然的学习方法。它所组成的要素，如模仿、想象、扮演、分析与解释等，都是在学习语言、动作和社会行为上最有价值的素材。①

(三) 教育戏剧的定义

教育戏剧（Drama in Education），发源于戏剧文化浓厚的欧美国家，由于各国文化、政治、教育等的差异，其实施方式不尽相同。随着世界各地研究人员对教育戏剧教学研究的不断深入，不同的研究者基于不同的视角对其进行了不同的解释，但基本上均指向教师在课堂里运用戏剧技巧与戏剧元素进行教学的方法。

从课程实施的视角来看，教育戏剧是运用戏剧技巧开展教育教学的一种课程门类和方式，它以人的活动天性为依据，在“导演”有计划的指导下，采用即兴表演、角色扮演、肢体模仿、观察、游戏等方法，引导参与者在互动中发挥想象，由实作中学习。②

从教学形式来看，教育戏剧是一种即兴的、非演出的、以过程为中心的戏剧形式，参与者在引导下想象、扮演和反思社会现象、问题或经验。③

从学习方式的视角来看，教育戏剧是在教师指导下一种经验学习的方式，要求学生即兴创作、分析角色特征、协同完成创造性活动，做出评价与自我决策，并进行问题解决。④

从教学手段的视角来看，教育戏剧是教授其他学科的手段，在于引导学生透过想象看到现实，理解行为背后的含义，其目的是知识的理解。⑤

从教学方法的视角来看，教育戏剧被视为一种帮助学生获取复杂知

---

① 张晓华：《教育戏剧理论与发展》，台北：心理出版社 2015 年版，第 21 页。

② 张生泉：《论“教育戏剧”的理念》，《上海戏剧学院学报》2009 年第 3 期。

③ Harvey S. Rosenberg L, *Creative Drama and Imagination: Transforming Ideas into Action*, New York: Holt Rinehart and Winston, 1984, p. 11.

④ Gregory D. Freeman, Kathleen Sullivan and C. Ray Fulton, “Effects of Creative Drama on Self-Concept, Social Skills, and Problem Behavior”, *Journal of Educational Research*, Vol. 96, No. 3, April 2003, pp. 131 – 138.

⑤ Nellie McCaslin, *Creative Drama in the Classroom and Beyond*, New York: Longman Publishers, 1996, p. 13.

识、进行自我完善的有效方法。①

总之，关于“教育戏剧是什么”的问题，虽然戏剧教育者们在不同时期，从不同角度进行了多样化界定，众说纷纭，但在长期的教育戏剧实践中，研究者们还是达成了相关的共识。从教育戏剧的主体性来看，在戏剧中，是教师与参与者共同建构戏剧作品的行动过程，具有双主体特性。从实施的过程性看，戏剧活动强调“游戏与创造”“即兴与互动”“参与与合作”“协商与分享”“情境与体验”等。从实施的方式来看，教育戏剧是在戏剧情境中实现对话的教育，即幼儿个体内部对话，幼儿与同伴及教师之间的对话以及幼儿与环境之间的对话。

教育戏剧的特点如下：

第一，情境性。教育戏剧表演内容源于真实社会情境，是对真实社会情境的反映。儿童对于情与理的认知，不再是理论意义上的说教，而是渗透于真实情景中直接能体现出来的行为方式，是一种更为深刻的真实性体验。

第二，协作性。教育戏剧的活动过程中，学生与学生、学生与教师之间是平等协作的关系，彼此之间共同构成了一个互助型的学习共同体。每个人在各司其职的基础上，彼此交互作用，共同建构和表演戏剧情节。②

第三，建构性。在教育戏剧中，学生带着自身独特个性和经验在戏剧情境中建构知识与自我。教师不仅无法预设戏剧情境中学生的即时反应，也无法知道所有问题的答案。唯有通过有效提问，与学生共同建构故事情节，寻找答案。

（四）教育戏剧与幼儿园表演游戏的区别

表演游戏是目前用于低年段幼儿或儿童教学的有效方法，是根据幼儿感兴趣的故事、绘本或影视动画中的情节、人物、语言、环境、动作等进行创编性表演的即兴游戏。表演游戏虽然进入了教学中，但仅是将文学作品中的故事情节立体化、现实化的过程，常常被用作文学活动、语言活动的延伸，用来加深学生对作品的理解。表演中既可以按照原来

---

① Melanie Peter, “Drama, Narrative An Early Learning”, *British Journal Of Special Education*, Vol. 30, No. 1, March 2003, pp. 21 - 27.

② 王琳琳：《教育戏剧：推动培智学校课堂教学变革的有效途径》，《现代特殊教育》2021 年第 1 期。

的故事情节发展，也允许学生通过自己对故事中人物与事件的理解进行创编故事。因此，表演游戏已然具备了戏剧的元素，如角色、道具、语言、动作、表情、故事、散文等。但它仍然与教育戏剧存在区别。从性质上来看，表演游戏具有教育活动与自发游戏的双重属性，而教育戏剧完全是教育活动。从角色来看，前者强调角色扮演，核心在于学生扮演的像不像；而后者强调角色体验，通过角色体验结合社会经验与知识体系去深入探讨问题。

二　教育戏剧对学前融合教育中同伴交往的促进意义

（一）创设普通幼儿与特殊幼儿的交往情景

传统课堂难以使普通幼儿与特殊幼儿身临其境地置身于不同的同伴交往情景中，这会极大影响其通过换位思考调整自己的言行举止，与同伴友好相处的行为。教育戏剧本就是发生在情景中的一种艺术形式，戏剧具有创设情景的天然优势。教育戏剧能够为幼儿创设不同类型的真实交往情景，引导其主动换位思考，给解决其交往过程中的冲突与矛盾提供机会与平台。

（二）增加普通幼儿与特殊幼儿间的交往机会

在日常生活中，特殊幼儿往往处于班级人际交往的边缘位置，受到普通幼儿的拒绝与排斥。而教育戏剧通过赋予普通幼儿与特殊幼儿不同的角色，合作演绎各种生动的情节，创造了更多普通幼儿与特殊幼儿间平等的同伴交往机会，有助于幼儿间的相互了解。

（三）练习普通幼儿与特殊幼儿的交往技巧

教育戏剧为普通幼儿与特殊幼儿练习同伴交往技巧创造了机会。在教育戏剧的演绎过程中，可通过情景的多元化创设和角色的不断重构，帮助幼儿反复练习已经掌握或未掌握的同伴交往技巧，将其不断内化成为自己与同伴的交往能力。

（四）提升普通幼儿与特殊幼儿的交往质量

教育戏剧通过创设幼儿间的交往情景，增加了普通幼儿与特殊幼儿间的交往机会，使幼儿在各式的交往情景中反复练习交往技巧，自然而然也就逐步提升了普通幼儿与特殊幼儿间的交往质量，促进幼儿间友谊关系的形成。

三 教育戏剧促进同伴交往的实证研究

（一）教育戏剧对普通儿童同伴交往的干预研究

教育戏剧对参与者社会交往技能、建立人际关系的重视是其他任何干预方式无法比拟的。[①] 它统合各类感官，发展儿童的沟通技巧，如注意力、感知、倾听、肢体语言与解释的逻辑等，帮助学生学会如何表达、解释与判断自己的想法。威尔士鲍尔斯（Walshbowers）等研究者采用单组前后测的实验设计，报告了 15 周戏剧活动后七年级学生在合作、倾听、解决分歧、共情等人际关系技巧方面的进步。[②] 塞廷格斯（Çetingöz）采用双组前后测实验，考察 24 个戏剧活动对 6 岁儿童社交技能的影响，结果发现，实验组在《社会技能评估量表》（SSES）总得分与人际交往、管理愤怒行为、应对同伴压力、自我控制、语言解释、接受结果、倾听、确立目标、完成任务九个分量表上的得分显著高于控制组。[③] 弗里曼（Freeman）等人的研究揭示了教育戏剧对三、四年级儿童自我概念、社会技能与问题行为的影响。[④] 黄佩珊、蔡黎曼采用行动研究法，以两所幼儿园为研究对象，实施了 7 个主题共 15 次教育戏剧活动。研究发现，干预结束后，参与的幼儿在解决问题的意愿上，经历了从被动解决到主动解决再到强烈意愿的过程。在解决问题的水平方面，参与幼儿经历由个体进行简单解决逐渐变为可以合作进行深入解决的变化。[⑤]

关于教育戏剧对参与者社会性发展、改善攻击性行为、促进同伴交往等方面的实证研究较多，研究结果均表明教育戏剧的实施对个体社会性发

---

① Andy Kempe, "Developing Social Skills in Autistic Children Through Relaxed Performances", *Support for Learning*, Vol. 29, No. 3, August 2014, pp. 261 – 274.

② Richard Walsh-Bowers and Robert Basso, "Improving Early Adolescents' Peer Relations through Classroom Creative Drama: an Integrated Approach", *Social Work in Education*, Vol. 21, No. 1, January 1999, pp. 23 – 32.

③ Duygu Çetingöz, "The Effects of Creative Drama Activities on Social Skills Acquisition of Children Aged Six", *Cukurova University Faculty of Education Journal*, Vol. 41, No. 2, Februry 2012, pp. 121 – 130.

④ Gregory D. Freeman, Kathleen Sullivan and C. Ray Fulton, "Effects of Creative Drama on Self-Concept, Social Skills, and Problem Behavior", *The Journal of Educational Research*, Vol. 96, No. 3, April 2003, pp. 131 – 138.

⑤ 黄佩珊、蔡黎曼：《教育戏剧冲突与幼儿问题解决能力的提高》，《学前教育研究》2018 年第 6 期。

展具有积极的促进意义。总之，教育戏剧有利于打破传统教学脱离社会生活的瓶颈，是社会领域教育的有效方式。

（二）融合教育背景下教育戏剧的干预研究

教育戏剧被广泛用于特殊教育领域，以促进特殊需要儿童的身心发展。国外相关研究开展较早且较为丰富。已有多项个案研究显示，教育戏剧不仅能够促进特殊儿童的社会互动①，也可以积极影响其社交技能和语言技能的发展②，有利于融合班级中的同伴接纳，促进参加融合课堂的特殊需要儿童在相互问候、群体包容和交往方面的技能。③ 而国内相关研究较为匮乏，多数是以绘本故事、认识身心障碍者的课程等方式进行，鲜少涉及有关学前融合教育中教育戏剧对同伴交往的干预研究。④

四　基于同伴交往的教育戏剧教学实施

（一）教育戏剧教学的主题来源

1. 绘本

教育戏剧的主题可以从绘本中提取，但也并非所有的绘本都适合用于教育戏剧的开展。绘本的选择直接决定教育戏剧活动的成功与否。绘本的选择应遵循以下几个原则：第一，绘本中角色要多元，适合于较多的幼儿进行表演或模仿；第二，绘本的画面要与幼儿产生共鸣，对幼儿的审美与兴趣产生“第一眼震撼”的作用，能吸引幼儿继续去探索故事情节；第三，绘本的故事内容要具有戏剧的“张力”，即该绘本故事中存在有待解决的矛盾或者问题；第四，故事的结尾能够为幼儿创造一定的想象空间，绘本《野兽国》《小种子》《桥》《请问你是女巫吗》《帕拉帕拉山的妖怪》和《我变成了喷火龙》等绘本都是不错的主题选择。

---

① Yin-kum Law, Shui-fong Lam, Wilbert Law and Zoe W. Y. Tam, “Enhancing Peer Acceptance of Cnildren with Learning Difficalties: Classrom Goal Orientation and Effects of a Storytelling Programme with Drama Techniques”, *Educational Psychology*, Vol. 37, No. 5, July 2017, pp. 537 – 549.

② Rey E. de la Cruz, Ming-Con John Lian and Lanny E. Morreau, “The Effects of Creative Drama on Social and Oral Language Skills of Children with Learning Disabilities”, *Youth Theatre Journal*, Vol. 12, No. 1, July 1998, pp. 89 – 95.

③ Filiz Erbay and Sunay YıldırımDoğru, “The Effectiveness of Creative Drama Education on the Teaching of Social Communication Skills in Mainstreamed Students”, *Procedia Social and Behavioral Sciences*, Vol. 2, No. 2, January 2010, pp. 4475 – 4479.

④ 范秀辉：《普通幼儿对身心障碍同伴接纳态度之干预研究》，硕士学位论文，重庆师范大学，2012 年，第 1 页。

2. 各类艺术作品

教育戏剧的主题可从各类生动有趣的艺术作品中提取，如文学作品、影视动画、美术作品、音乐作品等。在选择文学作品时，应考虑其人物鲜活度和情节丰富度。如神话传说《嫦娥奔月》、历史故事《花木兰》、寓言故事《狐假虎威》等都是可成为幼儿戏剧活动的主题素材。在选择影视动画时，经典性、趣味性和教育性可作为教师选择的依据，如《小蝌蚪找妈妈》《海底总动员》《三个和尚》等均符合幼儿戏剧活动的开展标准。在选择美术作品时，应考虑幼儿的认知发展水平、生活经验及美术作品本身的趣味性、经典度和拓展度①，卜劳恩的《父与子》、雅各布生的《怪老头》等都是不错的选择。在选择音乐作品时，由于音乐艺术形象的抽象性，可通过教师对歌词内容进行故事性建构，让适合的音乐成为教育戏剧主题的来源。

3. 生活经验

教育戏剧的主题也可来源于幼儿的实际生活经验。将幼儿生活中真实发生的事件作为教育戏剧的主题进行演绎，引导幼儿探索事件的发展变化过程，获得对生活更深层次的感悟。例如，以普通幼儿与特殊幼儿实际交往过程中的某一冲突性事件为主题，可引导幼儿探索解决交往冲突的方法。同时，在以生活经验为主题的教育戏剧中，幼儿可以在教师的引导下，根据生活经验中提取出的事件创作出相应的剧本，在此基础上进行即兴创作。这对幼儿来说既是一种挑战，也是一种乐趣。

（二）教育戏剧的教学策略

教育戏剧活动中常见的几类教学策略包括建立情景活动的教学策略、叙事活动的教学策略、诗化活动的教学策略以及反思活动的教学策略四大类。②

1. 建立情景活动的教学策略

此类教学策略的目的是通过引导参与者建构戏剧故事情境，帮助参与者快速掌握戏剧情节发生的背景信息、空间信息以及角色信息，为参与者“入戏”推动戏剧发展提供背景性资料。具体包括墙上角色、巡回戏剧、定格、建构空间、见物如人、广告时间和旁述默剧等，实施方法详见表6－4。

---

① 张金梅：《幼儿园戏剧综合课程研究》，江苏教育出版社2005年版，第108—111页。

② 王琳琳、邓猛：《西方教育戏剧的发展沿革与实施》，《比较教育研究》2019年第3期。

表6－4　建立情景活动的教学策略及其实施方法

策略	实施方法
墙上角色	将角色的形象或者性格特点等画、写在黑板或纸上，学生根据此画描述该人物的特征或相关故事情节
巡回戏剧	全班分组，扮演故事中的不同片段，教师入戏进到各组，挑战学生的想法并指导学生的创作
定格	运用肢体停止的姿势，展示个人或小组希望表达的某一刻的主题概念；
建构空间	采用象征与想象的方式，利用道具、家具、物品等塑造空间，借以表达不同地点
见物如人	挑选关键性的个人随身物品，借此推论或理解某一角色的性格、特征与行为
广告时间	为故事中重要的物品创作一段描述性广告
旁述默剧	教师用旁白方式塑造戏剧情境，引导学生根据自己对角色或情境的想象与理解，运用肢体动作呈现剧情原貌

相关教学案例

活动一：《没有耳朵的兔子》

策略选择：墙上角色

策略运用：当没有耳朵的兔子被有耳朵的兔子拒绝时，引导幼儿想象不同的角色的内心的想法。教师分发纸笔给幼儿，让幼儿把没有耳朵的兔子、有耳朵的兔子、旁观者三类角色画在纸上，引导幼儿说出不同角色在没有耳朵的兔子被拒绝时的想法，并进行全班交流。

活动二：《森林照相馆》

策略选择：定格

策略运用：幼儿扮演森林中的不同小动物来到森林照相馆中，先以所扮演的动物的身份设计个人照的拍照姿势，展示并定格留影。随后，与家族中的其他小动物一同构想出家族照的姿势，展示并定格留影。

活动三：《小种子》

策略选择：旁白默剧

策略运用：教师引导幼儿回忆生活中大的事物是怎样的，小的事物是怎样的，帮助幼儿掌握如何运用肢体表演变大变小。随后，教师播放音乐，在音乐中口述小种子由小变大的故事，幼儿根据教师口述即兴表演。

2. 叙事性活动的教学策略

叙事性教学活动可用于介绍或创造新的故事情节，是戏剧活动中的关键事件。此类教学策略的目的是为参与者设计与发展戏剧故事的情节提供支持，帮助参与者创新戏剧故事的发展走向，检验参与者对故事内涵的理解与评价。具体包括“坐针毡”、教师入戏、专家外衣、时光闪回、会议和电话交谈等教学策略，实施方法详见表6－5。

表6－5 **叙事性活动的教学策略及其实施方法**

策略	实施方法
“坐针毡”	角色坐在中间，接受其他人询问关于角色的问题，以探索该角色的内心世界
教师入戏	教师扮演剧中某角色，引发与参与者的互动，推动剧情发展
专家外衣	学生在戏剧中扮演具有专业知识或技术的专家，教师以及其他参与者是寻求帮助的低姿态角色
时光闪回	采用倒叙的手法帮助剧中角色回顾过去的影像，加强过去与现在的联系
“会议”	参与者以角色身份参与“会议”，听取新资讯、筹划行动、讨论问题解决方案等
电话交谈	可以是两人在电话中交谈，也可利用一方的谈话内容，推测另一方情况，以推动后续事件的发生与发展

相关教学案例

活动一：《小黑鱼》

策略选择：教师入戏

策略运用：学生扮演小鱼无拘无束地在大海之中遨游。与此同时，在学生毫无防备之时，教师扮演海怪加入戏剧当中，追捕小红鱼。引出如何解救小红鱼这一问题，推动戏剧的情节发展。

活动二：《野兽国》

策略选择："坐针毡"

策略运用：幼儿围成一圈，教师邀请一名幼儿扮演故事主角迈克斯坐到圆圈中间。以"坐针毡"的方式讨论，当迈克斯在野兽国快乐地度过了三天三夜后，应不应该回到家中与妈妈相聚。在圆圈中间扮演迈克斯的幼儿要接受其他幼儿对他的提问，并一一作答。

活动三：《森林照相馆》

策略选择：电话交谈

策略运用：教师将全班幼儿分为2个小组，其中一组以照相馆推销员的身份打电话给另一组的幼儿推销森林照相馆的服务和优惠，并邀请另一组的幼儿来到森林照相馆拍一张家族照片。

3. 诗化活动的教学策略

诗化活动用于透过文字或身体语言，发展戏剧的象征形态。此类教学策略的目的是让参与者超越戏剧的故事情节，表现作品中的艺术符号与意象。具体包括论坛剧场、仪式、小组演绎、视觉艺术、新闻联播和身体搭建等教学策略，实施方法详见表6-6。

表6-6　**诗化活动的教学策略及其实施方法**

策略	实施方法
论坛剧场	参与者共同讨论处于某一情境的戏剧事件，讨论结束后由一组人进行演绎。在演绎的过程中，一旦有人认为剧情偏离方向，或问题解决难以进行，可举手示意提出建议、要求重演或取代出现问题的表演者成为新角色
仪式	学生根据既有的知识和经验，为剧中的角色设计特别的标志性活动
小组演绎	由小组成员自行设计规划，即兴演出某一假设的事件
视觉艺术	教师根据教育戏剧的主题让学生动手制作或创作相关物品成为道具或展览分享
"新闻联播"	采用新闻报道的方式演绎事件内容，帮助幼儿从不同视角审视问题
身体搭建	学生运用肢体，独立或与他人合作创作主题

相关教学案例

活动一：《桥》

策略选择：视觉艺术

策略运用：教师在《桥》中讲解桥的艺术建构形式，引导幼儿动手用彩笔或者蜡笔等在教师提供的纸壳桥上画出创意花纹，以此帮助幼儿理解所学内容，同时还可以作为演出时的道具使用。

活动二：《懒汉木兵未的故事》

策略选择："新闻联播"

策略运用：教师或幼儿运用"新闻联播"的方式播报关于木兵未脑袋上柿子树被锯断、柿子树的树桩被刨下、鱼塘里的鱼被吃以及被野鸭带着飞离村庄的"四大惨案"，让参与者从不同的视角审视问题。

活动三：《小马过河》

策略选择：身体搭建

策略运用：教师引导幼儿思考如何帮助小马安全过河，将粮食运送到家。当幼儿说出可以通过搭建桥梁的方式帮助小马安全过河时，教师可引导幼儿以合作的方式，运用肢体搭建出不同类型的桥梁，帮助小马安全将粮食运送到家。

4. 反思活动的教学策略

此类活动通常发生在一次戏剧活动的结束阶段，用以帮助参与者抽离戏剧演出情景，对戏剧活动中产生的关键性问题或生成性问题进行评论、反思和总结。具体包括"假如我是你"、观点与角度、思绪追踪、良心巷、脑海中的声音、写作和角色追踪等教学策略，实施方法详见表6－7。

表6－7 **反思活动的教学策略及其实施方法**

策略	实施方法
"假如我是你"	戏剧中某一角色正面临重大决定时刻或进退两难的困境时，同学以角色调换的角度提出想法或忠告

续表

策略	实施方法
观点与角度	将自己站定在某条想象的选择线上，以站立的位置来表达参与者选择的差异与喜好程度，教师要询问选择的理由
思绪追踪	配合静止画面，当教师触碰某学生的肩膀时，该生说出此时此刻的想法与感受
“良心巷”	将全班分为两列，中间距离允许一人经过。让角色穿过“巷子”，班上的其他人可在角色经过时说出角色此刻可能有的想法
脑海中的声音	角色在面对困境或抉择时，其他同学说出隐藏在角色心中的矛盾想法，不同的观点也可以在角色聆听时进行辩论
写作	参与者将自己对主体或议题的思考用写作的方式表达出来

相关教学案例

活动一：《懒汉木兵未的故事》

策略选择：“良心巷”

策略运用：学生们扮演村子中的村民，分列两排，中间留一条狭窄的过道。其中一名幼儿扮演“强盗”。思考自己应不应该去把懒汉木兵未头上的柿子树砍掉。当“强盗”的扮演者走过村民组成的“小巷子”时，村民们给予“强盗”应该去砍和不应该去砍的理由，当“强盗”走完整条“巷子”，需要根据其他幼儿提供的建议说出自己的决定。

活动二：《古利和古拉》

策略选择：“假如我是你”

策略运用：当戏剧教学进行到古利和古拉在森林中捡到一颗巨大无比的鸡蛋时，采用“假如我是你”的策略，让不同的幼儿均站在古利和古拉的视角，说出自己想能把这个鸡蛋做成什么样的美味食物。

活动三：《方方和圆圆》

策略选择：思绪追踪

策略运用：教师将全班幼儿分成两大组，第一组全部扮演生气的方方，另一组全部扮演生气的圆圆。当教师发出指令“停”时，所有的幼儿保持不动，教师触碰某幼儿的肩膀时，该幼儿就要说出此时此刻的想法与感受。

（三）教育戏剧的教学流程

各国学者针对教育戏剧，提出了不同的教学模式。而不同教学模式的背后，教学流程有所不同。例如，加拿大教育学家大卫·布斯（David Booth）所提出的故事戏剧教学模式指以所听、所读的故事或文学作品当作教学内容，让学生作互动式的戏剧性回应。该模式的实施主要包括选取题材、熟悉故事、从故事中创作戏剧三个阶段。[①] 澳大利亚学者卡罗尔·塔林顿（Carole Tarlington）提出的角色戏剧教学模式以发现问题、发展问题、解决问题作为教学设计的基本思路，教学模式经历一般说明、界定问题、发展问题、解决问题、复习五个阶段，与戏剧剧情发展的五个阶段相吻合，可根据情节内容与教学设计进行多次戏剧活动。[②] 西西里·奥尼尔（Cecily O’Neill）提出的过程戏剧的教学模式以事件发生、发展的情节序列作为教学思路，将教学内容转化成为可以让学生活动的戏剧形式，其特点是活动开始于体现故事最大张力的部分，故事的发展不依赖于剧本，不以演出为目的，注重戏剧过程中学生的参与体验与探索，所以活动的过程是无法复制的学习经验。[③] 英国戏剧学者约翰·萨默斯（John Sommers）所创立的多元探究教学模式，首先由教师入戏引导情境，然后由教师引导学生探索戏剧情节，最后各组分享创作中的理念、感受与评价。[④]

本书综合上述教学模式的教学流程，根据融合幼儿园中教育对象的学习特点，提出了暖身游戏、故事导入、故事表演、故事反思、情节重演和故事延伸六大教学流程，具体如下。

1. 暖身游戏

该环节是在上课开始阶段进行的肢体放松游戏。用以帮助幼儿快速进

① 张晓华等：《教育戏剧跨领域统整教学》，心理出版社 2014 年版，第 9—11 页。

② 叶琇玫：《教育戏剧在艺术与人文领域中的研究——以改变民间故事〈虎姑婆〉为例》，硕士学位论文，新竹教育大学，2011 年，第 23—25 页。

③ Cora O’Neill, *Drama worlds*: *A framework for process drama*, Portsmouth: Heinemann, 1995, p. 67.

④ 张晓华：《教育戏剧理论与发展》，心理出版社 2015 年版，第 92 页。

入戏剧的状态。当达到了幼儿放松的目的时，即可以停止。如在中班戏剧活动《龟兔赛跑》开始之前，利用“动物乐园”这一暖身游戏，幼儿将自己想象为不同的小动物，在教师的语言提示下，运用肢体展现小动物的形象，达到身心放松目的，从而快速进入戏剧状态。

2. 故事导入

主要是介绍故事的主人公、故事的发生情景等，为后续活动设计提供关于人、事、物等基本信息，以激发幼儿进入戏剧创作的动机与兴趣。如在中班戏剧活动《龟兔赛跑》中，教师在暖身游戏结束后，利用“微缩小剧场”的形式向幼儿介绍《龟兔赛跑》的故事背景及主要人物，帮助幼儿进入故事情境，激发幼儿参与戏剧的兴趣。

3. 故事表演

教师运用旁白的方式塑造戏剧情境，幼儿根据自己对角色或情境的想象与理解，运用肢体动作呈现剧情原貌。如在中班戏剧活动《龟兔赛跑》中，幼儿分别扮演兔子、乌龟和其他小动物，在教师的旁白指引下，幼儿根据自己对角色的理解和对故事情境的想象，完成对龟兔赛跑故事的完整演绎。

4. 故事反思

教师通过询问幼儿在故事中最为难忘的情节，引导幼儿表述相应的原因，思考故事情节可能的不同走向。如在中班戏剧活动《龟兔赛跑》中，幼儿最为难忘的是兔子赛跑的失败，教师进而引导幼儿思考其失败的原因，以及如何帮助兔子赢得比赛等问题，发展出故事情节的不同走向。

5. 情节重演

教师根据故事反思中的内容，引导幼儿重演不同走向的故事情节，实现对故事内容的创编，培养幼儿的戏剧创造力。例如，在中班戏剧活动《龟兔赛跑》中，有的幼儿提出不要让兔子在树下休息就不会输掉比赛，有的幼儿提出旁边的小动物可以及时叫醒沉睡的兔子。教师引导幼儿据此对情节进行再造，并重演故事情节，展现故事的不同结局。

6. 故事延伸

教师通过播放舒缓的音乐，帮助幼儿从紧张、兴奋的戏剧状态中脱离出来。进而引导幼儿将故事内容与实际生活相联系，说出自身感悟或总结经验教训，也可引导幼儿拓展了解与戏剧主题相近的内容。如在中班戏剧活动《龟兔赛跑》中，教师引导幼儿感悟并总结出“骄傲使人落后，虚心使人进步”的道理，将虚心作为自己今后的生活和行事态度。

（四）教育戏剧的拓展形式

1. 绘本阅读活动

当教育戏剧的主题来源于绘本时，将绘本阅读活动作为其拓展形式尤为重要。绘本阅读活动可作为教育戏剧开始前的介绍，也可作为其结束后的拓展。戏剧表演开始前的绘本阅读活动主要目的是帮助幼儿了解绘本中人物的个性特点、绘本故事的主要情节及发展走向，从而更好地进行戏剧的表演和创造。戏剧表演结束后的绘本阅读活动主要目的是丰富幼儿对教育戏剧主题的认识与了解，扩展幼儿对相关知识的储备与积累。

2. 区角表演游戏

区角表演游戏是教育戏剧的重要拓展形式之一。幼儿的戏剧表演不仅仅局限于课堂之内，还可以延伸至课堂之外。幼儿在幼儿园的角色游戏区、音乐表演游戏区等各个区角之中自发地进行表演游戏，可以丰富对周围环境和事物的认知，不断促进自身各项能力的发展。教师可视幼儿在区角表演游戏中的具体情况给予幼儿相应的环境支持和游戏指导，从而帮助幼儿更好地成长。

3. 幼儿园戏剧节

幼儿园戏剧节是教育戏剧从课堂向舞台的拓展，也是幼儿在教学活动中的高光时刻汇聚。戏剧节的展示形式有利于在幼儿园内塑造戏剧文化，激发幼儿的戏剧表演兴趣，提高幼儿的戏剧表演能力，提升幼儿的戏剧表演信心。幼儿在其所在幼儿园的戏剧节中，与教师和同伴一起挑选戏剧主题，创编戏剧内容，练习戏剧表演，最后将其完整地在舞台上呈现。丰富多样的戏剧表演对幼儿来说不仅是一场视觉上的盛宴，同时也是一次心灵上的熏陶。

（五）教育戏剧中教师对同伴交往的指导原则

1. 创设良好交往环境

良好的交往环境有助于增加普通幼儿与特殊幼儿的同伴交往频率，提高学前融合教育环境中幼儿的同伴交往质量。在教育戏剧中，教师应该从外部和心理两方面为普通幼儿与特殊幼儿创设舒适、安全的交往环境，如减少教育戏剧表演环境中会引起特殊幼儿不良情绪反应的外在刺激，增加能够促进普通幼儿与特殊幼儿交往的玩具物品，通过暖身游戏增加幼儿之间的交往好感等。

2. 生成交往问题情景

在教育戏剧中，教师应该积极创设戏剧情景，引导普通幼儿与特殊幼儿在戏剧情景中生成交往问题。教师可通过日常对普通幼儿与特殊幼儿交往状况的观察或对幼儿间交往问题进行针对性访谈，总结其常见的交往问题、形成的原因及处理的方式。以此，建构普通幼儿与特殊幼儿实际交往问题的戏剧情景，引导不同发展水平的幼儿更好地反思与解决其交往过程中存在的问题。

3. 及时指导交往技巧

由于特殊幼儿身心发展的特殊性和滞后性，其部分言行举止常常难以被普通幼儿理解，让普通幼儿不知如何与特殊幼儿游戏互动。因此，在教育戏剧中，当交往问题情景生成时，教师有必要进行及时的交往指导，帮助不同发展水平的幼儿聚焦问题所在并练习彼此间的交往技巧，在一定程度上减少普通幼儿与特殊幼儿间的交往阻碍，促进幼儿的同伴交往。

五　基于同伴交往的教育戏剧教学案例展示

大班教育戏剧活动《老鼠娶新娘》

上课时间	2019 年 6 月 11 日	上课地点	大班活动室
课时安排	5 课时	授课教师	主教教师：乐乐老师 辅助教师：菲菲老师
学情分析	本班共有 25 名幼儿，其中男生 15 名，女生 10 名，普通幼儿 20 名，智力障碍幼儿 2 名自闭症幼儿 3 名。依据幼儿的综合能力表现、课堂常规表现以及本节课教学内容的难度，可将幼儿分为 3 组：A 组普通幼儿 20 名，能够积极参与课堂，进行较好的课堂互动，且无明显的情绪行为问题；B 组轻度智力障碍幼儿 2 名，参与课堂较为被动，但能够进行课堂互动，跟上课堂节奏；C 组自闭症幼儿 3 名，在语言提示下能够参与课堂，课堂互动性弱。		

续表

<table>
<tr><td>教材分析</td><td colspan="3">本次教育戏剧以绘本《老鼠娶新娘》为主题。该绘本来源于中国传统民间故事，故事情节生动有趣，互动性强。主要讲述了老鼠村村长嫁女儿美叮当的故事。故事中的童谣朗朗上口，画面具有浓厚的中国风，包含了中国的许多传统习俗。教师应该注意对绘本中相关内容的拓展，运用教育戏剧的教学策略将其形象化、具体化，以便于幼儿理解。</td></tr>
<tr><td rowspan="2">教学目标</td><td>A 层</td><td>B 层</td><td>C 层</td></tr>
<tr><td>1. 了解中国传统文化，能够剪出简单的剪纸。
2. 能与特殊幼儿同伴合作完成表演任务。
3. 能够协助特殊幼儿完成彩绘装饰和绣球装饰。
4. 在戏剧活动中能够勇敢地救出老鼠新娘。</td><td>1. 了解中国传统文化，独立剪出简单的剪纸。
2. 能够与普通幼儿一起完成表演任务以及彩绘活动。
3. 在普通幼儿的帮助下，愿意尝试救出老鼠新娘。</td><td>1. 了解中国传统文化，在教师的协助下剪出简单的剪纸。
2. 在教师的指导下能够友好地与普通幼儿做彩绘装饰和绣球。
3. 能够为救出老鼠新娘的幼儿鼓掌。</td></tr>
<tr><td>教学重难点</td><td colspan="3">教学重点：帮助幼儿了解中国传统文化，引导其做一个勇敢的人
教学难点：在活动中促进普通幼儿与特殊幼儿的交往</td></tr>
<tr><td>教具准备</td><td colspan="3">剪刀、剪好的小老鼠、裙子、帽子、鞋子、绣球装扮工具、PPT 等</td></tr>
</table>

教学过程

主教教师	辅助教师
第一课时　老鼠村的故事 1. 音乐加故事导入 有一首老鼠娶新娘的童谣： 一月一，年初一。 一月二，年初二。 年初三，早上床， 今夜老鼠娶新娘。 在中国的习俗中，年初三是老鼠娶新娘的日子，小朋友们知道它的由来吗？ 这就要从一个非常非常有趣的故事开始…… 传说，从前在一个村庄的墙角下，有个老鼠村……	播放音乐，在 PPT 上展示老鼠娶新娘的童谣。 关注班级中特殊幼儿的表现，给予及时地帮助与引导。

续表

<table>
<tr>
<td>
2. 定义空间：准备进入故事情景
将全班幼儿分为2组，分别把下图发至每一组幼儿手中。通过小组合作来设计老鼠村和猫村的环境，如公园、商场等。设计结束后，每组来分享合作成果。
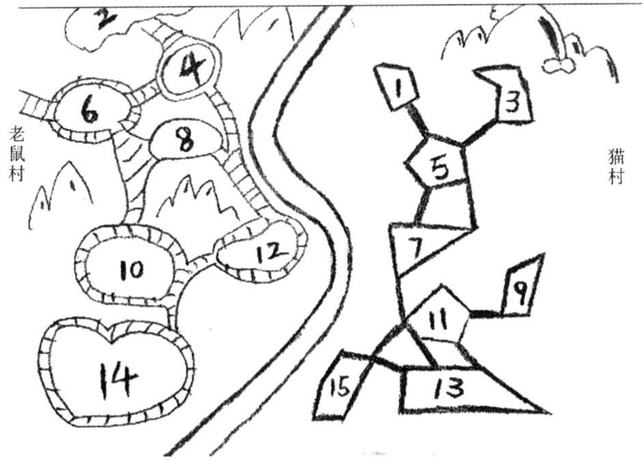

</td>
<td></td>
</tr>
<tr>
<td>
3. 教师入戏扮演老鼠村“村长”
“村长”自述：我是老鼠村的“村长”，我有一个女儿叫美叮当，我的女儿又漂亮又乖巧，现在她长大了，也该成家了，但是我要把我女儿嫁给谁呢？真是难倒我了。还是先给大家看看我的女儿吧。
4. 视觉艺术：塑造美丽又乖巧的美叮当
教师先给幼儿展示美叮当的一段视频，为幼儿后续的学习提供先验经验。随后，将幼儿分为5个小组，每个小组包含一名特殊幼儿。将准备好剪好的小老鼠、裙子、帽子、鞋子等分发到每一组，让各组幼儿合作去做彩绘装饰，装饰结束后展示一下各小组塑造的美叮当。幼儿在展示时选取各组其中一位代表展示即可。代表需要说出组内成员各自完成的部分是什么，以及站在美叮当的视角准备一段话讲述，也可以增加美叮当的才艺设计。
</td>
<td>
播放视频。
协助主教教师进行分组，确保每个小组有一名特殊幼儿。
在各小组的制作过程中，引导普通幼儿与特殊幼儿进行任务合作，共同完成装饰。
</td>
</tr>
<tr>
<td>
5. 教师入戏再现发愁的老“村长”
“村长”自述：我的女儿这么优秀，我到底应该把她嫁给谁呢？村里的小老鼠你们都帮我想想办法吧。我应该把女儿嫁给什么样的小老鼠呢？
学生1：
学生2：
学生3：
……　……
老鼠“村长”总结：我决定了，要有以下几个条件：爱干净、要有才艺、要会玩游戏。
</td>
<td>
协助普通幼儿与特殊幼儿的合作游戏。
</td>
</tr>
</table>

续表

第二课时　老鼠村竞选大赛 根据前一课时中，老鼠“村长”对小老鼠提出的三个要求，以此开展游戏活动。 1. 采用“镜像”的戏剧教学策略，引导幼儿开展照镜子游戏。 2. 采用“新闻联播”的戏剧教学策略，“播报”老鼠村村民们的才艺展示盛况。 3. 开展猫和老鼠的游戏。 教师入戏（老鼠“村长”）：通过了以上考验的小老鼠可以参加美叮当的抛绣球活动了，但是大家知道绣球是怎么来的吗？下一节课我们来了解美丽的绣球。 第三课时　绣球文化 1. 教师介绍绣球的来源、含义、文化、制作方法等。 2. 教师准备相关材料，将普通幼儿与特殊幼儿分为 5 个小组，每组包含一名特殊幼儿。教师指导普通幼儿与特殊幼儿合作装扮美叮当的绣球，并在装扮过程中给予幼儿同伴交往的支持与引导。	协助普通幼儿与特殊幼儿共同装扮美叮当的绣球。
第四课时　大黑猫来袭 1. 幼儿即兴表演：美叮当刚要抛绣球，大黑猫突然出现，抓走美叮当的故事情节。 2. 采用“新闻联播”的戏剧教学策略，报道美叮当被抓走后，村里每个人的感受或想法。 3. 解救美叮当 探秘黑猫的家。 商量解救方案，一一予以扮演。 最勇敢的小老鼠救出美叮当。 勇敢的小老鼠可以娶美叮当。	帮助特殊幼儿表演相应的角色，表达自己的想法。
第五课时　《老鼠嫁女》剪纸文化欣赏 1. 了解剪纸文化。 2. 学习简单剪纸。 3. 欣赏卡通的剪纸动画《老鼠嫁女》。 4. 教师准备材料，仪式表演：《老鼠嫁女》。 全村人载歌载舞，塑造喜庆的氛围。 5. 婚礼上，老鼠“村长”发言。 课后延伸 绘本阅读《老鼠娶新娘》	指导特殊幼儿学习简单剪纸。 协助特殊幼儿与普通幼儿一同进行仪式表演。

（教案来源：厦门市新阳幼儿园新景西五路分园　张丽莉）

第三节　沙盘游戏与幼儿的同伴交往

一盘沙、一架玩具，孩子们就可以在上面自由建构自己的世界，在沙盘上讲述属于自己的故事。教师则可以成为幼儿故事的见证人，见证故事的轮回转换、开始与结束。幼儿可以在沙盘游戏中释放心灵，用玩具表达自己，在游戏过程中学会尊重、接纳、理解和包容。融合幼儿园中既有普通幼儿，又有特殊幼儿。沙盘游戏既可以帮助普通幼儿快速接纳特殊幼儿，正确认识特殊幼儿，又可以帮助特殊幼儿融入幼儿园的生活中，促进特殊幼儿的健康成长。

一　沙盘游戏概述

（一）沙盘游戏的定义

沙盘游戏，又被称为箱庭疗法，是指到访者在治疗师的陪伴下，从摆放各种微型模具（玩具）的架子上，自由挑选小模具，将小模具摆放到有细沙的特制容器（沙盘）里，创造出一些具体的情景，随后治疗师运用荣格的“心象”理论分析到访者的作品。[①] 目前，沙盘游戏是国际上影响广泛的心理治疗技术和方法。

沙盘游戏的创始人是瑞士的荣格分析心理学家多拉·卡尔夫（Dora Kalff）。1962 年，多拉·卡尔夫在国际分析心理学会上正式提出“沙盘游戏治疗”的想法。1985 年，由其发起成立国际沙盘游戏治疗学会，该学会的成立，标志着沙盘游戏治疗体系的正式形成。

沙盘游戏建立在心理分析之无意识心理分析理论基础之上。它的基本特征是在“沙盘”中发挥原型和象征性的作用，实现心理分析的治疗效果。[②]

（二）沙盘游戏的形成过程

沙盘游戏的形成历史可以追溯到赫伯特·威尔斯（Herbert Wells）的“地板游戏”，经历了玛格丽特·洛温菲尔德（Margaret Lowenfeld）的

---

① 王萍、黄钢：《沙盘游戏应用于临床心理评估的研究进展》，《中国健康心理学杂志》2007 年第 15 期。

② 申荷永、高岚：《沙盘游戏：理论与实践》，广东高等教育出版社 2004 年版，第 4 页。

“世界技术”，最后经由卡尔夫（Kalff）注入荣格分析心理学，结合东方文化而最终形成。

1. 沙盘游戏的起源：威尔斯与“地板游戏”

赫伯特·威尔斯（Herbert Wells）在1911年出版的《地板游戏》一书中，正式开启了“沙盘游戏治疗”的历史。

威尔斯在《地板游戏》一书中记录了他与两个孩子一起游戏的过程，尤其着重描述了他们玩的“地板上的游戏”。威尔斯在其书中讲道：“最愉悦孩子们的室内游戏都需要有专门的地板空地。在这样的地板上排演出无穷无尽的富有想象力的游戏，不仅会为家里的男孩和女孩带去一起玩耍的快乐时光，而且还能为他们今后的生活搭建广阔的知识体系，激发并唤起孩子们内在的价值理念。”[①] 在其书中，他认为任何一个人都可以从孩子们的“地板游戏”中获得启示和力量。

“地板游戏”中用到的地板或者地毯，是一个容纳性强且具有独立性的空间。容纳性是指地板上放置了房屋、建筑模型、人物、动物以及交通工具等模型玩具。独立性是指地板一般不与其他空间相连，游戏一旦发生，地板就可以成为一座岛屿、一个城市，成为独立的“地板空间”。例如，在《地板游戏》一书中重点介绍的两种游戏之一的岛屿游戏，一旦游戏发生，地板就会成为大海，孩子们会在“海洋”上进行游戏和探索。[②]

2. 沙盘游戏的框架：洛温菲尔德与“世界技术”

玛格丽特·洛温菲尔德（Margaret Lowenfeld），1890年出生于英国伦敦。幼年便特别喜欢威尔斯的作品，尤其是其1911年出版的《地板游戏》一书。洛温菲尔德的两本主要著作是1935年出版的《儿童期的游戏》和1979年出版的《世界技术》。

1928年，洛温菲尔德建立了自己的儿童诊所，开启她的儿童心理治疗生涯。她的诊所专门为神经症和困难儿童服务。在《地板游戏》的启发下，洛温菲尔德为孩子们准备了各种各样的玩具、积木和游戏材料，来

① ［英］赫伯特·威尔斯：《沙盘游戏疗法的起源：地板游戏》，段霄丽译，中国石化出版社2016年版，第3页。

② ［英］赫伯特·威尔斯：《沙盘游戏疗法的起源：地板游戏》，段霄丽译，中国石化出版社2016年版，第4页。

到这里的孩子们兴奋地称这些玩具箱子为“奇妙箱”。[①] 1929 年，洛温菲尔德在自己的儿童诊所中放了两个盘子，一个用来装水，一个用来装沙，孩子们自发地将玩具拿到装沙和装水的盒中玩耍。于是，洛温菲尔德的“世界技术”得以诞生。

“世界技术”所用的沙盘是一个 75 厘米 ×50 厘米 ×7 厘米的金属盘，在金属盘中装有一半的沙，根据儿童不同的身高放置在不同高度的桌面上。洛温菲尔德将沙盘游戏的指导语分为两部分：“桥梁”和“图画思维”。在“桥梁”部分，洛温菲尔德告诉孩子们，“成人和孩子们生活在河的两岸，需要架起一座桥梁用于两岸的沟通”。在“图画思维”部分，洛温菲尔德告诉孩子们，“我们头脑中有些想法无法用语言表达出来，用图画的方式来表达反而会容易很多”。最后，她会向儿童展示柜子里的模型，告诉儿童可以用任何一个玩具将他头脑中的想法画出来。[②] 由此，威尔斯的“地板游戏”在洛温菲尔德的儿童诊所中有了新的意义，“沙盘游戏治疗法”开始有了基本的框架。

3. 沙盘游戏的内涵：多拉 · 卡尔夫与“沙盘游戏”

威尔斯的“地板游戏”和洛温菲尔德的“世界技术”是沙盘游戏的前身。当多拉 · 卡尔夫将荣格分析心理学以及东方哲学文化注入其中，沙盘游戏便有了新的内涵和意义。

多拉 · 卡尔夫是“沙盘游戏疗法”的创始人，也是荣格心理学派的心理分析师。1944 年，通过孩子之间的交往，卡尔夫认识了荣格的女儿格雷特 · 鲍曼 · 荣格（Gret baumann Jung），并保持了持久的友谊。通过格雷特，卡尔夫认识了荣格夫妇。1949 年，经过自己生活困苦和心理危机之后，作为两个孩子的单亲母亲，卡尔夫前往瑞士，开始了她在瑞士苏黎世荣格研究院长达 6 年的学习，并由荣格的夫人爱玛 · 荣格（Emma Jung）为她进行心理分析。[③]

1954 年，卡尔夫参加了洛温菲尔德在苏黎世的讲座后，深受启发，并由此引发了一种内在的梦想，希望能够寻求一种帮助儿童进行心理分析的方法与途径。于是，卡尔夫跟随洛温菲尔德前往英国伦敦学习“游戏

① 申荷永、高岚：《沙盘游戏：理论与实践》，广东高等教育出版社 2004 年版，第 12 页。

② 李资渝：《洛温菲尔德的沙盘游戏治疗理论及其在幼儿园的运用》，硕士学位论文，华南师范大学，2002 年，第 9 页。

③ 申荷永、高岚：《沙盘游戏：理论与实践》，广东高等教育出版社 2004 年版，第 20 页。

王国技术”，并得到荣格的鼓励与支持。一年后，卡尔夫返回瑞士，开始把洛温菲尔德的“游戏王国技术”和荣格分析心理学结合在一起。同时，卡尔夫致力于将东方哲学智慧融入儿童的治疗实践中。①

卡尔夫以威尔斯《地板游戏》为基础，在洛温菲尔德的“游戏王国技术”的框架上，融入荣格分析心理学和东方哲学智慧，赋予了沙盘游戏新的内涵和意义。为了和威尔斯“地板游戏”以及洛温菲尔德的“游戏王国技术”区分开来，卡尔夫将自己的理论和实践命名为“沙盘游戏”。②

（三）沙盘游戏的三要素

1. 沙盘

沙盘是一个有边界的容器，里面装有沙子，可以让人们在上面进行建构活动。沙盘的边界能够给到访者以安全感。沙盘一般放置在视野之内。沙盘代表的是到访者的世界，放在视野之内，可以给到访者提供一个自由并且可控的环境。

国际上沙盘的通用尺寸是57厘米×72厘米×7厘米。内侧一般涂成浅蓝色，这是为了让人们在游戏时产生像是在挖“水”的感觉，这也是沙盘游戏疗法的关键内容之一。③ 水是生命之源，这种“水”对接受治疗的人来说是非常重要的。

在配备齐全的沙盘游戏室中，沙盘的材质是多种多样的，可以是木制的，也可以是金属的，或者是橡胶的。同时，由于不同的沙盘形状对于到访者的意义不同，所以，沙盘游戏治疗室中的沙盘的形状可以是长方形，也可以是正方形、圆形等。

2. 沙

沙子是沙盘游戏室中必不可少的材料。沙子在一定程度上对到访者起到了释放和保护的作用。沙子将外在的限定和内在的释放有机结合在一起，对心理治疗起调和、维护和促进的作用。④ 不论是成年人还是儿

---

① 申荷永、高岚：《沙盘游戏：理论与实践》，广东高等教育出版社2004年版，第20—21页。

② 申荷永、高岚：《沙盘游戏：理论与实践》，广东高等教育出版社2004年版，第21—22页。

③ 周念丽：《特殊儿童的游戏治疗》，北京大学出版社2011年版，第75页。

④ 张日昇：《箱庭疗法的心理临床》，北京师范大学出版社2016年版，第11页。

童，玩沙都是大家喜欢的活动。玩沙的过程能够让人感觉到好像回到了童年。

地球的三要素是土壤、空气和水，可见，沙子和水是可以将人类和地球联结起来的物质。当人们把沙捧在手心的时候，沙会从指缝中流出，而当沙子在建筑工人手中时，便会和泥土、水泥一样，变成一道牢不可破的屏障。可见，沙具有流动性和可塑性。正是沙的这种特性，能够让人们利用沙子建构出任何心中所想。

一般来说，沙盘游戏中的沙也是不一样的。较细的沙能够起到抚慰、安抚的作用，较粗的沙子能够带来更深层次的变化。另外，沙子的颜色也会引发不同的感觉。常用的沙子颜色是米黄色、白色、黑色、深红色、绿色以及珊瑚色，沙子的颜色会根据到访者的不同需要而进行选择。①

3. 沙具

沙具是沙盘游戏中的基本要素之一。到访者利用沙具表达内心世界，经自己无形的心理外化，在治疗师的帮助下观照自己的内心世界，整合自我。② 可见，沙具是联结到访者和治疗师之间的桥梁。

沙具模型通常有人形、动物模型、建筑模型、树木、花草、石头、桥等。以人形模型为例，在沙盘游戏治疗室中可以准备不同民族、不同肤色、不同职业的人物模型等。沙具的质地也可以是多种多样的，石头、金属、布料等都是可以的。各种沙具模型应该大小都准备，每种4—6个即可。

沙具并不是一次性就可以完全都准备好的，是在一次次的积累中慢慢变得齐备，有的沙具也可以当场制作。

（四）沙盘游戏的组织形式

1. 个体沙盘游戏

（1）实施过程

个体沙盘游戏是指幼儿在教师的陪同下，在沙盘游戏室中，幼儿将玩具从架上取下，随后在沙盘中建构自己所想的场景，由教师对其心理进行分析的过程。该过程主要有四个方面，分别是教师对幼儿说出指导语、幼儿制作沙盘、教师做记录并对幼儿进行提问以及沙盘作品的表现及其理解。

① 周念丽：《特殊儿童的游戏治疗》，北京大学出版社2011年版，第76页。
② 张日昇：《箱庭疗法》，人民教育出版社2005年版，第88页。

①指导语

在个体沙盘游戏实施的过程中，教师要给予幼儿表现的机会。面对幼儿，教师只需要对幼儿下达如下的指令："请用这些玩具，在沙箱里做些什么，想做什么都可以。"一般情况下，幼儿只要一看到玩具就会明白该做什么，并不需要教师的引导。如果有幼儿询问："放桥梁可以吗?"教师只需要回答"你想做什么都可以"就可以了。

②幼儿制作沙盘

幼儿制作沙盘时，教师要给其营造一种安全、接纳、信任的环境。在幼儿制作沙盘过程中，教师不要打断他或者和他说话，教师只需要安静陪伴在幼儿身边，仔细观察幼儿使用了哪些玩具、没有使用哪些玩具以及是怎么使用这些玩具的，并做好记录（表6－8）。

表6－8　**个体沙盘制作过程记录表**①

幼儿：　　　　制作时间：年月日　　　　教师：　　　　次数：

<table>
<tr><td colspan="3">直观印象与咨询面谈：</td></tr>
<tr><td>作品照片呈现：</td><td rowspan="2">玩具：</td><td rowspan="2">提问及应对：</td></tr>
<tr><td rowspan="3">游戏过程表现：</td></tr>
<tr><td>完成时间</td><td></td></tr>
<tr><td colspan="2"></td></tr>
<tr><td colspan="3">作品主题表达：</td></tr>
<tr><td colspan="3">总结</td></tr>
</table>

① 张日昇：《箱庭疗法的心理临床》，北京师范大学出版社2016年版，第20页。

幼儿沙盘制作完成后，教师可以对幼儿进行提问。要注意的是，如果幼儿不愿意说，切记不要继续追问，以免产生负面或抵抗情绪。

在沙盘制作过程中，教师对待幼儿的态度是以欣赏的姿态，支持、解释、整合、疏通、启发，帮助幼儿澄清沙盘代表的意义，与之共情，从而把游戏过程推向深入，最终实现沙盘游戏的干预作用。

③教师记录并提问

幼儿制作沙盘时，教师要在旁边放几张纸，并用笔做简单的记录。有的幼儿喜欢边制作沙盘边交流，对于交谈内容，教师都要进行记录，并且要将幼儿制作沙盘时放玩具的过程记录下来。在沙盘制作好后，教师要和幼儿进行语言交流。

此外，为了便于保存，教师也可以对幼儿制作沙盘的过程进行拍摄记录，但是在拍摄的过程中要注意不要打扰到幼儿。

最后，沙盘游戏要坚持保密原则，无论是用纸进行记录还是拍摄记录，都要保存好。如果要进行公开发表，切记一定要征得幼儿家长的同意。

④沙盘作品的表现及理解

首先，教师要从幼儿制作的沙盘作品的整体出发去理解其所使用的玩具以及想要表达的象征意义。其次，要注意分析幼儿沙盘作品的空间配置：左边往往代表过去，右边代表未来；各种交通工具和动物朝左则代表退行，朝右代表前行；左下角意味着源泉或者开始，右下角则代表着目标或者终极等。最后，要注意沙盘要表达的主题。幼儿制作沙盘都会围绕一个主题，而这个主题可能正是幼儿无意识的心象表达。①

（2）可能遇到的问题及策略

①沙盘游戏中对话的艺术性

沙盘游戏是非语言性的，幼儿制作沙盘的过程就是心灵对话的过程。幼儿借助玩具的象征性表达自己无意识层面的内容。因此，幼儿制作沙盘的过程就是其诉说自己故事的过程，每个沙盘作品都是一段故事。在对沙盘作品进行评价时，切忌进行优劣、好坏的评价。

②作品理解的整体性和全面性

① 张日昇：《箱庭疗法的心理临床》，北京师范大学出版社2016年版，第19—22页。

教师要进入到幼儿的内心世界，就需要对其作品有全面的理解。因此，幼儿制作沙盘时所使用的玩具、空间配置以及制作过程的语言交流等，教师都要及时进行记录。此外，沙盘游戏作品中的每一个玩具都具有独特的象征意义，每个玩具都是故事，教师要理解幼儿，就需要认真倾听幼儿给每个玩具所赋予的意义，将每个玩具的“故事”联结在一起，从而形成对幼儿整体性的理解。

2. 团体沙盘游戏

（1）团体沙盘游戏的前提

团体沙盘是指有一定规则的团体沙盘游戏方式，它并不需要多个沙盘，一个沙盘即可。由团体成员用抽签或者猜拳的方式轮流进行沙盘制作，所有成员都轮完即为一轮。[①] 进行团体沙盘游戏的前提是进行环境设置和团体组成。

①设定环境

团体沙盘游戏过程中创设的物理环境和心理环境对幼儿都是很重要的。张日昇认为，团体沙盘疗法本身就构成规则的一部分，如同现实生活的种种限制一般，这些限制因素经常会导致我们的愿望无法实现。因此，团体沙盘游戏的实施需要在幼儿全面理解规则的基础上进行。[②]

同时，教师要为团体沙盘游戏过程设置安全、信任及包容的心理环境。教师要理解自己在团体沙盘游戏过程中的角色定位，教师在团体沙盘游戏过程中的角色是陪伴者、见证者，是幼儿团体游戏过程中安全、信任的环境创设者和保护者。

在团体沙盘游戏开始前，教师要告诉幼儿，他们将要和同伴一起完成一次团体沙盘的制作，让所有幼儿感受到他们所在的环境是受到保护的、可以信任的。另外，实施幼儿团体沙盘游戏，需要征得其父母的同意。

②团体构成

团体沙盘游戏在很大程度上依赖于团体成员的构成，常见的团体成员构成一般有以下几种。

第一，由具有同一特征或者相同问题的个体组成的团体。

---

① 张日昇：《箱庭疗法》，人民教育出版社 2005 年版，第 168 页。

② 张日昇：《箱庭疗法的心理临床》，北京师范大学出版社 2016 年版，第 23 页。

第二，具有不同人格特质的人组成的团体。

第三，不同年龄（除家庭团体沙盘外，年龄跨度不宜过大）、班级、组织的个体按分层抽签的方式组成团体进行团体沙盘游戏。

第四，自然团体，即按照团体的自然组成随机抽取团体的成员。①

（2）团体沙盘游戏实施的过程

团体沙盘游戏过程可以分为教师指导语引导、沙盘制作、讨论、记录及整理五个方面。

①教师指导语引导

团体沙盘游戏的一个前提是向幼儿们介绍团体沙盘游戏的规则。教师可以告诉幼儿们："现在我们来做个游戏，大家共同在沙盘中制作一个作品。在制作过程中，不用考虑好坏，只要把自己想拿的玩具放到想放的位置上就可以了。"

团体沙盘游戏的特色在于它的规则。

第一，摆放玩具的顺序由事先抽签决定或者猜拳的结果来定。

第二，每人每轮只做一次作业。

第三，整个制作过程不允许成员之间有任何的交流。

第四，允许成员移动自己或他人摆放的玩具算作一次作业。

第五，如果过程中，某一轮成员什么都不想摆，允许其放弃。

第六，整个制作过程的最后一次机会，允许最后一个人在摆完后有一次修饰的机会。

第七，每次制作时间没有严格的规定，一般成人的团体沙盘游戏实践 90 分钟为宜。② 而幼儿的时间则控制在 40 分钟以内。

以上这些规则，在团体沙盘游戏开始前，教师要向幼儿们进行说明，在所有幼儿都明白后再进行团体沙盘游戏。

②沙盘制作与讨论

幼儿在触摸到沙子后，相比刚到游戏室的时候，心情会平静很多。沙盘的制作过程，严格遵守团体沙盘游戏的规则。团体沙盘游戏以表达为核心，团体沙盘的表达有有声表达与无声表达两种。有声表达是指在团体沙盘结束后，幼儿就共同制作的沙盘作品进行分享交流，表达自己内心的想

---

① 张日昇：《箱庭疗法》，人民教育出版社 2005 年版，第 170 页。

② 张日昇：《箱庭疗法的心理临床》，北京师范大学出版社 2016 年版，第 25 页。

法。无声表达侧重于沙盘游戏的象征性，参与沙盘游戏的幼儿对于沙具的选择与位置摆放，都是其内心想法的呈现。在沙盘制作完成后，幼儿之间可以进行讨论，说说自己每个玩具摆放的意图以及对团队其他成员摆放玩具的感受，并对各自所制作的作品进行命名。

③记录和整理

团体沙盘相比于个体沙盘来说，记录过程会比较困难。因此，教师在整个沙盘制作过程中只做粗略的记录，待整个团体沙盘制作完成后，再进行具体的记录。为了方便教师对制作过程进行记录，张日昇建议对制作过程以每一次每一轮为单元进行记录，要求教师要记录每个成员在每一轮中摆放玩具的数目、名称、合作过程等（表6－9）。[①] 必要时候，可以用摄影机全程拍摄记录，但是要注意，记录过程不能影响到幼儿的沙盘制作。

表6－9　**团体沙盘制作过程记录表（三人五次例）**[②]

制作人	1	2	3	4	5	合计玩具数
	玩具及摆放	玩具及摆放	玩具及摆放	玩具及摆放	玩具及摆放	
合计						
轮次	1	2	3	4	5	总体评价
过程	合作过程描述	合作过程描述	合作过程描述	合作过程描述	合作过程描述	

制作时间：　　　见证人：　　　组别/次数：

（注：本书根据同伴交往的目标对原表进行了适当的改编。）

① 张日昇：《箱庭疗法的心理临床》，北京师范大学出版社2016年版，第26页。

② 张日昇：《箱庭疗法的心理临床》，北京师范大学出版社2016年版，第27页。

沙盘制作结束后，教师要对幼儿的讨论进行记录，幼儿发言的顺序按照摆放顺序进行（表6－10）。所有幼儿离开后，教师要根据录像或者作品照片进行整理归档。

表6－10　**团体沙盘讨论与感受①**

主题	1		2		3		4		5	
	发言人	讨论内容	发言人	讨论内容	发言人	讨论内容	发言人	讨论内容	发言人	讨论内容

讨论时间：　　见证人：　　组别/次数：

（3）可能遇到的问题及策略

①幼儿之间的对抗

由于对团体游戏规则的不熟悉，初次接触的幼儿之间难免会有对抗行为出现。面对这种情况，教师要给予幼儿时间和机会，允许他们说出自己的想法，并且促成成员之间的交流。当出现问题时，教师应及时引导，并帮助幼儿解决问题。

②幼儿中途退出

由于是团体沙盘游戏，在沙盘制作过程中可能会出现某个幼儿由于各种原因离开的情况。面对这种情况，教师通常要保持“去者不留”的态度，但是要让离开的幼儿在离开的那个瞬间分享下自己的心理变化。如果该幼儿执意退出或已经出现明显的情绪问题，可以在未来对该幼儿做几次个体沙盘游戏，进行调整。当该幼儿要求重新加入时，教师需要和其他幼儿协商决定。②

① 张日昇：《箱庭疗法的心理临床》，北京师范大学出版社2016年版，第28页。

② 张日昇：《箱庭疗法》，人民教育出版社2005年版，第177页。

③团队进入新成员时的调整

同退出者一样，在团体沙盘游戏过程中，也会有新成员的加入。如何接纳新成员，使新成员融入团体沙盘游戏的制作过程中，既是教师要考虑的问题，也是团队中幼儿需要考虑的问题。教师的责任是要促使团队中幼儿和新成员在每个阶段都能充分交流，同时要协助新成员融入团体中。

二 沙盘游戏对学前融合教育中同伴交往的促进意义

（一）沙盘游戏可以在合作中培养幼儿的规则意识

幼儿对沙子的喜欢是与生俱来的，尤其是当幼儿看到玩具和沙盘放在一起时，会极大地调动幼儿进行沙盘游戏的积极性，促使幼儿高度地投入到游戏中。[①] 团体沙盘游戏有一定的规则要求，幼儿在进行团体沙盘游戏时，必须遵守团体沙盘游戏的规则，才能使游戏有序进行。团体沙盘游戏一方面限制了强势的幼儿，另一方面保护了弱势幼儿，促使个体在游戏的过程中不断将规则内化，从而培养幼儿的规则意识。

小胖，要遵守规则！

幼儿园沙盘游戏室里，一一、点点、蛋蛋、小胖和洋洋五个小朋友要进行团体沙盘游戏。游戏开始前，五个小朋友通过猜拳的方式，决定好各自顺序。小胖排在第五个。游戏刚开始进展很顺利，但是过了一会儿，小胖便开始横冲直撞，把事先约定好的规则抛诸脑后，不管是不是该自己放玩具，都自己拿着玩具直接去放到沙盘里。这时，点点对小胖说："小胖，小胖，你违反规则了。"其他小朋友都点头，一一说："你要是再这样，下次就不带你了。"小胖看见其他几个小朋友都生气地看着自己，脸红了，小声地说："我再也不会了。"

在上述案例中，幼儿在团体沙盘游戏中，互相监督、相互约束，共同遵守团体沙盘游戏的规则，促使其规则意识不断内化。

① 陈幼棉：《团体箱庭游戏在幼儿社会技能培养中的应用价值》，《江苏幼儿教育》2018 年第 1 期。

（二）沙盘游戏可以增强同伴之间的责任感

团体沙盘游戏中有一定的规则限制，这些规则正如我们的生活一样，充满各种限制，个人的愿望不可能随时都得到满足，比如每个团体成员每轮只能放置一个玩具。在进行团体沙盘游戏时，最初的时候由于团体成员互相不熟悉，规则需要团体成员之间互相监督以及成员个体的自觉遵守，在无形之中增加了团体成员对自己、对他人、对规则本身的责任感。

（三）沙盘游戏有利于改善幼儿的社交回避行为

特殊幼儿可能会由于自身的特殊性而对团体社交采取回避行为，甚至会因为自身的缺陷而有一种耻辱感。团体沙盘游戏具有非言语性特点，可以使具有相同问题的个体一起使用玩具制作沙盘作品。团体成员间的交流不是用语言文字，而是游戏，这有助于减少他们参与团体的耻辱感，避免言语交流过程中形象受损的威胁，且将交流、沟通深刻化，从而在团体的互动中不断地发现自己在与他人交往中存在的问题，并从互动中不断学习团队中他人优秀的人际交往模式，进而缓解个体的人际交往焦虑，改善个体的回避行为。①

（四）沙盘游戏有利于培养幼儿的合作精神和意识

团体沙盘游戏给幼儿营造出一种自由、安全、受保护并且充满包容和接纳的环境氛围。在这样的环境中，团体成员共同制作一个沙盘作品，在制作过程中加深彼此的了解，有利于在真实的情景中迅速建立新的良性互动方式，让幼儿体验到合作、协调的重要性，从而有利于培养幼儿的合作精神和意识。

（五）沙盘游戏有利于培养幼儿的创造力

在幼儿创造力的培养中，成人要给幼儿提供一个自由、宽松、安全并受保护的环境。社会的功利化背景、外界强加给幼儿的过度竞争以及城市化进程等，都会导致幼儿交往被剥夺，幼儿生活成人化倾向。② 这样功利化的环境是根据成人的意愿来创设的，在这样的环境中，幼儿没有自主性，没有自由，想象力和创造力难以被激发。团体沙盘游戏所营造的环

① 孙长安等：《团体沙盘游戏训练对大学生人际交往影响的研究》，《苏州市职业大学学报》2012 年第 4 期。

② 于立娜：《箱庭疗法在儿童游戏创造力培养中的启发》，《现代教育科学·普教研究》2011 年第 3 期。

境，让幼儿能够自由地按照自己的想法运用玩具模型进行沙盘制作，在整个过程中，教师只扮演陪伴者的角色，不对幼儿的游戏过程加以干涉，给予幼儿最大限度的自由。自由是创造的前提，在自由和受保护的环境下，幼儿的想象力和创造力会被激发。

三　沙盘游戏促进同伴交往的实证研究

（一）沙盘对普通学生同伴交往的干预研究

同伴关系对个体的身心健康发展有着重要影响。诸多研究者通过沙盘游戏证明了，沙盘游戏可以有效改善个体的人际交往状况（表6－11）。

表6－11　**沙盘游戏对同伴关系干预的有效性**

作者/年代	研究主题	研究方法	研究结果
张雯/2010	团体箱庭疗法对人际交往不良大学生的治疗过程与效果研究	实验研究法	团体箱庭疗法能在一定程度上缓解个体的交流焦虑，改善个体的回避行为①
刘蔚玲/2014	沙盘游戏促进高中生人际关系能力发展的应用研究	质性研究为主，量化研究为辅	沙盘游戏可以用于对高中生人际关系的调节，而且为学校的心理健康工作和团体心理辅导提供借鉴②
陈龙/2015	沙盘治疗对小学低中年级学生同伴关系干预的研究	实验研究法、问卷调查法	沙盘游戏促进小学生之间矛盾问题的解决及情绪问题改善③

① 张雯、刘亚茵、张日昇：《团体箱庭疗法对人际交往不良大学生的治疗过程与效果研究》，《中国临床心理学杂志》2010年第4期。

② 刘蔚玲：《沙盘游戏促进高中生人际关系能力发展的应用研究》，硕士学位论文，西北师范大学，2014年，第54页。

③ 陈龙：《沙盘治疗对小学低中年级学生同伴关系影响的干预研究》，硕士学位论文，华中师范大学，2015年，第49页。

续表

作者/年代	研究主题	研究方法	研究结果
郁郁/2015	团体箱庭对高中生人际关系影响的研究	定量研究和质性研究相结合	团体箱庭对促进高中生人际关系有积极影响①
禹灿灿/2018	人际交往困难初中生初始沙盘特征分析及团体沙盘游戏对其干预效果研究	实验研究法、测验调查法	团体沙盘游戏可改善初中生人际交往困难②

从研究主题来看，沙盘对同伴关系的干预涉及从学前教育到高等教育的每个阶段。从研究方法来看，以实验研究法为主，分为实验组和对照组，在实践中仅对实验组进行干预，对照组不进行干预，最后通过前测和后测的数据比较得出结论。结论均一致显示，团体沙盘游戏对个体同伴冲突化解、情绪改善以及人际交往能力提升具有促进作用。

（二）融合教育背景下沙盘游戏对同伴交往的干预研究

团体沙盘以游戏的形式可为多个儿童创造共同游戏的机会，种类繁多的沙具也更能够吸引儿童共同游戏的兴趣，这为同伴友好交往、积极互动的开展提供了有利条件。李薇薇运用实验研究法，以团体沙盘游戏对留守儿童社交焦虑及抑郁进行干预，结果显示，箱庭疗法的材料和治疗方法可以极大缓解留守儿童的社交焦虑和抑郁状况。③ 王涛采用团体沙盘游戏对脑瘫儿童的行为问题进行研究，结果显示团体沙盘游戏能够显著降低脑瘫儿童行为问题中的社交退缩、交往不良因子得分，从而提高其社交技能、改善人际关系；团体沙盘游戏能有效矫正脑瘫儿童破坏行为、攻击行为、多动、不成熟行为等因子，改善脑瘫儿童异常行为。④

① 郁郁：《团体箱庭对高中生人际关系影响的研究》，硕士学位论文，南京师范大学，2015年，第52页。

② 禹灿灿：《人际交往困难初中生初始沙盘特征分析及团体沙盘游戏对其干预效果研究》，硕士学位论文，四川师范大学，2018年，第47页。

③ 李薇薇：《团体箱庭干预留守儿童社交焦虑及抑郁效果研究》，硕士学位论文，安徽医科大学，2012年，第36页。

④ 王涛：《团体沙盘游戏对脑瘫儿童行为问题的干预效果研究》，硕士学位论文，重庆医科大学，2013年，第43页。

对于学前融合教育环境中同伴关系干预，已有研究显示，个体沙盘游戏使被忽视幼儿的情绪得到了改善，自信得到恢复。刘伟伟对 2 名幼儿园大班被拒绝的幼儿进行 4 周沙盘游戏干预，结果显示，沙盘游戏能够有效提升幼儿的亲社会行为，减少攻击性行为，从而改善其同伴关系。[①] 毛晓瑞对团体沙盘游戏改善幼儿同伴关系的有效性进行了探索，其认为团体沙盘游戏能够有效改善“被拒绝”“被忽视”幼儿的同伴关系类型。[②]

四　基于同伴交往的沙盘游戏教学实施

在沙盘游戏中，“沙盘”只是游戏的媒介，游戏才是沙盘游戏的活动形式。对于幼儿来说，游戏是他们主要的学习和活动方式。特殊幼儿作为学前幼儿群体中的一部分，首先是幼儿，其次才是有特殊教育需求的幼儿。[③] 因此，对于特殊幼儿来说，游戏的重要性不言而喻。

（一）教学流程

1. 沙盘游戏的准备——了解构成及规则

（1）介绍沙盘及沙盘游戏的基本构成

沙盘游戏开始前，教师要向幼儿介绍沙盘游戏的材料：沙盘、沙子、玩具模型。教师对沙盘游戏基本构成的介绍，会使幼儿对将要进行的游戏有初步的了解，同时增加幼儿对游戏的兴趣。尤其是对于初次进入沙盘游戏室的幼儿，教师必须对沙盘游戏的基本构成向幼儿做介绍。

（2）讲解沙盘游戏的规则

“没有规矩，不成方圆。”教师要在沙盘游戏开始前向幼儿介绍沙盘游戏的规则要求，比如游戏过程中不能将沙扬起来，以免误伤他人；制作沙盘的过程要保持安静；玩具要一个一个拿；等等。尤其是对于团体沙盘游戏，教师必须向幼儿介绍团体沙盘游戏的规则，并且要在幼儿了解规则后，才能开始游戏。

---

① 刘伟伟：《大班被拒绝幼儿的箱庭干预研究》，硕士学位论文，辽宁师范大学，2008 年，第 37 页。

② 毛晓瑞：《团体箱庭游戏改善幼儿同伴关系的有效性》，硕士学位论文，河北大学，2009 年，第 45 页。

③ 方红娣：《沙盘游戏在学前融合教育中的运用与研究》，《幼儿 100（教师版）》2020 年第 5 期。

在沙盘游戏的准备工作中，教师还要用沙盘游戏的指导语，引导激发幼儿对沙盘游戏的兴趣。一般沙盘游戏的指导语为："这里有一些玩具，你可以用它们在沙盘里摆些什么或者做些什么，想做什么都可以。"

2. 进行中的沙盘游戏——保护和观察

（1）选择适合幼儿身高的桌面放置沙盘

幼儿园的沙盘选择要适应幼儿的身体发育特点，沙盘放置的桌面高度以幼儿的身高为准。选择适合幼儿身高的桌面放置沙盘，给幼儿一种被重视、被尊重的感觉。

（2）幼儿进行沙盘游戏

幼儿开始沙盘游戏后，幼儿便成为沙盘中故事的讲述者，教师则成为这个故事的见证人。在幼儿游戏，即讲述故事的过程中，教师不要随意打断幼儿。教师只要安静待在幼儿旁边做好观察和记录就好。不期待、不评价，教师只需要在幼儿请求帮助时给予帮助就好。

（3）幼儿讨论作品

幼儿完成沙盘作品后，教师要请幼儿对自己的作品进行介绍，包括放置的玩具顺序、玩具名称、玩具的象征意义以及作品的主题。在团体沙盘游戏中，要以放置玩具的顺序请幼儿进行发言。最后，可以请幼儿为自己的作品命名，如果幼儿有困难，教师可以向幼儿提供一些帮助，共同为作品命名。

3. 沙盘游戏的结束——作品拍照并恢复

沙盘游戏结束后，将沙盘恢复是为了给后面来到沙盘游戏室的幼儿营造一种安全的环境。幼儿完成作品后，教师要对作品拍照进行保存。一般来说，正面40°可以充分拍摄全部作品。[①] 之后，教师可以根据具体情况确定是否恢复沙盘。如果幼儿比较介意，在幼儿离开后再恢复沙盘；如果幼儿不介意，教师可以请幼儿恢复沙盘，将沙盘中的玩具归位。

（二）沙盘游戏中教师对同伴交往的指导原则

1. 营造自由、安全、受保护的环境

开展沙盘游戏时的氛围对幼儿来说非常重要，需要安静和自由的氛围激发幼儿开启沙盘游戏的主动性。除此之外，开展游戏时，有的特殊幼儿

---

① 方红娣：《沙盘游戏在学前融合教育中的运用与研究》，《幼儿100（教师版）》2020年第5期。

不知道该怎么做，只是简单地用手把沙子扒来扒去。面对这种情况，教师不能表现出急躁，需要安静地等待，保持接纳和开放的心态，正确地看待幼儿面对沙盘的所有表现，正确面对幼儿的一切沙盘构建行为。

2. 构建信任、接纳的良好关系

在沙盘游戏中，教师和幼儿的角色都会发生变化。幼儿会变成游戏的主人，故事的讲述者和主人公，而教师则是游戏过程的陪伴者，幼儿故事的倾听者。在沙盘游戏中，教师只要安静陪伴幼儿即可，幼儿想要表达什么、怎样表达，都完全由他们自己做主，教师无须干涉。这个时候，幼儿是自己游戏的主导者，幼儿和教师的关系也是安全的，二者相互接纳。①

五 基于同伴交往的沙盘游戏教学案例展示

小班沙盘游戏活动《我的家》

上课时间	2019 年 3 月 29 日	上课地点	沙盘活动室
课时安排	1 课时	授课教师	主教教师：邱老师 辅助教师：钟老师
学生分析	本组学生共 4 名，其中普通幼儿 2 名，特殊幼儿 2 名。根据幼儿的综合能力表现与课堂常规表现及本节课教学内容的难度，进行学情分析。 普通幼儿能积极地参与课堂，根据教学进行课堂互动，且无明显情绪行为问题。 豆豆和飞飞是特殊幼儿。豆豆注意力不集中时需要语言提示，会有情绪行为，表现为：1. 活动中较敏感，对于未知的事件较焦虑。2. 经常发起非此环境中的对话。 飞飞课堂参与度较低，自控能力较弱，需要家长全程辅助。伴随有情绪行为，表现为：1. 注意力短暂，会用手不断碰触身边的其他幼儿；2. 语言理解能力相对较弱，极少回应老师提问的问题。		
教材分析	本节课是本学期的第二节沙盘游戏课，由于幼儿对于沙盘课程还并不足够了解，对规则也并不熟悉，所以本节课选择“我的家”这个幼儿较为熟悉的主题，用幼儿每天都能接触的生活场所，来引入沙盘课程。幼儿对自己的家更为熟悉，所以在操作中会更有想法，实施性更高。		

① 方红娣：《沙盘游戏在学前融合教育中的运用与研究》，《幼儿 100（教师版）》2020 年第 5 期。

续表

	A层	B层	C层
教学目标	语言目标：能够利用沙具呈现的内容简单介绍自己的家，以及相关趣事。 认知目标：了解家里的结构组成，房间布置，能协同同伴用沙盘游戏的方式呈现出来。 情感目标：能够理解沙盘游戏的基本流程，体验沙盘游戏的乐趣。	语言目标：能够利用沙具简单描述自己拿的物品及用途。 认知目标：能够在引导下拿取合适的沙具，并根据情景进行合理摆放。 情感目标：能够在引导下利用沙具与同伴互动，体验沙盘游戏的乐趣。	语言目标：能够说出自己拿的沙具物品名称。 认知目标：能够听指令每次任意拿取一个沙具放进沙盘中。 情感目标：能够乐意与同伴轮流合作摆弄沙具，共同完成作品。
教学重难点	重点：能够把自己的已有经验用沙具呈现家的主题 难点：根据本节课的主题拿取适合的沙具，并进行摆放		
教具准备	经验准备：知道自己家的基本结构，认识常见的家具，房间名称 物质准备：该组幼儿家里的照片，沙盘一个，沙具若干 环境准备：一间沙盘游戏教室，四把椅子		
环境准备	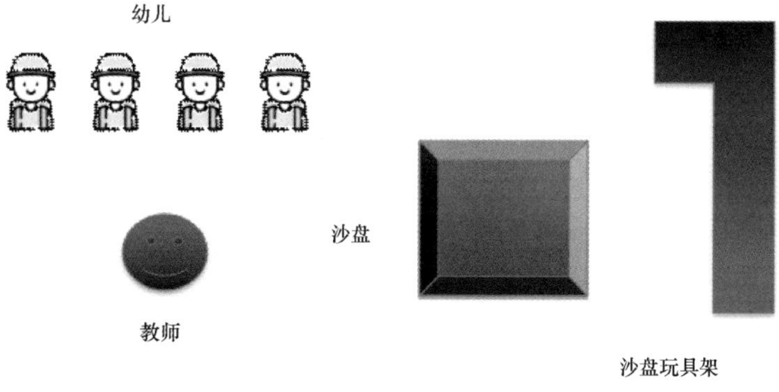 幼儿 沙盘 教师 沙盘玩具架		

续表

<table>
<tr><th colspan="2">教 学 过 程</th></tr>
<tr><th>主教教师</th><th>辅助教师</th></tr>
<tr><td>一、课前准备
1. 进入教室，请幼儿小椅子上安坐，问好。
2. 教师帮助幼儿回忆，在沙盘教室中应该遵守的规则。
沙子的游戏规则：
(1) 沙子要放在沙盘里玩。
(2) 沙子不可以放进嘴巴里。
沙具的游戏规则：
(1) 沙具要轻轻地拿、放。
(2) 沙具不能带出沙盘教室。
(3) 不可以拿、抢小朋友的玩具。
沙盘游戏的规则：
(1) 身体不可以靠在沙盘上。
(2) 一个小朋友一次只能拿一个。
(3) 别人工作时要安静等待。
(4) 结束时收取自己的沙具。</td><td>协助主教老师邀请幼儿在小椅子上坐好。</td></tr>
<tr><td>二、观看家庭图片，讨论具体内容
1. 教师出示准备好的家庭照片，依次认领并简单介绍自己的家，例如沙发、电视机、床、衣柜、马桶等。教师总结并引出今天的沙盘游戏主题“我的家”。
2. 教师引导幼儿用自己的方式简单规划在沙盘中摆放家的位置。
3. 再次确认游戏规则，并安排好四名幼儿拿取沙具的顺序。</td><td>协助示范。</td></tr>
<tr><td>三、共同创作“我的家”主题沙盘游戏
1. 幼儿根据安排好的顺序，依次拿取喜欢的沙具摆放到沙盘中。
2. 每一轮拿取结束后，请幼儿依次讲述自己拿的是什么以及它的用途。
3. 教师根据幼儿本轮选择的沙具以及表述，进行随机的引导后开始进行二次拿取沙具，使得幼儿拿取的沙具之间有连贯性和故事性，更贴近本节课的建构主题。
4. 幼儿进行二次讲述，并依次类推第三次拿取和讲述。
5. 摆放结束后，请幼儿用摆放的沙具一起在沙盘中做互动小游戏。
6. 教师引导总结评价。
7. 按规则把自己的沙具放回原来的位置。</td><td>邀请两名普通幼儿拿沙具。
协助做好观察记录。</td></tr>
<tr><td>四、活动延伸
想一想还有什么玩具可以来构建“我的家”，并在活动区或家中尝试构建。</td><td>协助幼儿归位沙具。</td></tr>
</table>

（教案来源：山东省青岛市幸福之家融合幼儿园　丘振洋）

第四节　奥尔夫音乐与幼儿的同伴交往

一　奥尔夫音乐概述

（一）奥尔夫音乐的定义

奥尔夫音乐是德国音乐教育家卡尔·奥尔夫（Carl Orff）独创的音乐教学体系。它与达尔克罗兹音乐教育、柯达伊音乐教育并称为三大音乐教育体系，至今已经对世界上许多国家的音乐教育发展产生了深刻影响。奥尔夫音乐教育法主要是通过音乐对儿童的想象力、个性和情感等施加影响。在教学过程中注重动作、语言和音乐的融合，并结合舞蹈、语言和动作进行教学，进而达到培养儿童音乐才能和鉴赏的效果。[①] 奥尔夫音乐教学体系，主张从小对儿童进行全面的、综合的音乐教育。其教学方法完全从儿童的心理特征出发，发挥儿童学习音乐的积极性和创造性，促使儿童在音乐上得到全面发展。[②] 在奥尔夫的音乐课堂中，音乐不再仅仅只是传统意义上的旋律和节奏，不再只是照着谱子唱歌，而是儿童在音乐的熏陶下，结合其他艺术形式，如儿歌说白、律动、舞蹈、戏剧等，走进艺术的世界，发挥儿童的主动性，培养儿童的乐感。

（二）奥尔夫音乐的特点

奥尔夫音乐以“元素性音乐教育”为特色，被称为“整体的艺术”，“原本的音乐”，其特点有以下几个方面。

1. 元素性

元素性，是奥尔夫音乐最为突出的特点。所谓元素性，就是最原始的音乐素材，即音乐的来源或组成，如节奏、音色、声音、旋律等。查阅大量奥尔夫所编写的音乐教材可以发现，奥尔夫通常采用最原本的、最朴实的音乐素材作为教学内容。例如，多用简易、不断重复的固定节奏，用易唱的五声音阶旋律，用最常用的大、小调式，用短小的回旋曲式等。奥尔夫认为，表现得越具有本原性、单纯性，效果就越直接、越强烈。[③]

在实施中，每一堂奥尔夫音乐的课都有一个明确的音乐元素作为目

① 王婷婷：《浅谈奥尔夫音乐教学法在学龄前儿童思维开发中的作用》，《亚太教育》2015年第24期。

② 秦德祥、杜磊：《音乐课堂教学的经典方法》，福建教育出版社2013年版，第59页。

③ 张前高：《奥尔夫音乐教育》，江苏大学出版社2015年版，第11页。

标。如一节以节奏元素为目标的课中，往往采用最简单的，有着大量重复的固定节奏；一节以旋律元素为目标的课中，常常采用最易唱的五声音阶；在以调式为目标的课中，常采用最常用的大、小调等。由此可见，奥尔夫从一个简单的音乐要素出发开展教学，并在教学中结合其他辅助元素及表现形式，使儿童在活动中不仅感受到音乐的美而且还受到系统的音乐训练，通过这些最基本的音乐表现要素来表达人类最原本的思想情感。

2. 主体参与性

奥尔夫认为，“孩子是教学活动最重要的因素”①。孩子的活动是教学目标的外部体系，也是教学的最终结果。当今，中国幼儿音乐教学功利色彩浓厚，片面强调技能的学习，如仅仅只是学会一首歌的演唱，学会一支舞的表演，往往以教师为主导，幼儿经常处于一种被动的状态，完全忽视了幼儿的主体性，导致教学方式单一枯燥，抹杀幼儿的个性。这种教学方式难以适应以人为本、创新发展的时代要求。② 杜威强调“以儿童为中心”的实用主义教育观，奥尔夫音乐也体现了这种以人为本的学生观，突出了儿童的主体参与性。奥尔夫认为：“音乐教育的首要任务是为众多孩子着想，使他们乐意参加音乐活动，成为有一定水平的音乐欣赏者，从音乐中感受到快乐，即使他们未来不是音乐家。”奥尔夫主张在轻松、愉悦、民主的氛围中，通过教师和儿童之间平等的对话和交流，共同建构音乐教学活动。③ 发挥儿童的主动性，让孩子自己去做，他们可按照自己内心最真实的想法完成教师所布置的音乐任务。

3. 多元综合性

在奥尔夫音乐的实施体系中，音乐通常是和律动、舞蹈、语言紧密结合在一起的。原始社会的人们表达情感时就是将音乐与动作、声调、舞蹈相结合，即音乐、语言、动作的综合体。音乐是原始形态的多元综合体，是人类表达情感的最简单的形式，表现着人们的天性。奥尔夫音乐就是从人的天性出发，从音乐最起码、最简单的元素出发，但一切又都讲究高度完美的艺术性。虽然十分强调以节奏为基础，但不仅是拍拍打打，对于旋律、和声、配器、曲式等方面都有严格的要求。④ 它把语言、律动和音乐

① 刘丹：《奥尔夫音乐教育思想对我国幼儿音乐教育的启示》，《教育探索》2012 年第 5 期。

② 刘丹：《奥尔夫音乐教育思想对我国幼儿音乐教育的启示》，《教育探索》2012 年第 5 期。

③ 张前高：《奥尔夫音乐教育》，江苏大学出版社 2015 年版，第 12 页。

④ 张前高：《奥尔夫音乐教育》，江苏大学出版社 2015 年版，第 12 页。

相结合，通过节奏朗诵、拍手跺脚、音乐游戏、歌唱舞蹈、绘画、戏剧表演、演奏奥尔夫乐器等多种形式，使孩子不仅兴致勃勃地参与音乐活动，而且综合提高语言能力、理解力和表演能力。[①] 将音乐在人身上最原始的形式表现出来，引领幼儿走进艺术的世界。

4. 即兴开放性

奥尔夫教学法非常强调教学的即兴性与开放性，注重儿童创新精神的培养。奥尔夫音乐没有固定的演奏者，没有固定的表演形式，也没有固定的教学大纲，同一个奥尔夫音乐教材可以用于不同年级的儿童。即使是同一教材交给同一年龄段的孩子时，也可能上出完全不一样的特色。在奥尔夫音乐活动中，教师会提供大量的机会让孩子即兴创作，并引导儿童凭借自己的理解，表述音乐的构想，享受创作的乐趣。另外，教师授课的地点不一定是室内，室外也是良好的活动地点，是天然的教学场所。比如带孩子走进公园，在体会大自然美的同时，教师弹奏，学生即兴表演，体现了艺术源于生活，也抒发了孩子当时内心真实的感受。奥尔夫创作了许多适合儿童演奏的作品，如《库奇奇》，这些作品大多曲式简单、旋律优美，非常容易上手。奥尔夫音乐教育是人人都可以参与的艺术形式。在奥尔夫音乐教育课堂上，儿童可以短时间内学会教师所教授的曲式，即兴完成表演。

5. 本土传承性

在当今的世界中，发展多元化背景下具有民族特色的音乐文化是十分必要的。卡尔·奥尔夫认为“音乐文化不应该仅以西方或东方某种音乐文化为中心，而应该吸取各种先进文化，进行多元化发展”。“多元化”是奥尔夫音乐教育的基本观点，渗透在整个音乐教学体系中。奥尔夫的教育思想能与当地文化完美结合，这也是奥尔夫教学法能迅速传遍世界的重要原因之一。[②] 在世界各地，奥尔夫音乐教育的效果也是不一样的，如巴伐利亚的民间歌曲，日本、印度和中国等富于浓郁东方情调的传统音乐，无论是独具特色的非洲木琴，还是东南亚各国的打击乐等，都体现着音乐的本质与本源，是最“自然”和“富有活力”的音乐艺术。[③] 以中国的实践为例，中国的奥尔夫音乐结合了民歌、民谣、方言等中华民族文化特

① 龙亚君：《音乐新课程教学论》，湖南人民出版社 2007 年版，第 280 页。

② 龙亚君：《音乐新课程教学论》，湖南人民出版社 2007 年版，第 280 页。

③ 王丽新、钟恩富：《奥尔夫音乐教学法本土化研究》，东北师范大学出版社 2015 版，第 1 页。

点进行。在奥尔夫音乐的课堂上，儿童在感受音乐美的同时，继承本民族优秀的历史文化。

（三）奥尔夫音乐的基本内容

1. 嗓音训练

嗓音训练主要包括节奏朗诵和歌唱活动两大类。

（1）节奏朗诵

在奥尔夫音乐活动中，有着“节奏基石”之说。节奏是儿童音乐学习的根基，它被奥尔夫称作最接近儿童音乐天性的教学内容之一。所谓“节奏基石”指由语言中最短小的，具有一定音乐音位的字、词拼成的最小节奏单元，在实际音乐教学中，“节奏基石”实际上就是一个最小形态的固定节奏型。[①] 在传统的教学活动中，教师往往采用直接教学的形式，让学生被动地接受一些节奏型，如“滴、滴、滴”“哒、哒、哒”，但是整个过程是枯燥无味的，缺少语言的加入。奥尔夫认为，在儿童学习音乐的初期，通过其已掌握的母语中的字词来学习节奏是一种非常有效的方法。因此，教师可以根据儿童的年龄选择适合儿童的语言难度，有选择性地进行教学，如生活中常用的字词、姓名等，逐渐过渡到儿歌、童谣等。如教师想教授“××　×”的节奏型，可以让学生用“胡萝卜　胡萝卜”这个名词进行感受。学生在说“胡萝卜”的同时，就能立即建立对该节奏的感性体验。[②]

（2）歌唱活动

对于个体来说，喉咙是人发声的主要器官。喉咙不仅可以用于日常交流、聊天、唱歌等，它还可以用于发出各种各样的声响，如哼唱。由于生理上还未发育成熟，部分幼儿在音准上存有一些问题，这属于正常现象。音乐来源于生活，例如风吹草动、下雨的声音、小狗小猫的叫声，幼儿通过聆听认识了它们，有时会产生非常浓烈的兴趣，并且通过自己所听到的声音记忆进行模仿，能很快列举出同样的各种各样的节奏，如钟表的“滴答滴答”声。在奥尔夫音乐的歌唱教学中，一般从嗓音的探索和学习开始，学生在最初阶段需要探索自己发声的可能，并找到适合自己歌唱时

① 李妲娜、修海林、尹爱青：《奥尔夫音乐教育思想与实践》，上海教育出版社 2007 年版，第 65 页。

② 马伟楠：《奥尔夫音乐教育理念与实践操作》，高等教育出版社 2015 年版，第 10 页。

的发声和呼吸方式，可以五声调式的歌曲作为歌唱素材。① 歌唱离不开嗓音，在奥尔夫歌唱活动中，各国的奥尔夫教师们往往会围绕儿童嗓音机制、嗓音特点来选择儿童较为喜欢的故事性歌曲。所谓故事性歌曲，就是指那些歌词带有故事情节的歌曲。由于这类歌曲的歌词再现的故事情节内容与儿童的表象思维能力很“合拍”，因此深受儿童的喜爱。② 常见的故事性歌曲有《小红帽》等。

2. 动作训练

动作是人认识世界的开始。依据皮亚杰认知发展阶段论来看，婴儿的语言尚未产生，主要通过动作来认识世界。人类从爬到坐到走到跑，这一系列动作的发展与进步都标志着个体的成熟。当前，在奥尔夫音乐教育中，常见的动作训练有指挥动作训练、声势动作训练、律动动作训练、舞蹈动作训练、戏剧表演训练、游戏动作训练等（表 6 - 12）。奥尔夫称之为“儿童音乐教学内容中不可缺少的部分”。

表 6 - 12　**奥尔夫音乐之动作训练**

类别	概念
指挥动作训练（报时表演）	指挥具有中央报时器的功能，打着拍子，从节奏角度带领整个小组进行表演，通常可配合身体动作（如跺脚、拍手、拍肩膀等）进行训练③
声势动作训练	以个体身体为天然的乐器进行训练，是一种用儿童的身体作为乐器进行节奏训练的既简单又有趣的活动④
律动动作训练	有节奏的跳动、有规律的运动，多指人听到音乐后，按照节奏并通过身体的方式表达出来。来源于个体对于音乐的真正理解，不只是单纯的模仿⑤
舞蹈动作训练	以身体为语言的人体运动的表达艺术，一般有音乐伴奏，以有节奏的动作为主要表现手段的艺术形式⑥

① 马伟楠：《奥尔夫音乐教育理念与实践操作》，高等教育出版社 2015 年版，第 10 页。

② 方少萌：《奥尔夫音乐教学法实用教程》，复旦大学出版社 2014 年版，第 26 页。

③ ［德］威廉·凯勒：《奥尔夫学校音乐教材入门》，金经言译，上海教育出版社 2003 年版，第 16 页。

④ 张前高：《奥尔夫音乐教育》，江苏大学出版社 2015 年版，第 13 页。

⑤ 方少萌：《奥尔夫音乐教学法实用教程》，复旦大学出版社 2014 年版，第 61 页。

⑥ 方少萌：《奥尔夫音乐教学法实用教程》，复旦大学出版社 2014 年版，第 61 页。

续表

类别	概念
戏剧表演训练	戏剧是演员将某个故事或情境，以对话、歌唱或动作等方式表演出来的艺术①

3. 乐器训练

乐器训练，即乐器演奏活动。奥尔夫主张运用各种各样的乐器以及生活中能发出声音的物体，使儿童能够容易地通过奏乐，对音乐世界进行全面探索，从而得到全面享受。② 在奥尔夫音乐教学中，常用的乐器有无音高打击乐器训练（如鼓、沙锤）、音条乐器训练、其他乐器（如尤克里里、竖笛、杯琴）等。在乐器演奏实施中，常采用师幼合作的形式，将不同儿童分为不同组别进行合奏。

二　奥尔夫音乐对学前融合教育中同伴交往的促进意义

在融合幼儿园中，奥尔夫音乐是促进普通幼儿与特殊幼儿在愉悦的环境中彼此接纳的一种重要手段。教育部颁发的《3—6岁儿童学习与发展指南》中指出："人际交往社会适应是幼儿社会学习的主要内容，也是其社会发展的基本途径。"③ 在幼儿阶段，幼儿不仅学习怎样与人友好相处，也在学习怎样看待自己，怎样对待别人。幼儿的社会性主要通过在日常生活和游戏中模仿而来。奥尔夫音乐以其独特的游戏形式成为提升普通幼儿与特殊幼儿同伴交往水平的有效实践方式。

（一）帮助普通幼儿和特殊幼儿重新认识世界，减少偏见

"诉诸感性，回归人本"是奥尔夫音乐教育的基本理念。在融合背景下的奥尔夫音乐教学中，儿童之间相互支持、互相帮助，在音乐中表达最真实的自己。这种原始、无障碍的表达，有助于促进幼儿更好地认识自己、认识世界。奥尔夫音乐通过分享、合作、体验的方式，让普通幼儿可以改变自己对特殊同伴原有的不合理的认知与消极的情绪体验，在音乐中重新认识特殊幼儿，减少对特殊幼儿的偏见。同时，通过音乐的讲授和亲身实践感受，真

① 方少萌：《奥尔夫音乐教学法实用教程》，复旦大学出版社2014年版，第61页。

② 张前高：《奥尔夫音乐教育》，江苏大学出版社2015年版，第13页。

③ 教育部：《3—6岁儿童学习与发展指南》，首都师范大学出版社2014年版，第28页。

正接纳和理解特殊幼儿的行为，促进幼儿之间人际关系和谐发展。

（二）帮助特殊幼儿提高自信，促进融合

奥尔夫音乐教育充分调动幼儿的主动性，进行一些创造性的音乐活动，最大限度地挖掘其各个方面的能力，开发潜能。依据加德纳的多元智能理论来看，每个人都有着八大智能，即语言智能、逻辑-数学智能、视觉-空间智能、音乐智能、身体动觉智能、人际智能、自我认知智能、自然观察智能。由此可见，音乐智能也是个体智能发展中的重要组成部分。特殊幼儿尽管在智力水平上落后于正常水平，但这并不代表他们的音乐智能不佳，反而有部分特殊幼儿的音乐智能超过了普通人，特别是一些自闭症儿童。因此，在教师的帮助下，将奥尔夫音乐课堂营造出一种自由、和谐的氛围，引导普通幼儿与特殊幼儿一起创造并体验音乐活动，同时通过幼儿的创造力与想象力，对音乐进行探索与创新，与同伴进行合作表演，这既是交往行为的训练，也是帮助特殊幼儿提升自信的重要手段。

（三）促进普通幼儿与特殊幼儿合作，共同发展

奥尔夫音乐教育强调在“玩”的过程中感知音乐的内涵，增强人与人之间在情感上的沟通与联系，在“玩”中增强合作意识和在群体中的协调能力。奥尔夫音乐为普通幼儿与特殊幼儿同伴交往提供了合作的机会。幼儿之间可通过感知音乐、动作演绎、乐器演奏等，有更多接触、交流、合作的机会，这无疑拉近了普通幼儿与特殊幼儿之间的距离，在愉悦的情境中进行同伴交往与人际沟通，为进一步的交往打下坚实的基础。纵观当前的融合幼儿园，除了特殊幼儿可能存在内向、自卑的情况外，部分普通幼儿也会存在胆怯、内向、不善言辞的情况。因此，奥尔夫音乐不仅促进特殊幼儿主动参与交往活动，也帮助那些不擅交际的普通幼儿去融入交际圈。通过音乐、律动、舞蹈、戏剧等多元表现形式，使原本胆怯的幼儿在人际交往活动中不再不知所措，增加特殊幼儿的适应性，激发他们在合作中的自我表达，促进普通幼儿与特殊幼儿共同发展。

三　奥尔夫音乐促进同伴交往的实证研究

（一）奥尔夫音乐对特殊儿童同伴交往的干预研究

奥尔夫音乐对特殊儿童而言，具有特殊的意义。虽然特殊儿童在身心发展方面具有一定的迟滞性，甚至在听辨声音、记忆音符等方面具有局限性，但是他们对于音乐的追求以及在音乐中对美好生活的感受与普通儿童

相比，并无差异，特殊儿童甚至更需要音乐的滋养。音乐对特殊儿童来说可以成为一种交流、沟通与学习的手段，借助音乐活动他们可以体验到音乐本身带来的欢乐以及与他人交流合作的乐趣，习得集体的生活方式、声音语言的沟通行为以及非语言的沟通方式。因此，在奥尔夫音乐的活动设计中，多以多感官参与、多情境创设为理念，旨在促进儿童的全面发展。① 其中，奥尔夫音乐对特殊儿童同伴的社会技能、建立人际关系的促进意义，相比其他干预方式更加有效的。

不同的研究者相继发现奥尔夫音乐对特殊儿童社会交往的促进作用，并将其积极运用到干预研究当中，获得了显著的干预效果（表6－13）。各项研究结果均一致认为，奥尔夫音乐在增强同伴互动，提高互动适应力方面效果显著。

表6－13　　**奥尔夫音乐对同伴关系干预的研究**

作者/年代	研究主题	研究方法	研究结果
Anne Steen Møller/2002	音乐疗法作为自闭症谱系障碍治疗的预期：基于证据的实践的挑战	个案研究	在音乐游戏中可以促进自闭症儿童的语言能力、运动能力、社交能力②
龚莹/2014	奥尔夫音乐治疗对孤残儿童的个案研究	个案研究	奥尔夫音乐治疗对4例个案的认知、交流、人际交往等社会适应行为问题、音乐感受力方面有明显改善作用③
黄牧君/2014	奥尔夫音乐治疗应用于自闭症幼儿的个案研究	个案研究	奥尔夫音乐对促进自闭症儿童社会交往领域的发展有积极影响④

① 孙成雯：《情境教学法与自闭症儿童社会交往课程》，《现代特殊教育》2015年第13期。

② Anne Steen Møller, Helen Odeu-Miller and Tony Wigram, "Indications in Music Therapy: Evidence from Assessment that can Identifythe Expectations of Music Therapy as a Treatment for Autistic Spectrum Disorder (ASD): Meeting the Challenge of Evidence Based Practice", *British journal of music therapy*, Vol. 16, No. 2, June 2002, pp. 11－28.

③ 龚莹：《奥尔夫音乐治疗对孤残儿童的个案研究》，硕士学位论文，湖南师范大学，2014年，第42页。

④ 黄牧君：《奥尔夫音乐治疗应用于自闭症幼儿的个案研究》，硕士学位论文，华东师范大学，2014年，第97页。

续表

作者/年代	研究主题	研究方法	研究结果
张洋/2014	奥尔夫声势音乐教学对促进智障儿童音乐课堂同伴互动的成效研究	单一被试实验	奥尔夫声势音乐教学活动可以增加智障儿童在音乐课堂中与同伴互动的行为①
陈楷/2015	奥尔夫音乐对学龄前儿童社会能力及入学准备的影响	实验研究	奥尔夫音乐活动能够有效地帮助学龄前儿童提高其社会能力及入学准备水平②
刘茜/2017	奥尔夫音乐治疗对自闭症儿童同伴关系影响的研究	跨行为多基线实验设计	奥尔夫音乐促进了自闭症儿童同伴关系的发展，提高其社会交往能力③
Jinah Kim /2018	自闭症儿童的联合注意行为	单对象比较设计	即兴音乐治疗在促进儿童的共同注意行为和非语言社交技能方面比游戏更有效④
姜孟昕/2020	奥尔夫音乐对自闭症谱系儿童社会交往、情绪和注意力的疗效研究	个案研究	奥尔夫音乐可以提升自闭症谱系儿童社会交往能力，提高儿童注意力集中能力，促进情绪的稳定性，减少不良行为，提高生活积极性⑤
闫莉枫/2020	奥尔夫音乐干预在学龄前听力障碍儿童中的应用研究	个案研究	奥尔夫音乐在一定程度上可以改善学龄前听力障碍儿童的不良情绪与行为，提高其社会适应能力，有助于学龄前听障儿童康复⑥

① 张洋：《奥尔夫声势音乐教学对促进智障儿童音乐课堂同伴互动的成效研究》，硕士学位论文，重庆师范大学，2014 年，第 34 页。

② 陈楷：《奥尔夫音乐教学对学龄前儿童社会能力及入学准备水平的影响》，硕士学位论文，杭州师范大学，2015 年，第 25 页。

③ 刘茜：《奥尔夫音乐治疗对自闭症儿童同伴关系影响的研究》，硕士学位论文，杭州师范大学，2017 年，第 36 页。

④ Jinah Kim, Tony Wigram and Christian Gold, "The Effects of Improvisational Music Therapy on Joint Attention Behaviors in Autistic Children: a Randomized Controlled Study", *Journal of Autism and Developmental Disorders*, Vol. 38, No. 9, July 2008, pp. 1758 – 1766.

⑤ 姜孟昕：《奥尔夫音乐治疗对自闭症谱系儿童社会交往、情绪和注意力的疗效研究》，硕士学位论文，武汉音乐学院，2020 年，第 50 页。

⑥ 闫莉枫：《奥尔夫音乐干预在学龄前听力障碍儿童中的应用研究》，硕士学位论文，宁夏医科大学，2020 年，第 36 页。

（二）学前融合背景下奥尔夫音乐对同伴交往的干预研究

多项研究表明，奥尔夫音乐在学前融合教育中可促进普通幼儿与特殊幼儿之间的沟通协作，帮助特殊幼儿提升社交、语言、情绪控制能力。例如，侯杰在其《奥尔夫音乐治疗在自闭症幼儿融合教育安置形态中的干预研究》中证明了奥尔夫音乐在提升自闭症幼儿社会交往能力、语言能力、情绪控制能力方面的优势[①]，提出奥尔夫音乐可以为自闭症幼儿与普通幼儿创造更多的合作、分享、语言交流的机会，帮助自闭症幼儿习得社会性行为。[②] 赵秉禹将奥尔夫音乐治疗应用于幼儿融合教育中，研究显示，奥尔夫音乐对于自闭症儿童和一些特殊儿童的交流与交往障碍效果显著。[③]

四　基于同伴交往的奥尔夫音乐教学实施

（一）奥尔夫音乐的教学方法

1. 听觉训练

听觉训练要先易后难，由浅入深地进行，要采用多样化的教学方式由噪音训练开始转入音律训练。例如，在实施中，一个孩子打击音叉跑动，其余孩子蒙着眼，指出打击音叉孩子的所在位置。[④] 由于节奏是奥尔夫音乐开展教学的基础，因此，进行听觉训练时可从节奏入手开展教学。

相关教学案例

活动名称：《动物园》

活动内容：按一定节奏说一说动物园里有什么

活动准备：全体幼儿围成一个圆圈坐在一起

活动过程：

（1）教师先运用图片营造动物园的氛围。

---

① 侯杰：《奥尔夫音乐治疗在自闭症幼儿融合教育安置形态中的干预研究》，《四川戏剧》2016 年第 11 期。

② 侯杰：《学前融合教育中自闭症幼儿心理干预策略研究——基于奥尔夫音乐治疗实践的思考》，《教师教育论坛》2016 年第 29 期。

③ 赵秉禹：《奥尔夫音乐治疗在幼儿融合教育中的研究》，《东西南北》2018 年第 23 期。

④ 秦德祥、杜磊：《音乐课堂教学的经典方法》，福建教育出版社 2013 年版，第 72 页。

(2) 教师示范，给出一定的速度，并敲打节奏，幼儿听记节奏。如：

× × × × × × ×
动 物 园 里 有 狮 子

(3) 学生模仿打出节奏。

(4) 教师写出部分小节的节奏，同时空出几个节奏，教师示范打节奏，并让幼儿根据节奏进行填空。如：

× × × × × × × × × × ×
动 物 园 里 有 什 么 (狮 子)

(5) 师生进行“动物园里有什么”的接龙活动。对有特殊需要的幼儿及时进行鼓励或提示（建议使用同伴提示）。

(6) 总结：教师总结动物园里有的小动物，并邀请幼儿回去和爸爸妈妈也一起玩玩“动物园里有什么”的接龙游戏。

在结束了听觉节奏训练之后，可结合音乐引导学生带着丰富的想象去体会音乐作品所表现的观念、思想内容、情绪。可对幼儿进行音色听辨练习，培养幼儿对不同音色的辨别能力。也可进行速度听辨，教师播放不同速度（慢速、中速、快速等）的音乐，让幼儿进行辨别，为后面的合作表演打下基础。

相关教学案例

活动名称：《奇妙的声音》

活动内容：幼儿聆听声音的长短，区分不同音长的声音；使用肢体语言或乐器表达声音的长度并体验声音游戏的乐趣。

活动准备：儿歌《火车开啦》、木鱼、三角铁、幼儿交替排队

活动过程：

(1) 模拟坐着火车去郊游的情景，教师播放儿歌《火车开啦》，儿童绕圈走，提示幼儿可根据音乐做自己想做的动作。

(2) 引导幼儿说一说在音乐中听到了什么？为什么要做那个动作？(声音慢动作慢，声音快动作快。)

(3) 让幼儿自主选择乐器（木鱼/三角铁），请选择木鱼的同学为一组，选择三角铁的同学为一组，进行分组组内练习。鼓励幼儿使

用手中的乐器在节奏的引导下，对音乐进行合作演奏（教师引导普通幼儿与特殊幼儿进行合作）。

（4）合作表演。鼓励普通幼儿与特殊幼儿面向全班进行合作展示。

（5）全班进行多组合奏。

（6）总结：教师总结教学内容，带领幼儿区分不同音长的声音。

2. 声音、动作模拟表演

幼儿喜欢将听到的声音用嗓音模仿出来。例如，动物的叫声、交通工具声响、各种物体碰撞的声音，而模仿这些声响也需要一个转化的过程。模拟声音不仅能加深幼儿的听觉感受力，同时也是培养想象力、创造力极好的方法。[①] 幼儿在倾听声源的时候，需要静下心来才能够很好地去辨别声音的位置以及来源，这个过程很好地提升了幼儿的专注力。当幼儿通过倾听主动尝试去模仿，比如努力用小嘴巴学习小猫叫“喵喵喵”，同时还会用手模拟小猫的样子，整个过程就加强了幼儿的想象力以及表现力。

相关教学案例

活动名称：《模仿动物叫声》

活动内容：幼儿聆听不同动物的声音，使用肢体或语言模仿动物的声音，从中体验声音游戏的乐趣。

活动准备：不同动物的声音、幼儿交替排队。

活动过程：

（1）营造农场的场景。

（2）在观看完农场后，教师询问幼儿：“什么小动物来了？”

让幼儿说出动物的名字，然后模仿其叫声，如小猫——喵喵喵；小狗——汪汪汪；小羊——咩咩咩；小鸡——叽叽叽。

（3）教师提问幼儿“你最喜欢哪个动物？为什么喜欢？”并邀请幼儿上台表演。

（4）总结：教师对教学内容进行总结。

① 郝香才：《幼儿音乐教育与活动指导》，北京师范大学出版社2014年版，第355页。

3. 巧用“人体打击乐器”

奥尔夫指出：“学生在学习中必须动脑、动手、动脚，全身心地感受和表现音乐。”① 由此，奥尔夫发明了一套“元素性”的奥尔夫乐器的同时，还充分运用人体各部位可能发出的声音参与演奏，并冠以“人体乐器”的美称。在奥尔夫的音乐课堂上，幼儿在课堂上“动”起来，气氛就会更加活跃。教师可以引导幼儿拍拍腿、跺跺脚等，让幼儿运用“人体乐器”进行合作表演，体验音乐的多元表达和成功的快乐，增强自信，也助力普通幼儿与特殊幼儿同伴关系的发展。

相关教学案例

活动名称：《人体打击乐》

活动内容：进一步区分对身体主要器官和部位的认识，并尝试用身体为音乐伴奏。

活动准备：沙锤，嘴巴、手、脚的图片。

活动过程：

(1) 教师播放音乐，带领幼儿做动作放松（为之后用身体做打击乐做准备）。

(2) 教师引导幼儿“其实我们的身体也是可以发出很多好听的声音的，也是一件乐器”，让幼儿发现身体也是乐器。

(3) 分别呈现“嘴巴”“手”“脚”的图片，引导学生做出“弹舌”“拍手”“跺脚”的动作。

(4) 全班一起用刚刚所学的肢体动作为音乐伴奏。

(5) 将班级内幼儿氛围“弹舌组”“拍手组”“跺脚组”，幼儿进行组内练习。

(6) 全班合作表演。

(7) 教师总结：人体打击乐可探索出音乐更多的美。

4. “奥尔夫小乐队”

奥尔夫认为：“打击乐器是音乐与心理的交流与对应，在团体形式下

① 李妲娜、修海林、尹爱青：《奥尔夫音乐教育与实践》，上海教育出版社 2019 年版，第 123 页。

会增加人与人交流的可能与机会。”① 克拉列·斯内尔（Coralie Snell）将奥尔夫的团体性观点做如下总结。

第一，依据每个人的特殊需要、能力、潜力进行教育引导，促进个体全面发展。

第二，创造力是所有人的先天特点。

第三，所有个体都有表达的潜能，经过适当的刺激可以做出表达反应。

第四，愉快的体验是学习持续进行的动力。

第五，音乐对人的成长十分重要。

第六，儿童学习音乐的最佳途径是从人的本性中获得对音乐的理解。

第七，团体的形式十分重要，每个人都在团体中有着独特的作用。②

由此可见，奥尔夫音乐教育的最终目的并不是学会音乐，而是将音乐作为疏导心灵力量的一种手段。③ 在奥尔夫小乐队中，每个幼儿担当不同的角色。可以由音乐能力较好的幼儿使用奥尔夫乐器演奏。对于一些手部精细动作发展不佳的幼儿，可让其拍腿、跺脚等进行合奏。如此，在奥尔夫小乐队中，每个幼儿个体各司其职，合作完成表演，感受音乐的震撼力。合奏过程不但培养了乐感，还可以帮助幼儿在合作中体验到成就感，有助于其同伴交往的持续发展。

相关教学案例

活动名称：《小乐队》

活动内容：尝试用自己喜欢的乐器给音乐伴奏，善于在生活中寻找乐器，体验生活中乐器带来的美。

活动准备：沙锤、碰铃、木鱼。

活动过程：

（1）教师播放音乐，带领幼儿初步整体感知音乐带来的美。

（2）教师：“今天我们要成立一个小乐队，请小朋友们挑选自己喜欢的乐器吧。”通过幼儿选择的乐器，进行分组（沙锤组、碰铃组、木鱼组）。

---

① 兰芳：《奥尔夫音乐活动实训教程》，北京师范大学出版社 2018 年版，第 39 页。

② 高天：《音乐治疗学基础理论》，世界图书出版公司 2007 年版，第 166 页。

③ 胡世红：《特殊儿童的音乐治疗》，北京大学出版社 2011 年版，第 65 页。

（3）教师为指挥，引导幼儿随乐演奏。

（4）教师点评，并再次演奏。

（5）不同小组交换乐器。

（6）全班合奏。

（7）总结：小乐队体现音乐的合作力量。

5. 融合戏剧表演与绘画

鼓励幼儿尝试用自己的声音去模拟，用肢体去表现，用生活中一切可以发声的物体去表达特定的音源、节奏、旋律等。同时，可以采用戏剧或绘画的形式，将自己所听到、所想象到的内容表演出来或画下来。通过想象、绘画、表演，使音乐逐渐视觉化。

相关教学案例

活动名称：《画音乐》

活动内容：引导幼儿通过身体动作和绘画方式感受音乐的美。

活动准备：准备蜡笔、水粉颜料、幼儿作画用纸。

活动过程：

（1）播放音乐，引导幼儿感受乐曲，同时配合身体动作，表现歌曲的旋律特点。

（2）启发幼儿用绘画表现音乐“我们除了用身体动作表示音乐以外，可以用什么方式表现音乐呢?”——绘画。

（3）幼儿选择与音乐相匹配的色彩。

（4）幼儿边听音乐边想象画面，并在画纸上绘制出来。

（5）班级展示，邀请幼儿分享画面内容，教师及时进行点评。

（6）教师总结。

（二）奥尔夫音乐的教学程序

1. 嗓音训练方法

奥尔夫的嗓音训练就是要运用儿童的嗓子这一“天然乐器”，发挥其特性来表现音乐的节奏。其主要目的是训练儿童形成良好的声音形象和培养儿童听辨的意识和能力。依据语言难度的不同，节奏朗诵训练可分为由字、词、句而构成的嗓音节奏的训练、由儿歌与民谣等构成的嗓音节奏的训练、由语气与声响等构成嗓音节奏的训练。

在由字、词、句构成的嗓音节奏的训练中，教师通常采用导入主题—节奏模仿—小组练习—变化练习—即兴创编的流程。首先，由教师营造一个主题氛围，将本课的语言对象引入，如给班级融合小朋友过生日，引导幼儿说出祝福语。接着，教师示范节奏，带领学生边拍手边朗诵，后小组进行合练，注意在课前分组过程中采用异质分组，将特殊幼儿与普通幼儿分为一组，并在课中引导普通幼儿担任支持者角色，激发普通幼儿内心的责任感，协助特殊幼儿进行练习。随后，教师遵循由易到难的原则，带领幼儿进行节奏变化练习，注意语言的韵律性。最后引导幼儿进行小组即兴创编，先个人即兴朗诵，再配合动作，邀请幼儿带领全班练习，之后将声部分组，进行多声部朗诵练习。

相关教学案例

活动名称：《生日祝福》

活动内容：引导幼儿为自己所想出的生日祝福语创编节奏，并合作表演。

活动准备：幼儿交替排队。

活动过程：

(1) 教师导入主题（班级一名同学过生日），引导幼儿说出对该同学的祝福语。

(2) 教师示范节奏（带领学生边拍手边朗诵）如：

$\underline{\times\ \times}\ \underline{\times\ \times}\ \ \times\ \ \times$

祝 你 生 日 快 乐！

(3) 小组合作练习（普通幼儿与特殊幼儿进行融合练习）。

(4) 拓展

①在原有朗诵节奏基础上加入身体姿势，如原地跳（加入的动作可由幼儿自己选择决定）。

②加快原有朗诵节奏。

(5) 即兴创编

①幼儿每个人想一句祝福的话或夸一夸他的优点，并尝试按节奏朗诵。

②全班练习，分声部朗诵。

(6) 总结：教师表达祝福，并希望同学们和谐相处。

在儿歌、民谣等作嗓音节奏的训练中，教师可采用准备活动—介绍主题—歌词与动作搭配教学—巩固练习—表演的程序进行。首先，教师播放音乐带幼儿进行简单的课前放松活动，通过甩臂、晃脑、扭腰等运动，让幼儿舒活筋骨、放松肌肉，也为接下来的授课做准备。接着，介绍主题，即介绍当天要学唱的儿歌或民谣。接下来，教师带领幼儿有感情地朗诵儿歌或民谣，后配合动作练习。接着，引导普通幼儿带领特殊幼儿进行练习。最后邀请小组进行合作表演，并及时鼓励。为体现幼儿同伴交往的目的，教师可选用人际交往主题的儿歌或民谣，为普通幼儿与特殊幼儿形成良性交往关系增加有效保证。

相关教学案例

活动名称：《好朋友》

活动内容：引导幼儿依据儿歌创编节奏与动作，并合作表演，激发普通幼儿与特殊幼儿之间的人际交往。

活动准备：幼儿交替排队。

活动过程：

(1) 教师带领学生做课前放松运动（甩甩手臂，抬抬腿等）。

(2) 教师向幼儿介绍儿歌《好朋友》的内容，并带领幼儿朗诵熟悉歌词。

(3) 教师带领幼儿将儿歌配合动作进行练习（幼儿也可自主练习）。

(4) 小组合作练习（普通幼儿与特殊幼儿进行融合练习）。

(5) 小组合作表演展示。

(6) 总结：教师表达希望，希望小朋友们和谐相处。

语气、声响、小品作嗓音节奏的训练要求教师生动、有感情地讲述故事，并在讲述故事的过程中配有动作，最后配合音乐把故事中的重要情节演唱出来。值得注意的是，嗓音训练时为了防止伤害到幼儿发音器官，教师需要引导幼儿使用正确的发声方法与歌唱姿势。下巴自然放松，嘴巴自然张开，自然地向前发音，既不肆意叫喊，也不刻意控制音量等，自然呼吸，均匀用气，呼吸时不抬头，不耸肩，不发出吸气声等。同时，在歌唱时注意努力保持身体、心情、表情、嗓音的舒适状态，感到不舒服时及时暂停、休息或自我调整。

2. 动作训练方法

奥尔夫音乐教育中的动作律动，虽然不像舞蹈表演中所要求的那么完美和高难度的动作，但是并不代表它是随性的、没有组织的。常见的律动训练内容有走、跳、跑，但可以根据活动的开展，逐渐加大动作难度。对于难以理解乐理知识的幼儿来说，也可以增加律动动作的形象性，帮助幼儿对音长、音速等音乐要素进行理解。例如，以跑步的速度表示音乐的速度。幼儿可以根据音乐的快慢，调整自己步伐的快慢，当音乐节奏慢的时候，采用走；当音乐节奏开始加快时，便由走转向跑。同时，还可以把幼儿走路表示为四分音符，跑步表示为八分音符等。此外，奥尔夫音乐教育特别强调反应练习，它体现了奥尔夫诉诸感性，启发、培养幼儿生而具有的能力等一系列的思想原则。体态律动的反应训练，即用动作对听觉及视觉的感受做出反应，在音乐活动中锻炼时间、空间感，使个体得到全方位的发展。①

（1）仪式入课，动态导入

幼儿歌曲大多旋律简单且曲词重复较多。当幼儿处于以感觉为动力的时期时，靠感官、动作的方式可来获得音乐方面的经验。在教学中可透过动态的肢体动作、模仿或表情来回应所感受到的音乐，将自己听到的音乐以动作姿势或舞蹈律动展现出来。教师可以把上课的问好仪式与动作相结合。

相关教学案例

导入部分：

①教师演唱并拍手：小朋友你好，你好，你好……（来到某一幼儿面前）。

②幼儿与教师击掌，每击掌一次说一个字。

× × × × ×
王 老 师， 您 好！

① 雍敦全：《律动音乐教学》，西南师范大学出版社 2017 年版，第 11 页。

③轮流下去，每一名幼儿与教师进行互动。

（2）模拟节奏，同伴互学

在上述教学案例中，当幼儿与教师之间进行了击掌练习后，幼儿可模仿教师的样子，与同伴进行相互问好。在此环节鼓励发展水平较好的幼儿带动其他发展水平的幼儿进行同伴互学，这也是一个知识内化的过程。在此环节需要注意的是在课前就应该将普通幼儿与特殊幼儿之间的座位做交叉式的安排，以方便幼儿间的合作。

（3）加大难度，巩固练习

经过了师生互动与生生互动的练习和模拟后，幼儿对于本节课所学习的节奏已经掌握熟练，此时就可以加大难度。例如，多增加一些动作（人体打击乐），摇头、跺脚、交替拍手拍腿等均可。这样进一步培养幼儿肢体协调能力，培养音乐素养。

（4）合作表演

教师邀请特殊幼儿与普通幼儿进行合作表演。教师注意在此时应对其进行及时的点评，以帮助幼儿体验合作成功的快乐，为下一次合作表演做好铺垫。

3. 乐器训练方法

在奥尔夫器乐教学中，幼儿要学会控制乐器、管理自己、兼顾他人的音响效果等，这对于培养他们参与社会生活时的自我表现能力、发展自我与他人合作以及处理人际关系的能力都有一定的作用。① 常见的奥尔夫乐器训练模式包含以下几个方面：初步整体感知音乐、初识音乐节奏、借助乐器打出音乐、配合音乐做乐器合奏。

首先，教师可播放主题音乐，带领幼儿对节奏和旋律进行初步的整体感知。教师可在播放音乐时，摆动身体，做一些简单的动作，引导幼儿跟着教师的节奏一起做动作。接着，在音乐播放完毕后，可让幼儿通过拍手等动作熟悉音乐的节奏。随后，待幼儿熟悉音乐节奏后，教师可提供多种乐器供幼儿选择，并将幼儿进行分组，分完组后幼儿进行分组乐器练习。最后，邀请幼儿进行多组合作展示，一轮展示结束后可交换乐器继续表演。

---

① 张前高：《奥尔夫音乐教育》，江苏大学出版社 2015 年版，第 108 页。

相关教学案例

活动名称：《小动物郊游》

活动内容：引导幼儿通过反复探索尝试，在音乐的配合下完成打击乐器的演奏，通过合作表演，激发普通幼儿与特殊幼儿之间的人际交往。

活动准备：幼儿交替排队。

活动过程：

（1）教师播放音乐，做动作引导幼儿初步感知节奏与旋律。

（2）教师带领幼儿通过拍手等动作熟悉歌曲的节奏并熟悉歌词。

（3）教师提供多种乐器，幼儿自主选择乐器进行演奏。

（4）小组合作练习（普通幼儿与特殊幼儿进行融合练习）。

（5）多种乐器合作表演展示。

（6）总结：教师点评。

（三）奥尔夫音乐中教师对同伴交往的指导原则

1. 多鼓励，少批评

在学龄前阶段，幼儿具有极强的向师性。如若教师在课堂中批评了某位幼儿，那么在课余时间极易使其他幼儿模仿老师的语气、言语以及动作去训斥被批评的对象，一定程度更加增加幼儿心理的自卑感。特别是对于特殊幼儿来说，教师严厉的要求或批评无疑会使其更加受到普通幼儿的排斥或拒绝。此外，在幼儿阶段，无论是特殊幼儿还是普通幼儿，他们都很期望得到教师的表扬。因此，在奥尔夫音乐教学中，教师应给予幼儿更宽松、轻松、快乐的学习环境。

2. 充分发挥幼儿主体，激发主动交往

幼儿天生好奇、好动、好胜、好问、好探究、好独创，他们的思维不受约束，喜欢追求与众不同、彰显自我。这正是培养幼儿主动创造意识的前提。学前儿童音乐活动应为幼儿提供充足的活动环境，引导其应用各种感官，通过实践操作、探索、游戏体验音乐的节奏、音高、速度、力度、曲式等音乐表现手段，在此基础上进行创造性音乐表现。特殊幼儿经过奥尔夫音乐的学习后，需要教师提供一个平台来展示他们的学习成果，这样能增强特殊幼儿在学习上和生活上的信心以及克服在人际交往过程中的胆怯。例如，教师可利用“鼓圈”（由任意的一组人围坐成一个圆圈，在引领者的引导下演奏打击乐器）的方式，引导幼儿互动，创设融合的社交环境。

3. 善用强化物

在利用奥尔夫音乐对普通幼儿与特殊幼儿进行同伴交往指导时，教师要仔细观察，发现教学活动中能让特殊幼儿兴奋且能起到强化作用的点，并配合使用强化物。如若融合环境内的特殊幼儿喜欢乐器，可以将敲击乐器作为奖励，在其很好地完成活动之后，由其选择自己喜欢的乐器随意敲击，有条件的情况下可以让其上台表演，并在其表演结束后引导普通幼儿积极为其鼓掌。教师可以与特殊幼儿进行乐器合奏，同时邀请普通幼儿进行一定的律动表演，这样既可以利用强化再次引导普通幼儿与特殊幼儿之间的合作，也给予特殊幼儿充分的肯定和表扬。

4. 考虑音乐动作的年龄特征和能力的适配性

从幼儿的年龄特点来看，不同年龄阶段的幼儿的动作肌肉群发育具有差异性，年龄越小的孩子，其动作的协调度越弱，音乐活动中的部分律动动作会存在一定的难度。因此，对于不同年龄段的幼儿，教师在进行音乐律动或者表演动作的设计时，需要根据幼儿的身心发展特点进行科学调整和变化，并体现动作难度与协调度的层次性特点。

五　基于同伴交往的奥尔夫音乐教学案例展示

大班奥尔夫音乐活动《母鸡孵蛋》

上课时间	2019 年 7 月 11 日	上课地点	大班活动室
课时安排	共 4 课时 本节课为第 3 课时	授课教师	主教教师：叶老师 辅助教师：张老师
学生分析	本班共有 18 名幼儿，其中男生 11 名，女生 7 名，普通幼儿 14 名，自闭症幼儿 4 名。依据幼儿的综合能力表现、课堂常规表现以及本节课教学内容的难度，可将幼儿分为 3 组：A 组 14 名普通幼儿，能够积极参与课堂，进行较好的课堂互动，且无明显的情绪行为问题；B 组 2 名自闭症幼儿，课堂互动较好，但语言表达能力有限；C 组 2 名自闭症幼儿，课堂参与度较低，在课堂中会出现一定的情绪与行为问题		

续表

<table>
<tr><td>教材分析</td><td colspan="3">《母鸡孵蛋》是一首有趣的幼儿歌曲，歌曲共四段，节奏轻快活泼、旋律优美，歌词有趣。幼儿在倾听、演唱时会对鸡蛋数量的变化充满好奇和期待，而这份好奇和期待又会激发学生的学习动机，保持学唱歌曲的兴趣。歌曲传递了母鸡孵蛋时与蛋宝宝、小鸡之间的暖暖爱意，歌曲的旋律多采用同音重复的手法，非常适合低年段特殊幼儿欣赏和学唱，易于掌握</td></tr>
<tr><td rowspan="2">教学目标</td><td>A 层</td><td>B 层</td><td>C 层</td></tr>
<tr><td>1. 复习 2/4 拍节奏、歌曲旋律和主旋律简谱
2. 用听唱法完整学唱歌曲《母鸡孵蛋》，感受鸡蛋数量的变化和歌曲的趣味性
3. 用音砖演奏歌曲，体验和同伴合作表演的快乐
4. 尝试续编歌曲</td><td>1. 熟悉歌曲旋律
2. 用听唱法模仿学唱歌曲《母鸡孵蛋》，感受鸡蛋数量的变化和歌曲的趣味性
3. 在协助下表演歌曲，体验和同伴合作表演的快乐</td><td>1. 熟悉歌曲旋律
2. 用听唱法模仿学唱歌曲《母鸡孵蛋》中的“咕咕”，感受歌曲的趣味性
3. 在协助下表演歌曲，体验和同伴合作表演的快乐</td></tr>
<tr><td>课时说明</td><td colspan="3">第 1 课时：学习 2/4 拍节奏和歌曲主旋律
第 2 课时：变化学习歌曲主旋律简谱
第 3 课时：学唱歌曲歌词、合作表演
第 4 课时：复习、个别展示</td></tr>
<tr><td>教学重难点</td><td colspan="3">教学重点：能用自然声音演唱歌曲、根据指令自信地表演歌曲
教学难点：熟练掌握歌曲的音准和节奏</td></tr>
<tr><td>教具准备</td><td colspan="3">钢琴、移动黑板、母鸡孵蛋模型、鸡蛋模型、音砖、手鼓、简谱卡片、乒乓球、话筒、鼓棒、橡皮筋、小鸡头饰等</td></tr>
<tr><td>歌曲主旋律简谱</td><td colspan="3">母鸡孵蛋 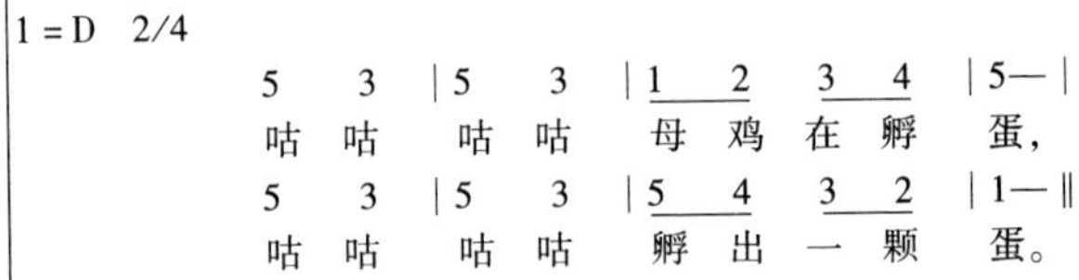
1 = D　2/4
5　3　| 5　3　| 1 2　3 4　| 5— |
咕　咕　咕　咕　母　鸡　在　孵　蛋，
5　3　| 5　3　| 5 4　3 2　| 1— ‖
咕　咕　咕　咕　孵　出　一　颗　蛋。</td></tr>
</table>

续表

教　学　过　程	
主教教师	辅助教师
一、课前热身 1. 师生互动《上课了》 2. 师生互相问好 3. 点名活动（引入唱音阶活动） 4. 出示强化物巧克力，鼓励幼儿认真学习	播放《上课了》音乐，在“啦”处与学生互拍手 钢琴弹奏音阶上行下行——出示巧克力
二、复习活动——复习歌曲《母鸡孵蛋》的节奏和旋律 1. 复习2/4拍节奏，引导幼儿第一拍拍手，第二拍拍腿。（第一遍教师示范，第二遍教师拍打手鼓引导。）着重引导B、C层幼儿踏脚感受节奏规律 2. 课件出示歌曲简谱，老师清唱简谱 3. 教师拍鼓合琴引导幼儿齐唱简谱 4. 引导学生用“LU”来模唱歌曲旋律，重点指导B、C层学生 5. 分层合作：A层学生用鼓棒按节奏奏鼓，教师引导B、C层学生按节奏“LU”来模唱旋律	协助示范。 钢琴弹奏《母鸡孵蛋》主旋律。（单音—伴奏） 钢琴弹奏《母鸡孵蛋》主旋律
三、新知学习——学习歌曲《母鸡孵蛋》的演唱和表演 （一）引入新知 1. 出示道具“母鸡孵蛋模型”，引导幼儿说一说、摸一摸，重点指导B、C层幼儿模仿母鸡“尖尖的嘴巴”（拇指食指相捏呈嘴巴状），为学习“咕咕”做铺垫 2. 引入音乐，引导幼儿聆听、欣赏。教师适时引入带壳小鸡，用手指演示数量的变化，进一步感受歌曲的趣味性 （二）学唱歌词 1. 出示完整曲谱，教师完整范读歌词 2. 教师跟琴拍鼓范唱歌曲 3. 逐句学习歌词，重点引导B、C层幼儿跟读 ｜XX　X X｜X—｜ 母鸡　在孵　蛋， 孵出　一颗　蛋。 4. 个别指导：用话筒帮助B、C幼儿发音——咕咕；适时引入“乒乓球”，借助弹跳的声音来提示“咕咕”的准确唱法 5. 合琴完整演唱歌曲主旋律 6. 合乐完整演唱，用“母鸡孵蛋”模型进行引导，提示幼儿用手指表示鸡蛋的个数	推出桌子（放篮子） 协助指导 播放《母鸡孵蛋》音乐 钢琴弹奏跟学 钢琴弹奏5　3｜5　3｜ 钢琴弹奏歌曲主旋律 播放《母鸡孵蛋》音乐，引导幼儿感知数量变化，给个别幼儿戴上小鸡头饰

续表

<table>
<tr><th colspan="2">教 学 过 程</th></tr>
<tr><th>主教教师</th><th>辅助教师</th></tr>
<tr><td>（三）深入练习
1. 补充歌谱：请 A 层幼儿上台将漏掉的音符和歌词填写完整
2. 歌曲表演：引导 B 层幼儿上台表演“母鸡”。（适时加入“母鸡”扑打翅膀的律动，并引导“小鸡”跟着“母鸡”走。）
3. 点评 A 层幼儿完成的练习，引导跟着老师演奏的音砖唱一唱
4. 尝试续编：请幼儿填唱“孵出____颗蛋”，深入感受歌曲的趣味性；鼓励 A 层幼儿自由发挥
（四）合作表演
1. 出示话筒、音锤、手鼓，引导幼儿邀请伙伴上台合作
2. 小乐队合作表演：A 层幼儿演奏音砖、B 层幼儿上台演唱、C 层幼儿在辅助下拍手鼓、辅教老师演奏钢琴
（五）揭示主题
1. 引导幼儿给这首歌曲取个名字
2. 揭示主题：《母鸡孵蛋》
3. 引导幼儿与母鸡唱再见歌：“咕咕，咕咕，小朋友再见。”（用《母鸡孵蛋的旋律》唱再见歌。）</td><td>播放《母鸡孵蛋》音乐、合乐律动。（唱歌引导学生回座位：咕咕咕咕小鸡回家了……）
敲奏音砖《母鸡孵蛋》主旋律
钢琴轻声弹奏《母鸡孵蛋》主旋律
引导学生与母鸡唱再见歌：“咕咕，咕咕，母鸡再见。”</td></tr>
</table>

（教案来源：厦门市同安区特殊教育学校　叶海珍）

结　语

对于幼儿来说，同伴交往看似是幼儿与其同伴在游戏时的普遍行为，但当我们从社会学的视角重新探索幼儿同伴交往规律时，不难发现同伴交往涉及互动范围的准入机会、互动领地的自我保护、团体成员之间的团结与相互信任以及对他人的接纳与排斥等社会性要素。让我们再一次确定了幼儿的社会交往天性，正如蒙台梭利所指出的："只有儿童才能解释人类发展的奥秘，儿童的发展看起来是自发的，其实却是遵循一种特定的规律发展的。"① 与成人相比，幼儿在心理和生理上差异显著，但幼儿仍然是完全的个人，他们具备社会人的所有社会属性，有自己独特的社会交往文化与互动规律。

融合幼儿园作为教育领域中的一个新兴事物，同样具有"微型社会"的特点。在该场域中，独特的融合文化、不同能力"资本"的幼儿、占据权威地位的教师、人与人之间的互动方式、活动的日常规律与行为范式、幼儿冲突与不同角色的扮演等社会性要素，不断建构着融合幼儿园这一独特的社会单位。相比普通幼儿园来说，融合幼儿园由于场域的独特性和其中成员的差异性让其更具有社会场域的现实特点。由此，也就让普通幼儿与特殊幼儿之间的交往更具有社会属性的色彩。这些特点体现在，融合幼儿园就像一个"分化"的小社会。导致分化的最根本原因，是普通幼儿与特殊幼儿的身心发展水平与能力的显著性差异。这一能力的差异，让两大行动主体在幼儿园中具有了不同的角色特点和符号性行为特征，当不平等的角色与消极的行为符号在学前融合场域中不断"发酵"，成为幼

① ［意］玛利亚·蒙台梭利：《童年的秘密》，蒙台梭利丛书编委会编译，中国妇女出版社2006年版，第15页。

儿与教师之间的行为与思维固定模式时，当普通幼儿由于高能力发展被教师所赋予一种交往“权力感”时，普通幼儿与特殊幼儿之间的同伴交往也迎来了巨大的难题。当这样的权力感被教师不断地强化和持续“合法化”后，普通幼儿与特殊幼儿的交往也就出现了“社交圈”的独特隔离特征。特殊幼儿难以融入普通幼儿的交往圈已成为目前融合幼儿园中教师面临的一大难题。导致这一难题的原因，并不仅仅在于特殊幼儿的身心发展能力局限，而是这个尚不成熟的场域中复杂的、杂糅交织的角色、符号、“地位”、“资本”等社会要素的综合运作结果。

当然，这与学前融合教育在中国的教育体系中仍是一个新鲜事物也密切相关，我们当前在学前融合教育的理论建构以及实践质量方面仍没有形成完善的体系或成熟的实践模式。当特殊幼儿大量进入普通幼儿园中时，当前的学前教育实践体系势必难以满足不同发展水平幼儿的特殊教育需求。中国当前的学前教育体系中，对于学前教育教师的培养是不包含学前融合教育的理论与实践的。对本已适应了普通幼儿教育的教师来说，特殊幼儿入园无疑成为其专业发展历程中面临的一个陌生局面。普通幼儿与特殊幼儿之间同伴交往是可以最直接表现出来的最棘手的一大难题，该主题看似简单，实则是一个涉及幼儿生理、心理以及幼儿园课程与文化的专业化程度极高的概念。

从 20 世纪六七十年代西方学前融合教育的发展规律可以看出，同伴交往问题是学前融合教育发展过程中必然会经历的一段历程，这是一个新鲜事物与原有教育体系彼此适应、相互磨合的过程，也是教师不断更新教育理念、提升融合教育专业素养、推动幼儿园实现融合教育整体发展的必然过程。随着中国学前融合教育研究的逐渐深入与充分，普通幼儿与特殊幼儿的交往难题以及独特的交往现象也会被多元的课程设置、有效的教师辅助策略以及和谐融合的园所文化所化解。本书中所提出的绘本、教育戏剧、沙盘游戏以及奥尔夫音乐的同伴交往干预已被国内诸多融合幼儿园普遍接受，并获得了显著的效果，也已形成了独具特色的同伴交往实践模式与干预课程，这些所有的努力最终成就具有中国特色的学前融合教育发展之路。

在展望美好未来的同时，我们也看到，在这个融合的场域中仍然会持续存在不同的“特殊性”群体，不仅仅只有“边挣扎边蜕变”的特殊幼儿，还有“坚持不懈”的陪读家长、“在摸索中前进”的幼儿教师、“艰难开路”的幼儿园园长等。他们在幼儿园中，既经历着融合教育带来的惊喜与进步，也感受着来自融合教育的变革与挑战，“酸甜苦辣”是这个场域中各类群体的最真实的写照。在这些特殊群体的融合历程的背后，是无数需要研究者进行探索的研究问题，但这些研究问题在当前仍是被忽视的领域。

本书仅以“同伴交往”问题作为研究切入点，为更多的研究者提供了解学前融合教育和融合幼儿园的素材，呼吁未来更多的特殊教育、学前教育、融合教育等领域研究者将目光聚焦于特殊幼儿的学前融合领域，为特殊儿童义务教育阶段的融合教育提供坚实的基础。

附　　录

附录 1：《同伴提名表》

练习题：

1. 你最喜欢吃哪三种水果？ ____________________

2. 你最不喜欢吃哪三种水果？ ____________________

测试题：

编号	喜欢的小朋友	喜欢的原因
1		
2		
3		
编号	不喜欢的小朋友	不喜欢的原因
1		
2		
3		

附录2：《特殊幼儿同伴交往访谈提纲（普通幼儿）》

访谈时间：

访谈地点：

访谈对象：

1. 你知道什么是“残疾”吗？
2. 你知道什么是“特殊幼儿”吗？
3. 你知道什么样的小朋友是残疾小朋友？
4. 你见过残疾小朋友吗？在哪里见过？班上有残疾同学吗？
5. 你愿意跟残疾小朋友成为好朋友一起玩吗？为什么？
6. 你觉得跟他一样吗？
7. 你喜欢残疾小朋友吗？为什么？
8. 你害怕残疾小朋友吗？为什么？
9. 如果残疾小朋友有困难，你会去帮助他们吗？为什么？

附录3：《特殊幼儿同伴交往访谈提纲（特殊幼儿）》

访谈时间：

访谈地点：

访谈对象：

1. 你在班里的好朋友有哪些？
2. 你喜欢和他们一起玩吗？为什么？
3. 你喜欢和他们玩什么游戏？
4. 你认为他们喜欢你吗？为什么？
5. 你认为别的小朋友愿意帮助你吗？为什么？
6. 别的小朋友欺负过你吗？
7. 你喜欢来幼儿园上学吗？为什么？
8. 你觉得来幼儿园开心吗？为什么？
9. 你平常和谁在一起玩的时间比较多？你为什么喜欢和他（她）一起玩？
10. 你最喜欢幼儿园里的谁？为什么？
11. 在幼儿园里你最喜欢做的事情是什么？

附录4：《融合幼儿园建园经过与发展的访谈提纲（园长）》

1. 请谈一谈幼儿园的建园史和发展史。
2. 请谈一谈幼儿园的教育理念与文化。
3. 请谈一谈幼儿园课程设置与教学的情况。
4. 您是如何看待融合教育的？
5. 您在开展融合教育的过程中遇到过哪些困难？
6. 您是如何解决这些困难的？
7. 在当前幼儿园的发展阶段中，您认为亟须解决的问题是什么？
8. 您是如何看待融合幼儿园中的同伴交往问题的？

附录5：《特殊幼儿同伴交往访谈提纲（教师）》

1. 基本情况

（1）您教书多少年了？

（2）您在这个幼儿园多少年了？

（3）您在这个班多少年了？

（4）您是否有融合教学方面的经验？

（5）您是否有特殊教育专业的相关背景？

（6）您是否接受过融合教育方面的培训？

2. 教师对学前融合教育的看法

（1）您是如何理解学前融合教育的？

（2）融合对您班级中的普通幼儿具有怎样的影响？

（3）融合对您班级中的特殊幼儿具有怎样的影响？

（4）您认为您班级中的特殊幼儿适合融合教育吗？为什么？

（5）您认为融合是否促进了普通幼儿与特殊幼儿的交往？为什么？

3. 教师对同伴交往的看法

（1）您认为普通幼儿与特殊幼儿的交往重要吗？为什么？请举例。

（2）您班级中普通幼儿与特殊幼儿的总体交往状况怎样？为什么？请举例。

（3）您班级中的哪些普通幼儿对特殊幼儿的接纳状况较好？主要表现是什么？请举例。

（4）您班级中的哪些普通幼儿对特殊幼儿的接纳状况较差？主要表现是什么？请举例。

（5）您认为是什么影响了普通幼儿与特殊幼儿的交往？

（6）您平时采取了哪些措施促进普通幼儿与特殊幼儿的交往？效果如何？

附录6：《特殊幼儿同伴交往访谈提纲（家长）》

1. 基本情况

（1）您的孩子的基本情况如何？

（2）您的孩子来这所幼儿园多长时间了？

（3）您为什么选择这所幼儿园？

（4）您认为您的孩子喜欢来幼儿园吗？为什么？

2. 家长对学前融合教育的看法

（1）您是如何理解学前融合教育的？

（2）融合对您的孩子有怎样的影响？

（4）您认为您的孩子适合融合教育吗？为什么？

（5）您认为融合是否促进了普通幼儿与特殊幼儿的交往？为什么？

3. 家长对同伴交往的看法

（1）您认为普通幼儿与特殊幼儿的交往重要吗？为什么？请举例。

（2）从您的观察来看，班级中普通幼儿与特殊幼儿的总体交往状况怎样？为什么？请举例。

（3）您的孩子在班里有一起玩耍的朋友吗？请举例。

（4）您的孩子喜欢和普通幼儿一起玩吗？为什么？请举例。

（5）您认为是什么影响了普通幼儿与特殊幼儿的交往？

（6）您认为应该如何促进普通幼儿与特殊幼儿的交往？

（7）您平时会采取措施促进普通幼儿对特殊幼儿的交往吗？什么样的措施？效果如何？

附录7：普通幼儿与特殊幼儿交往行为记录表

幼儿姓名：____性别：____年级：____观察日期：_观察者：____

观察地点描述：__________________________

班级当前活动描述：______________________

时间	交往的前提事件	交往事件的发生过程	事件中教师表现	事件中陪读家长表现

观察结束后的简要总结：

与教师访谈：＿＿＿＿＿＿＿＿＿＿＿＿＿＿

与特殊幼儿访谈：＿＿＿＿＿＿＿＿＿＿＿＿

与陪读家长访谈：＿＿＿＿＿＿＿＿＿＿＿＿

研究者的评价与总结：＿＿＿＿＿＿＿＿＿＿

附录 8：数据分析编码表

<table>
<tr><td rowspan="10">同伴交往特征</td><td colspan="2">三级：选择性编码</td><td>二级：关联性编码</td><td>一级：开放式编码</td></tr>
<tr><td rowspan="9">同伴交往绘描</td><td rowspan="9">有含义的符号</td><td rowspan="2">姿势暗语</td><td>“押解式”的姿势</td></tr>
<tr><td>暴力的动作</td></tr>
<tr><td rowspan="4">镜像表情包</td><td>愤怒的表情</td></tr>
<tr><td>严肃的表情</td></tr>
<tr><td>无奈的表情</td></tr>
<tr><td>委屈的表情</td></tr>
<tr><td rowspan="3">语音符号</td><td>不耐烦的语气</td></tr>
<tr><td>命令的语言</td></tr>
<tr><td>不满的语言</td></tr>
</table>

续表

	三级：选择性编码		二级：关联性编码	一级：开放式编码
同伴交往特征		负重前行的角色	普通幼儿的角色	管教特殊幼儿
				指挥特殊幼儿
				代劳特殊幼儿的任务
				攀比自己的“小学生”
			特殊幼儿的角色	理所当然的弱势群体
				消极的认知
	特殊幼儿与普通幼儿的同伴关系	“小老师”的角色面孔	“小老师”的角色领会	帮助特殊幼儿生活
				争当“传声筒”
				注重“小老师”的责任
			“小老师”的角色任务	一起游戏
				游戏中的矛盾
			角色的地位与权力	“小老师”要管着“小学生”
		“小学生”的角色回应	“小学生”的“反抗”	不喜欢跟他们玩
				不开心
				“我要反抗”
	同伴圈子特征		教师奖励下其乐融融	及时强化交往
				幼儿的“察言观色”
			教师视野之外朋友圈	普通幼儿为主的固定圈子
				特殊幼儿进入的临时圈子
	同伴拒绝的形成过程		小班社交“金字塔”	社交的阶梯形特征
			中班的两极分化	性别分化
				能力分化
				性格分化
			大班的“交际圈”	彼此认同的小群体
	同伴交往的影响因素		学前融合教育发展不充分	专业化支持缺乏
				未得到普及
			融合幼儿园发展不足	任务多
				没强调过这个问题
				幼儿园整体发展不足
			对残疾概念的错误认知	“好朋友”“小学生”概念覆盖了残疾概念
			教师对同伴互动不引导	教学中缺乏互动
				生活活动的僵化特征
				自由活动中的不作为
			家长对同伴互动不重视	“妈妈让我离他远一点”
				“不被欺负就行”
				家长有心无力
				忽视问题的重要性

附录9：研究伦理

特殊教育研究中的伦理道德问题是一个极为重要的问题。由于本书触及学前融合教育领域中同伴交往这一敏感问题，在研究过程中需要严格按照研究伦理的基本原则实施研究，以免给幼儿园园长、教师、特殊幼儿、特殊幼儿家长、普通幼儿等造成任何形式的伤害。

第一，自愿原则。同伴交往是一个牵涉较广的概念，既涉及幼儿园的融合文化、融合教育发展程度、融合教育的效果、园所的管理方式，也涉及课程的实施、教学效果、教师的专业化程度等内容。并非所有的融合幼儿园愿意将这一系列的问题“暴露”给笔者。因此，笔者在实施研究之前经过专家推荐，细心谨慎询问幼儿园管理者的意见，并主动详细告知参与者研究目的与研究内容，在征得幼儿园管理者和相关教师的同意之下，方进入研究现场。

第二，保密原则。在研究中，笔者需要对幼儿间的交往与互动行为，以及相关代表性事件进行及时录音、录像和拍照。本书中所有的录音、照片、视频、日记等实物都遵守了严格的保密原则。在研究过程中，平等对待特殊幼儿及其家长，并合理处理在研究过程中与班级教师、幼儿家长、普通幼儿和特殊幼儿的关系。不让陪读家长产生专门为调查研究特殊幼儿而来的紧张感，避免让班级教师产生是否会被告知园长或被监视的压力感，防止普通幼儿对特殊幼儿产生异样的看法和行为，笔者对所有涉及的受访者给予足够的尊重。每进行下一步的研究之前，均及时与园长、班级教师、家长等提前沟通。

第三，公平回报原则。笔者进入幼儿班级进行数据收集，应对支持本研究的幼儿园、家长及幼儿等给予公平的回报。因此，笔者在研究结束后，为该园的教师开设了两次教育戏剧活动工作坊，并帮助幼儿园建立了戏剧课程的教学体系，以保证在笔者抽离后，将这一教育资源继续开设在幼儿园中，成为促进特殊幼儿融合的一个有效实践方式。在研究实施期间，在研究参与的班级中多次赠送绘本与戏剧教学的道具等。研究结束后继续帮助该园完成一项课题研究，在其间担任教研指导。

第四，维护研究参与者的隐私与尊严的原则。由于同伴交往是一个发生在具体交往情境中的概念，笔者要获得关于该问题的全景性资料，必须要在融合幼儿园中对普通幼儿与特殊幼儿的交往情景进行充分的参与式观察。笔者只有观察幼儿交往中的真实情景，以及参与幼儿的日常幼儿园生活，才能够更加真实地体验和理解作为“局内人”（如普通幼儿、特殊幼儿）的真实体验。但这对于笔者来说，应该采取什么样的角色进入幼儿的幼儿园生活中，在获得充分的研究数据的同时也保证参与者的隐私和尊严不受到挑战，是一个非常重要的伦理问题。在研究中，笔者严格遵守“无伤害”“知情同意”等原则，在研究之初笔者就对参与质性研究的班级以及幼儿家长召开了充分的研究前会议，在会议上，笔者将自己的研究目的、研究的方式以及研究需要涉及的数据收集方法等均对家长及幼儿园的领导、教师等进行了充分的讲解。在获得幼儿园、家长等幼儿监护人的同意和签订知情同意书之后方进行了本研究的数据收集。对于本书收集到的所有照片和视频等内容，在拍摄完毕后均与幼儿本人、家长以及幼儿园的领导与教师进行沟通和询问，在获得全体的允许后方用于本书，并对所有的照片以及视频进行模糊化处理。研究所用到的录音、照片、视频、日记等实物都进行了严格的保密。在撰写过程中，对幼儿园名称、教师姓名、幼儿姓名、家长姓名等进行了匿名处理，严格保护受访单位中不同人群的隐私。在研究结束后，将用到的所有的照片与幼儿所在的幼儿园园长、教师、家长以及相关的幼儿本人进行了沟通。让他们看到了照片、相关实物等在书中呈现的方式，并将研究结果给他们进行详细查阅，在获得口头和书面知情的协议之后，方进行了书籍的定稿，以确保所有的研究参与者受到尊重与知情。同时笔者也会长期保持与研究参与者之间的关系，随时提供专业上的支持与服务。

参考文献

一　中文著作

陈晖：《图画书的讲读艺术》，二十一世纪出版社 2010 年版。

陈向明：《质的研究方法与社会科学研究》，教育科学出版社 2012 年版。

邓猛、孙颖、李芳：《融合教育理论指南》，北京大学出版社 2017 年版。

邓猛、颜廷睿：《融合教育理论反思与本土化探索》，北京大学出版社 2015 年版。

方卫平：《享受图画书·图画书的艺术与鉴赏》，明天出版社 2016 年版。

傅金兰：《儿童政治身份认同研究：对一所小学少先队的田野考察》，中国社会科学出版社 2019 年版。

高宣扬：《布迪厄的社会理论》，同济大学出版社 2006 年版。

蓝德曼：《哲学人类学》，工人出版社 1988 年版。

李季湄、冯晓霞：《3—6 岁儿童学习与发展指南》，人民教育出版社 2017 年版。

刘绪源：《绘本之美》，明天出版社 2016 年版。

卢明：《学前融合教育理论与实务》，华都文化事业有限公司 2011 年版。

彭懿：《世界图画书：阅读与经典》，接力出版社 2011 年版。

申荷永、高岚：《沙盘游戏：理论与实践》，广东高等教育出版社 2004 年版。

宋林飞：《西方社会学理论》，南京大学出版社 2015 年版。

苏国勋、刘小枫：《社会理论的诸理论》，上海三联书店 2005 年版。

孙惠柱：《戏剧的结构与解构》，上海人民出版社 2019 年版。

王俏华：《学前儿童发展》，北京大学出版社 2018 年版。

谢立中：《西方社会学经典读本》，北京大学出版社 2008 年版。

许碧动：《幼儿融合教育》，台北五南图书出版股份有限公司 2003 年版。
姚伟：《儿童观及其时代性转变》，东北师范大学出版社 2007 年版。
张力锦、吴南、王玲、梁熠：《幼儿心理学》，浙江出版社 2015 年版。
张文新：《儿童社会性发展》，北京师范大学出版社 1999 年版。
郑杭生：《社会学概论新修》，中国人民大学出版社 2013 年版。
郑名、龙红芝：《学前游戏论》，兰州大学出版社 2014 年版。
郑素华：《儿童文化引论》，社会科学文献出版社 2015 年版。
周作人：《儿童文学小论　中国新文学的源流》，河北教育出版社 2001 年版。
朱自强：《亲近图画书》，明天出版社 2011 年版。

二　中译著作

[英] 艾莉·森詹姆斯、克里斯·简克斯、艾伦·普劳特：《童年论》，何方译，上海社会科学院出版社 2014 年版。
[美] 杜威：《艺术即体验》，程颖译，金城出版社 2011 年版。
[德] 恩斯特·笛卡尔：《人论》，甘阳译，上海译文出版社 2009 版。
[美] 罗伯特·默顿：《社会理论和社会结构》，唐少杰、齐心译，译林出版社 2015 年版。
[意] 玛利亚·蒙台梭利：《发现孩子》，蒙台梭利丛书委员会编译，中国妇女出版社 2017 年版。
[意] 玛利亚·蒙台梭利：《童年的秘密》，蒙台梭利丛书委员会编译，中国妇女出版社 2017 年版。
[加] 佩里·诺德曼，梅维丝·雷默：《儿童文学的乐趣》，陈中美译，少年儿童出版社 2008 年版。
[英] 强纳森·尼兰德斯：《建构戏剧：戏剧教学策略 70 式》，李慧心译，财团法人成长文教基金会 2015 年版。
[美] 乔纳森·特纳：《社会学理论的结构》，邱泽奇、张茂元等译，华夏出版社 2008 年版。
[美] 乔治·米德：《心灵、自我与社会》，赵月瑟译，上海译文出版社，2019 年版。
[日] 松居直：《我的图画书论》，郭雯霞、徐小洁译，新疆青少年出版社 2017 年版。
[美] 约瑟夫·A. 马克斯威尔：《质的研究设计：一种互动的取向》，朱

光明译，重庆大学出版社 2007 年版。

三　中文论文

边玉芳：《什么才是好朋友——儿童理解友谊概念的发展》，《中小学心理健康教育》2013 年第 13 期。

陈怡均、朱思颖：《一般幼儿对特殊需求同伴接纳度之研究》，《特殊教育季刊》2016 年第 12 期。

邓猛、刘慧丽：《全纳教育理论的社会文化特性与本土化建构》，《中国特殊教育》2013 年第 1 期。

邓猛、苏慧：《融合教育在中国的嫁接与再生成：基于社会文化视角的分析》，《教育学报》2012 年第 1 期。

邓猛、赵泓：《新时期我国融合教育现状和发展趋势》，《残疾人研究》2019 年第 1 期。

邓猛、朱志勇：《随班就读与融合教育——中西方特殊教育模式的比较》，《华中师范大学学报》（人文社会科学版）2007 年第 4 期。

高承海、万明钢：《群际接触减少偏见的机制：一项整合的研究》，《心理科学》2018 年第 4 期。

高珂娟、简栋梁、陈惠英：《学前融合班级听障儿童同伴交往若干问题研究》，《中国听力语言康复科学杂志》2018 年第 3 期。

江小英、王婧：《农村小学生对随班就读同伴接纳态度的调查报告》，《中国特殊教育》2013 年第 12 期。

焦云红：《河北省城市普通幼儿园学前特殊教育调查与分析》，《中国特殊教育》2004 年第 2 期。

李伟亚：《普通幼儿园有特殊教育需要儿童的在园生存现状》，《学前教育研究》2011 年第 12 期。

李晓杰：《普小学生对随班就读弱智同伴接纳态度的干预研究》，《教育探索》2009 年第 10 期。

梁纪恒、王淑荣、吕明：《“幼有所育”“弱有所扶”——学前残疾儿童的教育问题与对策研究》，《中国特殊教育》2018 年第 1 期。

刘峰、张国礼：《普小学生对随班就读肢体残疾儿童态度的干预研究》，《中国特殊教育》2017 年第 5 期。

刘子琳：《学前融合班级中普通幼儿对特殊需要幼儿同伴接纳态度的研

究》，硕士学位论文，杭州师范大学，2015 年。

孟万金、刘在花、刘玉娟：《推进残疾儿童教育公平任重道远——四论残疾儿童教育公平》，《中国特殊教育》2007 年第 2 期。

宁亚飞、刘春玲：《5—6 岁普通幼儿对特殊需要幼儿的接纳状况》，《中国特殊教育》2018 年第 4 期。

宁亚飞、刘春玲：《幼儿接纳量表第二版的修订及信效度检验》，《中国临床心理学杂志》2017 年第 5 期。

宁亚飞：《5—6 岁普通幼儿对特殊需要幼儿的接纳态度及其干预研究》，博士学位论文，华东师范大学，2018 年。

任加艳、张新立：《融合教育环境中听觉障碍幼儿同伴关系现状及其改善策略》《学前教育研究》2016 年第 4 期。

孙玉梅：《幼教工作者对特殊幼儿融合教育问题的态度和意见的调查研究》，《中国特殊教育》2017 年第 12 期。

谈秀菁、尹坚勤：《普通幼儿园中特殊教育服务现状调查与思考》，《学前教育研究》2008 年第 5 期。

谭雪莲：《幼儿园智力落后儿童与普通儿童同伴关系研究》，硕士学位论文，重庆师范大学，2009 年。

童琳：《四川省民办学前特殊教育的困境与发展路径探析》，《四川文理学院学报》2018 年第 4 期。

万晶晶、周宗奎：《社会退缩青少年的友谊特点》，《心理发展与教育》2005 年第 3 期。

王琳琳、韩文娟、邓猛：《普通幼儿眼中的残疾：一项融合幼儿园的质性研究》，《中国特殊教育》2019 年第 7 期。

王琳琳：《推进学前融合教育教师专业化发展的困境与建议》，《现代特殊教育》2017 年第 10 期。

王宇：《学前融合教育促进普通幼儿亲社会行为获得的实验研究》，硕士学位论文，华东师范大学 2011 年。

王智莉：《幼儿园中的“好朋友们”——大班留读幼儿朋友圈同伴文化研究》，硕士学位论文，四川师范大学，2018 年。

魏寿洪、牟映雪：《学前普通儿童与自闭症儿童社会互动现状及促进策略》，《学前教育研究》2017 年第 6 期。

吴文彦：《加强学龄前残疾儿童融合教育》，《北京观察》2017 年第 9 期。

吴扬：《幼儿园教师融合教育素养的调查研究》，《中国特殊教育》2017年第11期。

吴支奎：《普小学生对随班就读弱智生接纳态度的研究》，《中国特殊教育》2003年第2期。

夏滢、周兢：《融合环境下听力损伤幼儿同伴交往特点研究》，《学前教育研究》2008年第3期。

杨晓萍、李传英：《儿童游戏的本质——基于文化哲学的视角》，《学前教育研究》2009年第10期。

姚素慧：《幼儿园大班社会退缩幼儿的同伴关系状况研究》，硕士学位论文，河南大学，2004年。

叶小红：《融合教育背景下自闭症幼儿之同伴关系研究》，《现代特殊教育》2015年第3期。

朱宗顺：《学前特殊教育：创建和谐社会不应忽视的领域》，《中国特殊教育》2005年第5期。

邹泓：《同伴接纳、友谊与学校适应的研究》，《心理发展与教育》1997年第3期。

四 外文论文

Ann Beck et al., "Attitudes of School-aged Children toward Their Peers who Use Augmentative and Alternative Communication", *Augmentative and Alternative Communication*, Vol. 16, No. 1, 2000.

Efrosini Kalyva, Elias Avramidis, "Improving Communication between Children with Autism and Their Peers through the 'Circle of Friends': a Small Scale Intervention Study", *Journal of Applied Research in Intellectual Disabilities*, Vol. 18, No. 3, 2005.

Glynis Laws et al., "Peer Acceptance of Children with Language and Communication Impairments in a Mainstream Primary School: Associations with Type of Language Difficulty, Problem Behaviours and a Change in Placement Organization", *Child Language Teaching & Therapy*, Vol. 28, No. 1, 2012.

Lily Dyson, "Kindergarten Children's Understanding of and Attitudes Toward People with Disabilities", *Topics in Early Childhood Special Education*, Vol. 25, No. 2, 2005.

索　引

Q

S

T

W

X

Z

后　记

2021 年 12 月，国务院办公厅转发教育部等部门《“十四五”特殊教育发展提升行动计划》的通知，党中央、国务院高度重视特殊幼儿学前融合教育的发展，其中明确提出：“积极发展学前特殊教育，鼓励普通幼儿园接收具有接受普通教育能力的残疾儿童就近入园随班就读，推动特殊教育学校和有条件的儿童福利机构、残疾儿童康复机构普遍增设学前部或附设幼儿园”。这对于所有的学前融合教育实践者来说，无疑是巨大的鼓励和支持。我们坚信，学前融合教育的春天即将到来！让所有的孩子在幼儿园绽放灿烂的微笑，拥有一个快乐的童年，共享高质量的学前教育，并不遥远！

前景的美好，并不能让我们忘记学前融合教育实践在此刻的困难。我们需要跳出学前教育、特殊教育的领域，以一种多元学科融合的视角重新去看待学前融合教育。以往我们总是习惯以一种“小孩子扮家家酒”的观念去看待幼儿之间的同伴交往，这也就难以让我们真正去了解普通幼儿与特殊幼儿之间互动的“秘密”之所在。但是当我们将社会学的互动论视野融入对这一问题的探索时，我们才会发现，幼儿并没有我们想象的那么“简单”，每一个幼儿在交往场域中都可以成为一个“社交家”，在游戏里、欢笑间无不展现他们对同伴的理解，分享自己在交往中的感悟和习惯。我们期待未来有更多的理论视野融入这一个尚不成熟的研究领域中去解决现实中的问题，例如，哲学、医学、管理学、艺术学……让这些多元学科中的养分，成为学前融合教育发展与壮大的重要基础。

最后，我们希望以本书的研究结果建立一种共识，即“所有的孩子都只是孩子”。当我们提及“特殊幼儿”这一概念时，我们的首要关注点应该是“幼儿”二字，这两字承载着成人对他们美好的期许，他们拥有着快乐、无忧无虑的童年，所有的幼儿都是一样的，是一种美好的存在。其次，我们再去看到“特殊”，“特殊”并非就是“异类”，而是这样的群体更需要我们以差异、包容的眼光和更加丰富、多元的支持手段去助力他们的成长。所有人都知道，世界上没有两片相同的叶子，这样的差异无不让我们感叹大自然的鬼斧神工。人类世界同样如此，在幼儿的世界中，有着那么多不同发展水平的幼儿，不同性格的幼儿，不同爱好的幼儿……每一个孩子都是独一无二的！学前融合教育让我们看到了这一份独一无二的珍贵，让每一个独一无二的幼儿获得快乐地成长，获得适合的教育，享受教育的公平！期待学前融合教育更好的未来，以此共勉！

王琳琳

2022 年 2 月 23 日于雨花毓秀